Benjamin Creme: Maitreya – Christus und die Meister der Weisheit

W0247770

Maitreya
Christus und die Meister
der Weisheit

Benjamin Creme

4. Auflage

Edition Tetraeder

Titel der englischen Originalausgabe:
The Reappearance of the Christ and the Masters of Wisdom
by Benjamin Creme
First Edition 1979
The Tara Press
London, Los Angeles

Das Bild auf dem Umschlag malte Benjamin Creme 1973/74. Es trägt den Titel
"Chalice"– Kelch – und stellt das kosmische geistige Herzzentrum dar;
sein Wesen ist Feuer, und aus ihm strömt die Energie, die wir Liebe nennen.

Die Deutsche Bibliothek — CIP-Einheitsaufnahme
Creme, Benjamin:
Maitreya – Christus und die Meister der Weisheit
München: Edition Tetraeder, 1997
ISBN 3-932400-00-3
© by Benjamin Creme
© für deutschsprachige Ausgaben
Edition Tetraeder e.V.,München
1. Auflage 1986
2. Auflage 1988
3. Auflage 1991
4. Auflage 1997
Alle Rechte vorbehalten
Druck: Offset Druckerei Pohland, Augsburg

Meinem verehrten Meister,
ohne dessen überschattende Präsenz
dieses Buch nicht hätte geschrieben werden können.

INHALTSVERZEICHNIS

Vorwort

Viele Menschen baten mich, doch etwas darüber zu erzählen, wie, über welche Einzelschritte, ich zu der Arbeit geführt worden bin, der ich mich jetzt widme. Ich kann darüber keinen lückenlosen Bericht geben, denn es gibt ungeschriebene Schweigegebote über einige Aspekte der Meister-Jüngerbeziehung, und ich bin daher über bestimmte Arbeiten für und mit den Weltraumbrüdern zur Verschwiegenheit verpflichtet; aber was immer daran interessieren mag, ich schreibe das Folgende in der Hoffnung, daß die Tatsache der Wiederkehr der Meister und ihres Oberhauptes, des Christus, glaubhafter und gestärkter in den Bereich unserer Wirklichkeit rücken können.

Als Kind im Alter von vier oder fünf Jahren war eine meiner Lieblingsbeschäftigungen, am Fenster zu sitzen und den Wind zu beobachten; nicht wie er die Bäume und Blätter bewegte, sondern den Wind selbst. Ich beobachtete immer wieder die Luftströmungen und versuchte herauszufinden, ob sie von Norden, Süden, Osten oder Westen kamen.

Als ich zur Schule ging, lernte ich, daß die Luft unsichtbar sei und damit auch der Wind, und vergaß so – ich weiß nicht mehr, ob plötzlich oder allmählich – meine Fähigkeit zu schauen, die natürlich eine Fähigkeit auf der ätherischen Ebene ist.

Über der dichten physikalischen – festen, flüssigen und gasförmigen – Ebene befinden sich vier Ebenen feinerer Materie, die die ätherische Hülle dieses Planeten bilden und von denen die grobstofflichen, physikalischen Ebenen eine «Ver-dichtung» sind. Erst etwa 20 Jahre später trat durch den Bau und den Gebrauch von Wilhelm Reichs Orgon-Akkumulator dieser Ozean aus Energie, von dem wir selbst ein Teil sind, wieder in mein Bewußtsein und bewies mir nun die Existenz der ätherischen Ebenen in überzeugender Weise.

Als 14-jähriger las ich ein für mich außergewöhnliches Buch:

11

«Mit Mystikern und Magiern in Tibet» («With Mystics and Magicians in Tibet») von Alexandra David Neel. Dieser Polin mit unerschöpflichem Mut, Einfallsreichtum und ebensolcher Entschlossenheit gelang es, als buddhistischer Priester (Lama) verkleidet, die bedrohlich abschreckenden Barrieren rund um das geheimnisvolle Land zu überwinden, eine Aufenthaltsgenehmigung zu bekommen und sich in die Lehre eines echten Lama (tibetischer Priester) zu begeben. Sie beschreibt verschiedene esoterische Praktiken, von denen sie einige erlernte, darunter die gedankliche Erschaffung eines «Vertrauten». In ihrem Fall war es ein lustiger, fetter Mönch, der ihr bald außer Kontrolle geriet und wieder dematerialisiert werden mußte. Diese Praktiken erforderten offensichtlich eine beachtliche Konzentration und Willenskraft, aber ich hatte mit einigen von ihnen einen gewissen Erfolg, zum Beispiel auch mit Tumo, einem System, um bei kaltem Wetter sich von innen her aufzuwärmen.

Ende der 40er Jahre wurde ich mir durch das Studium der Arbeiten von Wilhelm Reich und durch die Anwendung des Orgon-Akkumulators der energetischen Strömungen bewußt und äußerst empfänglich für sie, so sehr, daß ich allmählich sagen konnte,wann eine Atombombe im Pazifik oder sonstwo gezündet worden war. Über Tausende von Meilen hinweg spürte ich die von der Explosion verursachte Verschiebung der ätherischen Strömungen. Ein oder zwei Tage später kam mit unfehlbarer Sicherheit der Bericht, daß Amerika, Rußland oder England einen «Versuch» dieser oder jener Größenordnung durchgeführt hatte.

Anfang der 50er Jahre stieß ich auf ein Werk von Rolf Alexander: «Die Macht des Denkens» («The Power of Mind»). Der Artikel in einer Zeitschrift, der mich darauf aufmerksam gemacht hatte, konzentrierte sich natürlich auf den sensationellen Aspekt des Buches, das «Wolkenaufbrechen», d.h. das Zerreißen von Wolken allein mit der Kraft der Gedanken. Rolf Alexander, ein Kanadier, wurde nach Tibet gerufen und von einem tibetanischen Yogameister geschult. Sein Buch beschreibt die Praxis, mit der man das instinktive, unterbewußte Denken unter die Kontrolle des zielgerichteten, bewußten Denkens bringen kann. Dieses bewußte Denken ist zu oft zersplittert und teilweise überflutet von der unterbewußten, computerähnlichen Arbeit des Unterbewußtseins;

damit geht ein Großteil der verfügbaren Energie verloren. Die hier angewandte Methode ist Selbsthypnose, die Befreiung des Bewußtseins, des richtunggebenden Gedankenprinzips, von seiner Verstrickung in die Tätigkeit des Unterbewußtseins (die automatisch vor sich gehen sollte). Diese Methode setzt große Reserven an mentaler Energie frei und führt direkt zu der Sammlung und Konzentration, die einer Meditation vorausgeht. So fing ich an zu meditieren.

Ich begann auch zu lesen. Unter anderem vertiefte ich mich in die Werke von H.P. Blavatsky, Leadbeater, Gurdjieff, Ouspensky und Nicoll, Paul Brunton, Patanjali, Alice Bailey und in die Agni Joga Lehren, Swami Vivekananda, Sivananda, Yogananda und Sri Ramana Maharshi, dessen Pfad der Selbsterkenntnis ich zu folgen suchte. Durch seine Meditation über «Wer bin ich» (und, wie ich jetzt weiß, durch die Gnade meines Meisters), erlebte ich mich in ein Gefühl der Identität mit der ganzen Erscheinungswelt versetzt: mit der Erde, dem Himmel, den Häusern und Menschen; in den Bäumen, Vögeln und Wolken erkannte ich mich selbst. Ich verschwand als Einzelwesen und blieb doch gleichzeitig bei völligem Bewußtsein, einem Bewußtsein, das so ausgeweitet war, daß es alles mit einschloß. Ich sah, daß das die eigentliche Realität ist, daß unser normales Wachbewußtsein sie einfach verdeckt, verborgen hält durch die falsche Identifizierung seiner selbst mit diesem Körper. Ich sah außerdem diese Welt als eine Art Ritus, ein ritualisiertes Schattenspiel, das einen Traum oder ein Verlangen dessen ausagiert, was einzig und allein existiert, allein Wirklichkeit ist, was ich auch selbst bin.

Um 1953 las ich Desmond Leslies und George Adamskis «Fliegende Untertassen sind gelandet» und Adamskis «Im Inneren des Raumschiffs«, was auf mich einen großen Eindruck machte und mir authentisch schien. Bis dahin hatte ich die Berichte über fliegende Untertassen mit wahrscheinlich geheimgehaltenen Flugzeugtypen der Amerikaner und Russen in Zusammenhang gebracht. Meine Reaktion auf diese Bücher kann man, glaube ich, so zusammenfassen: Die Raumbrüder sind offenbar hier. Es wäre herrlich, ihnen zu begegnen, aber wenn sie mich brauchen, werden sie sicher wissen, wo ich zu finden bin. Bis dahin geht mich das nichts an.

Mitte 1957 begann ich mit einer Gesellschaft zusammenzuarbeiten, die sich mit dem Ufo-Phänomen beschäftigte und behauptete, daß sie Kontakt mit den Raumbrüdern habe. Bei dieser Gruppe hielt ich meinen ersten öffentlichen Vortrag, aber wichtiger noch, ich entdeckte meine Fähigkeit, die kosmisch spirituellen Energien der Raumbrüder zu übermitteln, was zur Hauptarbeit der Gruppe gehörte. Ich fand auch heraus, daß ich heilen konnte.

Gegen Ende 1958 zog ich mich von dieser Gesellschaft zurück, trat in engsten Kontakt mit den Raumbrüdern und wurde ihr Mitarbeiter. Die Art dieser Arbeit darf ich leider nicht bekanntgeben, aber viele falsche Vorstellungen, die ich bis dahin über Sie und Ihre Aktivitäten hegte, wurden zu dieser Zeit berichtigt. Ganz kurz arbeitete ich mit George Adamski während seines Besuchs in diesem Land zusammen, und ich kann mich für die Glaubwürdigkeit seiner Kontakte aus eigener Erfahrung verbürgen.

Wie kam ich zu dieser Arbeit? Gegen Ende 1958 sagte mir ein anderer Jünger, ein Arbeitskollege, der die «Verbindung» hatte, daß ich «Botschaften» erhielt. Das überraschte mich, denn ich hatte kein Gespür dafür, daß das stimmte. Man erklärte mir, daß die Mitteilungen von mir «abprallten«, aber wenn ich das und jenes täte, würde ich sie mit der Zeit richtig empfangen.

Ich habe wohl das Richtige getan, denn eines Nachts, Anfang Januar 1959, hörte ich innerlich so klar die folgende Aufforderung, daß sie kein Mißverständnis sein konnte: «Geh dort und dort hin (an einen Ort in London) an dem und dem Tag und zu der und der Zeit» - es war in ungefähr drei Wochen. An jenem Abend warteten dort Leute auf mich.

Das war der Beginn des Einströmens von Mitteilungen, das sich verstärkte. Einige habe ich verfehlt (später wurde ich darauf aufmerksam gemacht), und ich bekam solche Angst, diese Botschaften zu versäumen, daß ich sie mir selbst gab. Ich schickte mich zu einigen Treffpunkten, wo nichts geschah und niemand kam; aber allmählich beruhigte ich mich. Ich überhörte und erfand keine Botschaften mehr.

Man trug mir auf, ein Tonbandgerät anzuschaffen, und ich erhielt viele lange Diktate verschiedenster Art. Einige enthielten Ratschläge, Führung oder geistige Unterweisung. Man verschwieg mir die Identität des Meisters (oder der Meister), die auf diese Weise mit mir sprachen, und ich glaube, ich war zu scheu, um zu fragen, obgleich man mir versichert hatte, daß ich Fragen stellen dürfe. Erst nach Jahren erfuhr ich Seinen Namen und auch, daß ich ihn längst auf Anfrage erfahren hätte.

Eines Nachts, Anfang 1959, sagte man mir während einer solchen Übermittlung, daß ich das Tonbandgerät abstellen solle. Darauf folgte ein Diskurs über die Wiederkehr von Maitreya, dem Christus, dem Haupt unserer planetarischen Hierarchie. Man sagte auch, daß ich in diesem Plan eine Rolle zu spielen habe. Damals glaubte ich, daß der Weltlehrer von einer der höheren Planeten kommen würde, wahrscheinlich von der Venus, und diese Mitteilung von Maitreya verwirrte mein ganzes Denken total. In einer bald darauf folgenden Übermittlung fügte mein Meister, auf dieses neue Wissen anspielend, hinzu: **«Die Zeit ist nahe, in der man von Dir in diesem Zusammenhang Taten erwartet.»** Und ein andermal: **«Bestätige Sein Kommen!»**

Ich kann nicht behaupten, daß ich mir diese Ermahnungen sehr zu Herzen nahm und mich daraufhin bei dieser Vorbereitungsarbeit für Christus engagiert hätte. Man bedeutete mir, diese Bänder 17 Jahre lang wegzuschließen, und leider brauchte ich einen ziemlich harten Rippenstoß seitens meines Meisters, um mich dazu zu bringen, diese Arbeit aufzunehmen.

Gegen Ende 1972, als ich ziemlich lahm und niedergeschlagen war und es am wenigsten erwartete, überrumpelte mich dieser Weise und Listenreiche, Einer, den ich Meister nennen darf. Er nahm mich bei der Hand und unterwarf mich der intensivsten Periode der Ernüchterung, der Desillusionierung, des Trainings und der Vorbereitung. Monatelang arbeiteten wir zusammen, 20 Stunden am Tag, wobei wir die telepathische Verbindung verstärkten und vertieften, bis sie in beiden Richtungen mit gleicher Leichtigkeit funktionierte und von Seiner Seite nur ein Minimum an Aufmerksamkeit und Energie erforderte. Er formte damals ein Instrument, mit dem Er arbeiten kann und das auf Seinen kleinsten Anstoß reagiert (natürlich mit meiner vollen Unterstützung und ohne die kleinste Verletzung meines freien Willens). Was immer ich sehe oder höre, sieht und hört Er. Wenn Er will, kann ein Blick von mir ein Blick von Ihm sein, meine Berührung die Seine. So steht Ihm bei geringstmöglichem Energieverlust ein Fenster in die Welt offen als ein Außenposten Seines Bewußtseins:

Er kann heilen und lehren. Er bleibt dabei in einem vollkommen physischen Körper Tausende Meilen entfernt. Ich will nicht behaupten, daß ich Sein einziges «Fenster in die Welt» sei. Ich weiß nicht, wie viele es gibt, aber sicher ist es nicht das einzige. Es bedeutet ein bestimmtes Stadium in der Meister-Schüler-Beziehung. Er bat mich, Seine Identität vorläufig nicht zu enthüllen - nicht einmal den Mitgliedern der Gruppe, mit der ich zusammenarbeite und durch die Er wirkt. Ich kenne zwei Gründe (es mag noch andere geben, für diesen Seinen Wunsch, und ich respektiere ihn, aber ich darf sagen, daß Er einer der älteren Mitglieder der Hierarchie ist, ein Meister der Weisheit, dessen Name den Esoterikern des Westens gut bekannt ist. Seine Inspiration hat die abstrakte Vorstellungskraft und Intensität meiner Bilder ungemein erhöht.

Zwei Episoden, aus vielen herausgegriffen, veranschaulichen ebenso die liebevolle Fürsorge der Großen und Ihren lebhaften Sinn für Humor wie die Fähigkeit, Ihre Kräfte über weite Entfernungen wirken zu lassen:

Der erste Zwischenfall ereignete sich früh im Jahre 1973, während der intensivsten Vorbereitungs- und Trainingsphase. Eine Zeitlang rauchte ich kleine Zigarillos, und der Meister legte es mir oft nahe, doch aufzuhören, dieses «schmutzige Kraut», wie Er es nannte, zu rauchen. Seine Entwöhnungstaktik bestand darin, mir jedesmal, wenn ich mir einen Stengel anzünden wollte, eine Übung oder Meditation aufzugeben.

Eines Tages, als ich mich zu einem Treffen fertig machte, legte ich die kleine Zigarrenschachtel auf den Rand des Bettes, während ich mich umzog. Als ich gehen wollte, war sie buchstäblich verschwunden. Ich fragte natürlich den Meister, ob Er damit irgend etwas zu tun habe. Er tat völlig unwissend und uninteressiert an dem «widerlichen Kraut». Ich war mir ganz sicher, wo ich sie hingelegt hatte, aber suchte trotzdem überall genau nach, ohne Erfolg. «Sind Sie sicher, daß Sie sie nicht versteckt haben?» wiederholte ich. Er beschwor Seine Unschuld: Er hätte Besseres zu tun mit Seiner Zeit und Kraft. Schließlich sagte ich: «Nun gut, ich werde mir einfach auf dem Weg eine andere kaufen.» Sofort lag die Zigarrenschachtel am Bettrand, wo ich sie hingelegt hatte.

Bei der zweiten Episode drehte es sich um einen Vogel, es ist nun etwa zweieinhalb Jahre her. In jedem Jahr kommen zu uns viele Mauerschwalben, die den ganzen Tag vor unseren Fenstern herabtauchen, ihre Kreise ziehen und ihre Nester unter den Dachrinnen bevölkern.

An einem frühen Sommermorgen flog einer dieser wundervollen Vögel in ein offenes Schlafzimmerfenster direkt durch einen Spalt der Rolljalousie. Mit einem dumpfen Laut fiel er auf eine große Dose Fußbodenfarbe, die unter dem Fenster stand, und der Aufprall drückte den Griff am Dosendeckel herunter. Da lag er keuchend, die Augen starr und seine großen Flügel schief, einer auf der Dose und der andere seitwärts herunterhängend. Der Meister bat mich, genau und sorgfältig den Vogel anzuschauen, und ich fühlte, wie Seine Kraft durch meine Augen strömte. Sofort entspannte sich das Tier und schloß die Augen.

Der Meister versicherte mir, daß keine Knochen gebrochen seien, daß der Vogel aber starke Prellungen und einen großen Schock erlitten habe. Er ließ mich das Fenster unten öffnen und zum Frühstück hinuntergehen. Als ich eine halbe Stunde später zurückkam, war der Vogel fortgeflogen, geheilt und der Morgenluft wiedergegeben.

Diese beiden kleinen Zwischenfälle werden vielleicht diejenigen überraschen, die sich an Meister Djwhal Khuls Behauptung erinnern, daß sich die Meister weder für das persönliche Leben der Jünger interessieren noch darum kümmern. Ich bin sicher, daß das im allgemeinen zutrifft, aber ich bin ebenso sicher, daß es Ausnahmen von dieser Regel gibt. Es hängt ganz von der Art der Beziehung ab, die der Meister aufzubauen sucht, dem Grad des Vertrauens, das Er anstrebt, und der karmischen Beziehung zwischen Ihm und dem Jünger.

Im März 1974 gab Er mir eine Namensliste von 14 Leuten, die ich zu einem Gespräch über «Meditation und damit verbundene Themen» zu mir nach Hause einladen sollte. Alle kamen.

Ich sprach über die Hierarchie der Meister, über Meditation und ihre Rolle bei der Herstellung von seelischem Kontakt. Auf Anweisung machte ich ihnen einen Vorschlag: Ich lud sie ein, an einer Gruppenarbeit teilzunehmen, bei der ihre okkulteMeditation durch die Anleitung eines Meisters der Weisheit Fortschritte machen würde; im Austausch dafür sollten sie sich als Übermittler der Energie der Hierarchie zur Verfügung stellen und eine Brücke zwischen der Hierarchie und den Jüngern in der Welt bilden.

Der Meister arrangierte eine kurze Transmission (Übermittlung),um ihnen zu zeigen, worum es sich handelte. 12 der 14 erklärten sich bereit, zwei hatten das Gefühl, daß sie für diese Arbeit noch nicht bereit seien.

Die Gruppe bildete sich im März 1974, um die geistigen Potentiale zu kanalisieren. Wir trafen uns zweimal in der Woche, anfangs für ungefähr anderthalb bis zwei Stunden. Es tauchte die Frage nach einem Namen für die Gruppe auf, aber der Meister wies uns an, und das gilt heute noch, keinen Namen zu verwenden, keine Organisation aufzubauen, keinen Leiter einzusetzen, keine Schranken zwischen uns selbst und unseren Ideen zu errichten. Größte Offenheit sollte gewahrt bleiben.

Zur gleichen Zeit gab mir der Meister den Plan für den Bau eines Transmitter-Transformer-Instrumentes, das wir bei dieser Arbeit benützen und das ich auch zu Heilungen verwende. Es ist der Form nach ein Tetraeder und beruht auf dem Prinzip, daß gewissen Gestaltformen energetische Eigenschaften innewohnen.

Heutzutage erforscht man intensiv das Wesen und die energetischen Eigenschaften der Pyramide. Die große Pyramide von Gizeh ist in Wirklichkeit ein atlantisches Instrument, das auf der Kraft der Form beruht. Das Ziel des atlantischen Menschen war es, den astral-emotionalen Träger oder Körper zu vervollkommnen.

Eben durch ihre Gestalt zieht die Pyramide, wenn sie auf den Nord-Süd-Pol ausgerichtet ist, Energien aus den ätherischen und astralen Ebenen auf sich. Zum Wohl der Bevölkerung der Großstadt, die unter dem Sand rund um die Pyramide und die Sphinx begraben liegt, wurden diese Energien herabgeleitet.

Das Ziel unserer gegenwärtigen fünften Wurzelrasse, der arischen, ist die Vervollkommnung des mentalen Trägers. Wenn es in Nord-Süd-Richtung eingestellt ist, zieht das Tetraeder automatisch Energien aus den mentalen Ebenen an und übermittelt sie. Auf diesem Prinzip beruht unser Gebrauch dieses Instrumentes. Seine Ausrüstung - Quarzkristall, Magnete, Gold- und Silberscheiben und Drähte - bündelt und potenziert alle Energien, die von der Hierarchie durch uns hindurchgeleitet werden. Und seine

Form transformiert sie herunter auf niedere mentale Ebenen, wo sie von vielen Leuten leichter aufgenommen werden können. Ohne diese Arbeit der Transformation, die das Instrument fördert, würden die hierarchischen Energien, die hauptsächlich von der buddhischen Ebene (der Ebene der geistigen Intuition) ausgehen, von den Massen der Menschen «abprallen», und ihre Wirkung wäre eingeschränkt. Deshalb braucht die Hierarchie Transmissionsgruppen, die eine gewisse Form von Meditation oder Gebet anwenden.

Unter Anleitung des Meisters baute ich auch eine «Batterie für geistige Energien», die an das Gerät (Transmitter) angeschlossen werden kann. Bisher haben wir sie erst einmal verwendet, um, wie ich vermute, das Prinzip zu demonstrieren.

Die Zusammensetzung der Gruppe hat sich oft geändert, nur vier der ursprünglichen Mitglieder sind noch dabei. Die Zahl ist angewachsen und auch zurückgegangen, aber scheint sich immer wieder bei etwa 12 voll aktiven Mitgliedern einzupendeln, mit vielen weniger aktiven oder regelmäßigen Teilnehmern und einer großen Anzahl von «Abkömmlingen», sowohl hier wie im Ausland. Nun treffen wir uns regelmäßig dreimal in der Woche, um die Energien von der Hierarchie zwischen vier und sieben oder acht Stunden ununterbrochen zu übermitteln. Natürlich können nur die engagiertesten und hingebungsvollsten Leute diesen intensiven Rhythmus durchhalten, deshalb bleibt die Zahl notwendigerweise niedrig. Außerdem pflegen wir wöchentlich eine öffentliche Zusammenkunft abzuhalten, und zwar jeden Freitag in «The Friends Meeting House», Euston Road, London. Dabei werden die Teilnehmer gebeten, bei der Transmission der dann entsandten Energien mitzumachen.

Im Juni 1974 begann eine Reihe von Überschattungen und Botschaften von Maitreya, um uns zu inspirieren und über den Fortschritt Seiner Verkörperung auf dem laufenden zu halten. Wir hatten auch das Privileg, von der allmählichen Erschaffung und Vervollkommnung Seines Manifestationskörpers - des Mayavirupa - zu erfahren. In der Zeit von März 1976 bis September 1977 häuften sich diese Mitteilungen von Maitreya.

Während des ersten Jahres dieser Gruppe hielten wir bei jedem Vollmond ein offenes Treffen ab, bei dem interessierte Freunde der Mitglieder an der Transmission teilnehmen konnten. Bei diesen Vollmondtreffen pflegte ich kurz zu sprechen, meist über die Wiederkehr des Christus und der Hierarchie der Meister, oder gelegentlich auch über die besonderen Vollmondenergien. Gegen Ende des Jahres 1974 sagte der Meister mehrmals: «Du weißt, du mußt das alles vor die Öffentlichkeit bringen. Es hat wenig Sinn, diese Informationen nur an die vielleicht 20 Leute, die hier sind, weiterzugeben.»

Eine Pantomime begann: Ich protestierte, ich bat, nicht in der Öffentlichkeit auftreten zu müssen. Er versicherte mir daraufhin, daß Er nur gescherzt habe: «Ich habe andere Pläne für dich», pflegte Er dann zu sagen, und ich beruhigte mich wieder. Aber im Januar 1975 sagte Er schließlich: «Ich meine es ernst. Gib diese Nachricht (Er hatte eine Menge Informationen darüber diktiert, wie der Plan ausgeführt werden würde) an die Gruppen weiter, was immer sie an Hintergrund und Lehren haben. Sag ihnen, was du weißt. Es ist zu hoffen, daß von einigen Mitgliedern der Gruppen, die im Denken schon zentrierter sind, ein telepathisches Wechselspiel mit der Öffentlichkeit ausgehen wird, so daß, wenn du vor die Leute hintrittst,sie schon irgendwie vorbereitet sein werden.»

Ich wollte nicht! Ich wollte ganz und gar nicht! Ich liebte meine bisherige Tätigkeit. Ich arbeitete gern in Ruhe esoterisch, in dem Bewußtsein, daß das, was ich tat, nützlich war, aber weder zu anstrengend noch zu hoch in den psychologischen Anforderungen an mich. Ich unternahm nichts, was die Gruppe anging, bis mich mehrere kräftige Rippenstöße vom Meister schließlich in Bewegung setzten. Ende März oder Anfang April schrieb ich hoffnungsvoll an etwa 40 Gruppen, die in geistiger Richtung arbeiteten, und bot meine Dienste als Sprecher über «Die Wiederkehr des Christus und der Meister der Weisheit» an. Der Widerhall war keineswegs überwältigend, was auf Grund der Tatsache, daß ich ziemlich unbekannt war, nicht überraschte. Ich glaube, ich erhielt sechs oder sieben Antworten. Drei dieser Gruppen wollten mehr wissen - alles recht neue Gruppen und junge Leute - Centre House, Gentle Ghost und die Franklin School; vor jeder dieser Gruppen hielt ich einen Vortrag, den ersten im Centre House, am 30. Mai 1975.

Ich war sehr nervös. Obwohl ich den Stoff kannte, hatte ich ihn noch nicht in irgendeine Ordnung gebracht. In Seiner Freundlichkeit diktierte mir der Meister eine Liste von Stichworten, auf die ich schauen konnte, und dann überschattete Er mich in meiner Rede so, daß praktisch Er sie hielt. Knapp vor dem Ende überschattete mich plötzlich Maitreya selbst, mein Herz schmolz, und ich hatte die größte Mühe, meine Stimme nicht zittern zu lassen. Die folgenden Worte wurden mir eingegeben: «Wenn Christus wiederkommt, wird Er nicht gleich Seine Anwesenheit kundtun, auch nicht die Meister, die Ihm vorangehen. Aber allmählich, schrittweise, wird man den Menschen zeigen, daß nun ein Mensch unter ihnen lebt, dessen Kraft und Fähigkeit zu lieben wie zu dienen außergewöhnlich ist, und der zugleich eine Breite des Horizontes besitzt, die weit über jedes gewöhnliche Maß hinausgeht. Männern und Frauen in der ganzen Welt wird allmählich dieErkenntnis kommen, an welchem Punkt der modernen Welt dieser Mensch leben wird. Und von diesem Kraftzentrum aus wird der wahre Geist des Christus ausströmen, der den Menschen langsam klarmachen wird, daß Er unter ihnen ist. Diejenigen, die auf Seine Gegenwart und Seine Lehren ansprechen, werden fühlen, daß sie diese Liebe, diese Kraft, diese Breite des Horizontes irgendwie widerspiegeln, und sie werden in die Welt gehen und die Nachricht verbreiten, daß der Christus da ist und die Menschen auf das Land blicken sollten, von dem aus sich eine bestimmte Lehre verbreitet. Das wird in relativ sehr kurzer Zeit geschehen und zu dem überzeugenden Beweis führen, daß der Christus in unserer Mitte ist. Von dieser Zeit an werden sich Veränderungen mit einer Geschwindigkeit in der Welt abspielen, wie sie dieser Planet in seiner ganzen Geschichte noch nicht erlebt hat. Die nächsten 25 Jahre werden solche radikalen, grundlegenden Wandlungen bringen, daß sich die Welt sehr zu ihrem Vorteil verändern wird.»

Niemand war mehr überrascht als ich selbst, diese Behauptungen zu hören. Erst als ich sie nochmals vom Band abspielte, war ich überhaupt sicher, daß sie einen Sinn hatten.

Am 7. Juli 1977 teilte uns Maitreya selbst mit, daß Sein Manifestationskörper - der Mayavirupa - völlig fertiggestellt sei, daß Er ihn «angelegt» habe und Sein Lichtkörper (Sein Auferstehungskörper) nun in Seinem Berg-Zentrum im Himalaya ruhe. Am 8. Juli, so erfuhren wir, habe der Abstieg aus dem Himalaya begonnen. Am Dienstag, dem 19. Juli, sagte mir mein Meister, daß Maitreya nun in Seinem Zentrum in einem sehr bekannten Land angekommen sei. Am Abend jenes Tages hatte ich eine Lesung im «Friend's House»; man sagte mir aber, daß ich vorerst die Nachricht für mich behalten solle.

Während unserer Transmissionssitzung am Freitag berichtete mir der Meister, daß Maitreya sich ausgeruht habe und nach dreitägiger Akklimatisation an jenem Tag, dem 22. Juli, Seine Mission begonnen habe. Diese Nachricht durfte ich an die Gruppe weitergeben.

Um Mitternacht endete die Transmission, und wir setzten uns wie gewöhnlich zum Tee zusammen, bevor wir auseinandergingen. Meine Frau drehte den Fernsehapparat an, in dem ein später Film über irgendein Familiendrama mit Bette Davis in der Hauptrolle über den Bildschirm lief. Einige aus der Gruppe sahen zu, aber verständlicherweise waren meine Gedanken woanders. Ich machte über den Film und die Schauspieler ein paar sarkastische Bemerkungen (im allgemeinen bewundere ich Bette Davis durchaus als Schauspielerin). Als ich es nicht länger aushielt, sagte ich, ich hätte ihnen eine viel wichtigere Nachricht zu übermitteln - daß Christus jetzt voll in der Alltagswelt körperlich präsent sei und mit Seiner Mission beginne.

Viele, viele Male habe ich vor zahlreichem Publikum das gleiche verkündet, aber nie wieder mit diesem Gefühl, wenn auch nur ein wenig, aber immerhin doch, an einem großen planetarischen Ereignis teilgenommen zu haben. Die Freudentränen auf den Gesichtern in der Gruppe um den Tisch herum zeigten, daß auch sie das gleiche fühlten.

Anfang September 1977 fragte man mich, ob ich bereit wäre, die Botschaften Maitreyas öffentlich zu empfangen. Am 6. September 1977 wurde zum erstenmal im «Friends's House», in der Euston Road, «versuchsweise» eine öffentliche Botschaft übermittelt, um herauszufinden, nehme ich an, wie ich mich bei einer Demonstration von Überschattung und Telepathie in der Öffentlichkeit verhalten würde - was ja etwas ganz anderes ist als in der Geborgenheit der eigenen Gruppe. Diese Praktik setzt sich bis heute fort. Bis jetzt, da dieses Buch in Druck gehen soll, haben wir 85 Botschaften erhalten. Sie werden über mich an die Anwesenden weitergeleitet; es ist dabei keine Trance und kein Medium beteiligt, die Stimme ist die meine, doch durch die überschattende Energie Maitreyas deutlich verstärkt und in der Tonlage verändert. Die Botschaften werden gleichzeitig auf allen astralen und mentalen Ebenen übertragen, während ich die ätherisch-physikalische Vibrationsgrundlage dazu beisteuere. Von diesen feinstofflichen Ebenen her prägen sich die Botschaften in Hirn und Herz unzähliger Menschen ein, und sie werden sich allmählich der Gedanken und der Gegenwart des Christus bewußt. Er veröffentlicht auf diese Weise Teile Seiner Lehre, um das Klima der Hoffnung und Erwartung vorzubereiten, damit Er rasch und freudigen Herzens angenommen und als Lehrer anerkannt werden wird.

Es ist gewiß eine ungeheure, höchst verwirrende Behauptung, daß Christus durch einen selbst Botschaften übermittelt. Aber wenn die Menschen ihr Denken von der Vorstellung befreien können, daß Christus irgendeine Art Geist ist, der im «Himmel» zur rechten Hand Gottes sitzt, wenn sie beginnen, Ihn als den zu sehen, der Er wirklich ist, als einen realen, lebendigen Mann (wenn auch ein göttlicher Mensch), der die Welt nie verlassen hat, der nicht vom «Himmel» herabkam, sondern von einem einsamen Ort im Himalaya, der Ihm von jeher als Bleibe in der Zurückgezogenheit diente, dann wird es vielleicht leichter zu akzeptieren sein, daß Er, um Seine Aufgabe zu vollenden, die Er in Palästina, als ein großer Meister, ein Adept und Yogi begonnen hat, als die Hauptperson, von der die Bibel berichtet - was im Wesentlichen stimmt, aber viel einfacher ist, als bisher dargestellt - wenn die Menschen das für möglich halten könnten, dann fällt vielleicht auch die Vorstellung leichter, mit so einem eher vertrauten und begreifbaren Wesen auf telepathischem Weg Kontakt zu haben. Ich überlasse es jedenfalls dem Studium der Qualität der Botschaften selbst, zu überzeugen oder nicht. Viele Leute werden durch die Energien, die während einer Überschattung fließen, überzeugt. Viele, die zu diesen Zusammenkünften kommen, sind in verschiedenem Maß hellsichtig, und ihre Visionen während einer Überschattung sind für sie der schlüssigste Beweis.

Vielleicht wird das oben Erwähnte erklären helfen, warum ich von den Meistern und Christus und Ihrer Wiederkehr mit Überzeugung spreche. Für mich ist Ihre Existenz eine Tatsache, die ich durch direkte Erfahrung und direkten Kontakt kenne. Dieses Buch wurde in der Hoffnung geschrieben, andere für die Wirklichkeit dieser Tatsache zu erwecken sowie für die weitere bedeutende Tatsache Ihrer, der Hierarchie, jetzigen Wiederkehr in die alltägliche Welt mit dem Ziel, uns ins Wassermannzeitalter zu führen.

Benjamin Creme

London 1979

Die Wiederkehr des Christus und der Meister der Weisheit

Diese Einführung - hier etwas überarbeitet, um sie dem letzten Stand der Dinge anzupassen - wurde als Vortrag bei der Konferenz über «Neue Themen für die Erziehung» eingereicht und im April 1977 in der Dartington Hall (Totnes, Devonshiore, England) gehalten. Wir veröffentlichen hier den Text mit der freundlichen Genehmigung der Dartington Society.

Im Anschluß folgt eine Auswahl von Fragen und Antworten, die bei regelmäßigen öffentlichen Vorträgen seit Mai 1975 aufgezeichnet wurden. Bei diesen Vorlesungen hat vom 6. September 1977 an Maitreya, der Christus, Botschaften an die Zuhörer gerichtet, von denen mehrere hier abgedruckt sind. Die dabei angewandte Methode ist geistige Überschattung (ohne Trance) und telepathischer Rapport, der sie erst ermöglicht.

Basierend auf den Lehren, die Alice Bailey übermittelte und die durch meine (inneren) Kontakte und Erfahrungen erweitert wurden, mache ich verschiedene Voraussagen, die ihrer Natur nach nicht gleich nachprüfbar sein können. Wenn ich auch von ihrer Richtigkeit überzeugt bin, mache ich sie nicht im Sinne dogmatischer Behauptungen.

Der Gedanke an einen kommenden Avatar, Weltlehrer oder Christus fesselt seit Jahrhunderten Menschen aller Schichten und Bildungsgrade. Selbst die größten Skeptiker äußern oft den Wunsch, daß so etwas möglich sein sollte, so unwahrscheinlich es auch sei. Ihnen bietet sich diese Darlegung als eine interessante Hypothese an. Für diejenigen, die eine solche Wiederkehr für möglich und glaubhaft halten, ist sie in der Hoffnung geschrieben, daß sie daraus eine tiefere Überzeugung schöpfen und eine eindeutige Basis für die Tatsache ihrer freudigen Erwartung finden mögen.

Einleitung

Der Christus, der Weltlehrer, ist jetzt in der Welt, um das neue Zeitalter der Synthese einzuleiten.

Wir bewegen uns auf eine Zeit eines Höhepunktes zu, die zu Ereignissen führen wird, die unser jetziges Leben grundlegend verändern werden. Auf allen Gebieten vollziehen sich ungeheure Veränderungen, die die Einrichtung völlig neuer gesellschaftlicher Lebensformen und -beziehungen auf der Grundlage von Teilen und Zusammenarbeit vorbereiten.

Für manche Leute kündigt sich damit das zweite Erscheinen des Christus an. Andere sehen darin die Bestätigung, daß nur durch einen tiefen inneren Wandel und die Bereitschaft, eine neue Richtung in unserer politischen, wirtschaftlichen und sozialen Lebensweise einzuschlagen, die Menschheit überleben kann. Sollte es nicht möglich sein, daß *beide* Anschauungen richtig sind?

Es wächst die Einsicht, daß ein neues geistiges Zeitalter heraufzieht, und zwar unter der Führung der Geistigen Hierarchie der Meister der Weisheit. Das sind Menschen, die uns in ihrer Entfaltung vorangegangen sind, die sich vervollkommnet haben. Deren Energien und Ideen sind die Antriebskräfte für unsere eigene Entwicklung. Sie beginnen nun, von Ihren alten Stützpunkten in der Verborgenheit wieder aufzutauchen, um uns in das Wassermann-Zeitalter zu führen.

Sie kommen nicht allein. Unter dem zyklischen Gesetz und in Anbetracht der menschlichen Not kehren Sie zur Außenarbeit in die Welt zurück, gemeinsam mit Ihrem Oberhaupt und Leiter, dem Weltlehrer dem Einen, den wir im Westen den Christus nennen.

Wir werden in Kürze erkennen, daß nun unter uns ein Mann lebt, der in sich ebenso die Hoffnung und die Sehnsucht der religiösen Gruppen verkörpert wie das praktische Streben der Politiker und Denker nach einem besseren Leben für alle.

Am 19. Juli 1977 traf dieser große Eine, Maitreya, der Christus, der Herr der Liebe selbst, in seinem Zentrum (Point of Focus), dem «Ort Seiner Zentrierung», wie es genannt wird, in einem bestimmten Land der modernen Welt ein.

Er wird der Menschheit zeigen, welche Schritte sie zu ihrer Erneuerung braucht und wie sie eine Zivilisation auf der Bereitschaft zu teilen, auf Zusammenarbeit und gutem Willen aufbauen kann, die unweigerlich zu einer weltweiten Verbrüderung führen wird.

Bald werden wir diesen Menschen mit außergewöhnlichen Fähigkeiten sehen, Ihn an Seiner geistigen Potenz erkennen, an Seiner Weisheit und Weitsicht, Seiner allumfassenden Liebe, Seinem Verständnis für die menschlichen Probleme und Seiner Fähigkeit, den Menschen den Weg aus dem allgemeinen Dilemma zu zeigen - sowohl auf dem Gebiet der Politik, der Wirtschaft, der Religion, und im gesellschaftlichen Bereich.

Er ist Göttlich, da Er sich selbst vervollkommnet und das göttliche Potential in jedem von uns verwirklicht hat. Er ist auch ein Mensch und kommt als Bruder, Lehrer und Freund, um die Menschheit zu inspirieren, für sich selbst eine bessere und glücklichere Welt zu schaffen. Denen, die auf Ihn «ansprechen», wird Er den Weg in einen Seinszustand zeigen, in dem die Realität Gottes eine immer gegenwärtige Erfahrung ist und für den Freude und Liebe die Ausdrucksformen sind.

Die Geistige Hierarchie und die neue Weltordnung

Die Menschen fühlten sich veranlaßt, in Scharen die Kirchen zu verlassen, weil diese Kirchen ein Christusbild präsentiert haben, das für die Mehrheit denkender Menschen von heute nicht mehr annehmbar ist - Christus als der eine und einzige Sohn Gottes, geopfert von Seinem lieben Vater, um die Menschheit von den Folgen ihrer Sünden zu retten, also durch ein Blutopfer im Sinne der alten und überholten jüdischen Gesetzesordnung; als der ein zige Offenbarer der Natur Gottes, ein für alle Male unabänderlich, trotz der wachsenden Erkenntnismöglichkeit des Menschen, andere Enthüllungen der göttlichen Natur in sich aufzunehmen; Christus als einer, der in einem mythischen und wenig anziehenden Himmel auf das Ende der Welt wartet, an dem Er dann in einer Wolke der Glorie beim Schall von Engelstrompeten zurückkehren und aus den Wolken herabschweben wird, Sein Königreich zu erben.

Die meisten denkenden Menschen von heute können mit dieser Vorstellung nichts anfangen, bleiben aber ohne Antwort auf die Fragen nach dem Sinn des Lebens und der Evolution. Auch haben sie keine klare Vorstellung von dem weiteren Weg, oder einen sicheren Glauben an die *Wirklichkeit* Gottes oder an Seinen dauernden Kontakt mit der Menschheit und Seiner Liebe für sie. Die Ansichten der Esoterik sind sicher rationaler und annehmbarer und entsprechen mehr dem historischen Wissen des modernen Menschen, den Naturwissenschaften und der Kenntnis, die er von anderen religiösen Auffassungen hat, nicht allein von der christlichen Religion.

Die Esoterik könnte man als die Philosophie des evolutionären Prozesses im Menschen und in den niederen Naturreichen bezeichnen. Sie ist weder ausschließlich eine Kunst noch eine Naturwissenschaft, auch nicht eine Religion, aber sie hat etwas von allen dreien. Sie ist die Wissenschaft von der durch Zeitalter hindurch angereicherten Weisheit, aber sie ist eher dynamisch als akademisch in ihrer Anwendung auf unser alltägliches Leben. Die Esoterik gibt einen systematischen und umfassenden Bericht über die energetische Struktur des Universums und des Menschen Platz darin, sie beschreibt die Kräfte und Einflüsse, die im Hintergrund der Welt der Phänomene wirken. Sie ist auch der Prozeß der Bewußtwerdung dieser Kräfte im Menschen und ihrer allmählichen Beherrschung durch ihn.

Eine wachsende Mehrheit gibt sich nicht länger mit der Annahme einer rein materialistischen Weltsicht zufrieden, da ihre Erfahrungen auf das Gegenteil hindeuten. Höhere Bewußtseinszustände und die Beherrschung der Materie, die darauf zurückzuführen ist, sind immer wieder auf viele Arten und auf vielen Ebenen bewiesen worden, von großen indischen Yogis bis zu Yuri Geller.

Das starke und weiter zunehmende Interesse an der östlichen Philosophie und Religion, an Reinkarnation oder dem Gesetz der Wiedergeburt, an der Macht der Gedanken über die Materie, an den ätherischen Ebenen der Materie, wie sie in den Arbeiten von Wilhelm Reich und in den Photographien von Kirlian bewiesen werden, das Interesse an Homöopathie, Akupunktur, Geistheilung und Radionik - all dies sind direkte Hinweise auf unser wachsendes Gewahrwerden von Seins- und Bewußtseinsebenen über den physischen Körper und das konkrete Denkvermögen hinaus. Das alles gehört zu einer großen Bewußtseinsverschiebung, die überall stattfindet und sich aus unserem Gespür ergibt, daß die alten Gedanken und Gefühlslagen nicht mehr zu unserer immer tieferen Einsicht in die Realität passen. Das beweist unsere Bereitschaft für eine neue Offenbarung.

Das neue spirituelle Erwachen vollzieht sich ganz zweifellos überall, und das muß allmählich in ein Zeitalter einer verbrüderten Welt führen - dem Inbegriff des kommenden Wassermannzeitalters. Was jetzt geschieht, ist das Ergebnis innerer Kräfte, die große Veränderungen im menschlichen Denken und in seiner Bewußtseinslage bewirken. Daraus wird sich eine völlige Reorganisation der weltweiten Institutionen und Sozialstrukturen ergeben, da die vorhandenen nicht mehr den echten Bedürfnissen der Menschen entsprechen.

Überall auf der Welt tauchen neue Einstellungen gegenüber der Realität und neue Wertvorstellungen auf; was im kommenden Zeitalter unser Leben bestimmen sollte, beginnt klarere Formen anzunehmen. Das wird die Reorganisation unserer politischen, wirtschaftlichen, ökonomischen und finanziellen Systeme im Sinne von vernünftigeren und gerechteren Richtlinien zur Folge haben.

Auf dem wirtschaftlichen Sektor sollte man die Einführung des Prinzips des Teilens der Weltproduktion als das Allervordringlichste ansehen, damit die gegenwärtige Kluft zwischen dem Lebensstandard des Westens und dem weiter Teile der Dritten Welt überbrückt und damit mehr Stabilität erreicht wird. Die wachsende Einsicht in diese Notwendigkeit bewirkt eine steigende Sorge um die unterprivilegierten Völker der Welt und ihre zunehmende Entschlossenheit, ihre Situation zu verbessern.

Die notwendigen finanziellen Veränderungen müssen der Logik

dieser ausgeglicheneren Verteilung der Weltgüter folgen. Ein ausgeklügeltes Tauschhandelssystem auf der Basis von gemeinsam festgesetzten Preisen für die Produktion jedes Landes sollte das gegenwärtige System ersetzen, bei dem eine übermäßig hohe Bewertung von Industriegütern zum Nachteil jener Länder besteht, deren Hauptproduktion Naturalien sind. Ein solch neues System sollte den Weg für gesündere Beziehungen zwischen den Nationen verschiedener Entwicklungsstufen freimachen.

Die gegenwärtigen politischen Systeme wird man jedes in seiner Art als Ausdruck verschiedener Übergangsstadien sehen und deshalb nicht mehr als einander ausschließend wie heutzutage. Das wird zu einer größeren Weltharmonie führen.

Das gegenwärtig wachsende Interesse an Umwelt- und ökologischen Problemen darf man als die logische Folge der allmählichen Erkenntnis der Menschheit ansehen, daß sie nicht ein für sich allein bestehender Teil des Planeten ist, sondern ein integrierender Bestandteil eines größeren Ganzen, das alle Naturreiche einschließt.

Für viele bedeutet diese Erkenntnis auch eine Öffnung für höhere Bewußtseinszustände; es sind diejenigen, die zu dem in Erscheinung tretenden spirituellen Reich, zu den Meistern und Eingeweihten der Welt gehören. Die Existenz dieser Meister wurde zum ersten Mal in der modernen Zeit durch Frau H.P. Blavatsky, der Mitbegründerin der Theosophischen Gesellschaft, schon 1895 enthüllt. Eine detailliertere Mitteilung über die Meister und Ihr Werk gab Alice Bailey zwischen 1919 und 1949. In ihrem Buch *The Externalisation of the Hierarchy* (Die Geistige Hierarchie tritt in Erscheinung) sagte sie die geplante Rückkehr zu Arbeit und Wirken auf der physischen Ebene von dieser Gruppe erleuchteter Menschen voraus, die, wie ich behaupte, bereits begonnen hat.

Es ist offenkundig, daß der Mensch seit seinen Anfängen große Fortschritte gemacht hat. Jede Zivilisation und Kultur hat ihn ein wenig weitergebracht in der Verwirklichung seiner Möglichkeiten. Viele glauben, daß dieser Evolutionsprozeß durch Jahrtausende nach einem Plan dieser höher entwickelten Menschen abgelaufen ist, die unter Esoterikern als die «Geistige Hierarchie der Meister» bekannt ist. Man kann die Menschheitsentwicklung als Auswirkung der von Ihnen in bestimmter Folge in die Welt gesetzten

Ideen ansehen, die Fortschritte an Erkenntnissen und Zunahme an Weisheit brachten, die dann in der Kunst, Naturwissenschaft, Politik und Religion ihren Ausdruck fanden.

Alle großen Religionen stellen der Menschheit den Gedanken einer weiteren Offenbarung vor Augen, die ein zukünftiger Lehrer oder Avatar verkünden wird. Christen erwarten Christi Wiederkehr, die Buddhisten einen neuen Buddha, den Herrn Maitreya, während die Mohammedaner auf das Kommen des Imam Mahdi, die Hindus auf Bodhisattva oder Krishna und die Juden auf den Messias warten. Jede dieser Religionen erwartet einen Kommenden, einen Verkünder neuer Wahrheiten und Führer in die Zukunft.

Die Esoteriker erkennen in Ihnen allen *ein* Wesen, den Weltlehrer, das Oberhaupt der Geistigen Hierarchie der Meister, und erwarten Seine bevorstehende Rückkehr jetzt, da wir ins Wassermann-Zeitalter eintreten.

In jedem Zeitalter sind von diesem Spirituellen Zentrum Lehrer hervorgegangen, um der Menschheit zum nächsten evolutionären Schritt zu verhelfen. Wir kennen Sie unter anderem unter den Namen Herkules, Hermes, Rama, Mitra, Vyasa, Sankaracharya, Krishna, Buddha und den Christus. Alles vollkommene Menschen in Ihrer Zeit, alles Menschensöhne, die zu Gottessöhnen wurden, weil Sie Ihre innere Göttlichkeit offenbart haben.

Sie sind die Hüter eines Planes für die Evolution der Menschheit und der Naturreiche, der sich mit Hilfe der esoterischen Hierarchie der Meister verwirklicht, die hinter allen Weltereignissen stehen und die unsichtbare (weil unbekannte) Regierung unseres Planeten bilden. Diese Meister der Weisheit sind Glieder der Menschenfamilie, die uns auf der Reise durch die Evolutionsstadien vorausgingen. Sie sind es, die sich durch die gleichen Schritte vervollkommnet haben, mit denen auch wir weiterkommen, und Sie haben die Verantwortung für unsere Führung zu dem gleichen Ziel übernommmen. Sie (oder Ihre Vorgänger) überwachen seit jeher den ganzen Evolutionsprozeß und führen die Menschen und helfen ihnen zu einer allmählichen Erweiterung ihres Bewußtseins, wobei ganz allmählich ihre innewohnende Göttlichkeit zum Vorschein kommt, und sie schließlich ebenfalls göttliche, vollendete, erleuchtete Wesen werden.

Der esoterische, als Initiation bekannte Prozeß ist der wissenschaftliche Weg zu dieser Vervollkommnung, auf dem der Mensch die Einheit mit seiner Quelle findet. Diesen Pfad der Vervollkommnung markieren fünf größere Schritte oder Krisen und Spannungspunkte. Jede Einweihung führt zu einer ungeheuren Ausweitung des Erkennens oder des Bewußtseins, was eine immer umfassendere Schau und Erkenntnis der wahren Natur der Realität mit sich bringt.

Kein Meister der fünften Einweihung braucht weitere Inkarnationserfahrungen auf der Erde. Seine Entscheidung, auf der Erde zu bleiben, ist nur bedingt von Seinem Wunsch, dem Plan zu dienen, nicht aber durch persönliches Karma.

Es gibt Grund zu der Annahme, daß viele, wenn nicht alle großen Gestalten der Menschheitsgeschichte bewußte Eingeweihte einiger Grade waren – z.B. Pythagoras, Sokrates und Plato; Shakespeare, Dante und Bacon; Leonardo, Paracelsus und Mozart; Asoka, Benjamin Franklin und Abraham Lincoln. Alle bekunden in ihrem Leben oder ihren Schriften ein Wissen um andere und höhere Bewußtseinsebenen, eine Kenntnis der Welt der Bedeutungen und einen Sinn für innere Synthese.

Die mysteriöse Gestalt des Comte de St. Germain, der von allen Höfen des 18. Jahrhunderts in Europa als ein Meister und Adept anerkannt war, ist einer der wenigen Meister der Weisheit, der in der äußeren alltäglichen Welt lebte; jedoch sind Briefe von einigen Meistern, die hinter der Gründung der Theosophischen Gesellschaft standen, jetzt im Britischen Museum verwahrt. Einige von ihnen wurden im November 1975 anläßlich der Jahrhundertfeier dieser Gesellschaft ausgestellt.

Die große Mehrheit dieser erleuchteten Menschen lebt in den einsamen, entlegenen Bergen oder Wüsten dieser Welt, mit der Sie nur selten in Kontakt treten, und verrichten Ihre Arbeit durch Ihre Jünger mittels telepathischem Kontakt.

In der esoterischen Tradition ist Christus nicht der Name einer Person, sondern ein Amt in der Hierarchie. Der gegenwärtige Inhaber dieses Amtes, der Herr Maitreya, hat es seit 2600 Jahren inne und trat in Palästina durch Seinen Jünger Jesus mittels der okkulten Methode des Überschattens in Erscheinung, die häufigste Form der Manifestation der Avatare. Er hat die Welt nie verlassen, sondern wartete 2000 Jahre und plante für diese nun direkt bevorstehende Zukunft, indem Er Seine Jünger schulte und sich selbst auf die enorm große Aufgabe, die Ihn erwartet, vorbereitete. Er ließ wissen, daß Er dieses Mal selbst kommen wird.

Das Wiedererscheinen der Hierarchie

Zu diesem Zeitpunkt, da das Wassermann-Zeitalter heraufdämmert, sind die Meister der Hierarchie nun bereit, zum ersten Mal seit ungezählten Jahrtausenden in die Alltagswelt zurückzukehren, um die neue Zeit der Synthese und Brüderlichkeit zu inaugurieren. Unter Ihrem großen Oberhaupt, dem Meister aller Meister, dem Weltlehrer, dem, der im Westen als der Christus bekannt ist, wird sich die esoterische Hierarchie offen in unserer Mitte bewegen und uns in die Wassermann-Erfahrung hineinführen. Sie stehen nun bereit und warten, daß wir aus eigenem, freien Willen den notwendigen ersten Schritt tun in Richtung auf Einigkeit, Zusammenarbeit und Fusion. Dann werden Sie in Erscheinung treten mit dem Christus an Ihrer Spitze, und Ihre Anwesenheit in der Welt wird eine feststehende Tatsache.sein.

Wenn man von dem Wiedererscheinen der Hierarchie spricht, dann bezieht sich das auf ein Ereignis, das sich planmäßig über etwa 30 Jahre hinziehen wird. Es ist kein plötzlich eintretendes Geschehen, auch ereignet es sich nicht ohne entsprechende Vorbereitung. In der Tat begannen die Vorbereitungen schon im Jahre 1425, von welcher Zeit an alle Aktivitäten der Hierarchie bereits mit diesem unvergleichlichen und wichtigen Geschehen in Beziehung gesetzt wurden.

Es bedeutet, daß die Planetarische Hierarchie der Meister, die auf den höheren mentalen Ebenen während all dieser Jahrtausende gewirkt haben, einen Punkt in Ihrer eigenen evolutionären Entwicklung erreicht haben, an dem ein erneutes «Erscheinen» notwendig wird, diesmal in Gruppenformation auf der physischen Ebene der Lebenserfahrung. Das ist der eigentliche Grund für das geplante, bevorstehende Wiedererscheinen. Die Wohltaten, die dies für die Menschheit bringen wird, sind nicht zufällig, aber von sekundärer Bedeutung. Die Hierarchie der Meister muß nochmals, nur jetzt als Gruppe, symbolisch Ihre Fähigkeit zeigen, auf allen Ebenen gleichzeitig zu wirken. Das wird für Sie die letzte Abrundung Ihrer Erd-Erfahrung sein und zugleich die Vorbereitung zu Ihrem Beginn auf dem einen oder anderen der Sieben Wege zur höheren Evolution. Dies sind:

1. Der Pfad des Erdendienstes
2. Der Pfad des Magnetischen Wirkens
3. Der Pfad der Schulung für Planetarische Logoi
4. Der Pfad zum Sirius
5. Der Pfad der Strahlen
6. Der Pfad, auf dem der Logos selbst sich befindet
7. Der Pfad der Absoluten Sohnschaft

Von diesem Höheren Weg können wir noch nichts wissen, aber die angegebene Tabelle mag unserer Vorstellungskraft eine Ahnung vermitteln, welchen Umfang die evolutionäre Entwicklung hat, die den Menschen erwartet.

Die Entscheidung des Christus

Die Hierarchie hält jährlich drei spirituelle Feste ab. Das Osterfest bei Vollmond im Widder, gewöhnlich im April, das Wesak-Fest des Buddha, bei Vollmond im Stier, im Mai, und das Fest des Christus, als dem Vertreter der Menschheit, im Vollmond des Juni.

Bei diesem Fest im Juni 1945 verkündete der Weltlehrer, der Eine, den wir Christus nennen, Seine Entscheidung, wieder in die Welt zurückzukehren, wenn die Menschheit aus freien Stücken Schritte unternimmt, um ihr eigenes Haus in Ordnung zu bringen. Die Bedingungen, die Er stellte, waren die folgenden:

Es sollte ein gewisses Maß an Frieden in der Welt wieder hergestellt sein.

Das Prinzip des Teilens sollte in fortgeschrittenem Maß die wirtschaftlichen Angelegenheiten beherrschen;

Die Kräfte des guten Willens müßten sich durchsetzen und zur Verankerung der rechten menschlichen Beziehungen führen. Die politischen und die religiösen Organisationen müßten überall auf der Welt ihre Anhänger aus der autoritären Überwachung ihres Glaubens und Denkens entlassen.

Sollte sich die Einstellung der Menschen in dieser Richtung wandeln, dann wird Er unfehlbar zum frühest möglichen Zeitpunkt wiederkehren. Ich behaupte, daß dieser Augenblick nun gekommen ist.

Der Entschluß des Christus, wiederzukehren und sich offen zu manifestieren, bewirkte bestimmte wichtige Ereignisse:

1. Er benutzte zum ersten Mal ein bedeutendes und uraltes Mantram oder Gebet und übergab es der Welt in einer Form, die wir anwenden und verstehen können. Es ist heute bekannt als die Große Anrufung oder Invokation. Es ist der Menschheit geschenkt als eine wirksame Formel, die Energien der Hierarchie zu Hilfe zu rufen, um die notwendigen Veränderungen zu bewerkstelligen. Dieses Gebet wird nun von mehreren Millionen auf der ganzen Welt angewendet.

2. Zwei große kosmische Wesenheiten verbinden nun Ihre enorme Energie mit der des Christus. Der Geist des Friedens oder des Gleichgewichts ist wieder über Ihn gekommen und überschattet Ihn in ähnlicher Weise, wie der Christus Seinen Jünger Jesus in Palästina überschattete und durch ihn arbeitete.

   Der Avatar der Synthese, den die Hierarchie angerufen hat, bringt in unsere Welt eine große, vierfältige Energie, die allmählich von der heutigen Zerrissenheit zur Fusion (Verschmelzung) und Einheit führt. All diese Kräfte stehen hinter Ihm und vergrößern Seine Macht in unerhörter Weise.

Die neue Gruppe der Weltdiener

Um den Weg für den Christus zu bereiten, wurde eine neue Gruppe in der Welt gebildet. Subjektiv mit der Hierarchie verbunden, stellen sie eine Vorhut dar, durch die Er wirken kann. Sie haben keine äußere Organisation, sind aber ausnahmslos in jedem Land zu finden.

Sehr bald wird man überall Männer und Frauen, mit Geschick und Einsicht begabt, auftauchen sehen, die Antworten auf die Fragen haben, die die Welt heute bedrängen. Ihnen liegt das Wohl aller am Herzen. Sie sind bereit, sich bei der Reorganisation der sozialen Strukturen im Sinne größerer Spiritualität dann zu engagieren, wenn man sich an sie wendet. Das wird in Kürze der Fall sein.

Die Meister werden sie für ihre besonderen Aufgaben schulen und den nötigen energetischen Ansporn geben.

Ihre Namen sind wenigen bekannt, aber ihr Einfluß in Weltangelegenheiten wird groß sein. Sie werden die Veränderungen in Gang setzen, die mit wachsender Kraft die Welt transformieren werden.

Schon jetzt machen einige Meister von Ihren zurückgezogenen Aufenthaltsorten Streifzüge in die Welt zu kurzen Perioden der Akklimatisation. Während des Jahres 1976 tauchten in fünf größeren spirituellen Zentren oder Ausgangspunkten - in New York, London, Genf, Darjeeling und Tokio - je ein Meister auf. Jeder sammelt Seine Mitarbeiter in verschiedenen Gruppen, koordiniert und stimuliert die Tätigkeit dieser Gruppen. In immer weiteren Kreisen wird sich die Ausstrahlung dieser fünf Zentren über die Erde verbreiten und überall die Menschen auf die Gegenwart des Christus vorbereiten. Eine große Welle spiritueller Erwartung wird Sein Erscheinen herbeiführen.

Diese eben genannten Gruppen werden auf allen Arbeitsgebieten - dem politischen, religiösen, sozialen, wirtschaftlichen, erzieherischen und kulturellen - eine Kerngruppe heranbilden, die vom Meister selbst geleitet wird. Allmählich werden selbst Regierungsstellen sie um Rat und Hilfe bitten, und so wird sich ihre Wirkung und ihr Einfluß auf Regierungsentscheidungen erhöhen. Sie können dann unmittelbar die Grundlagen für die neue Weltordnung schaffen.

Die nächsten ein oder zwei Jahre werden dieses Anwachsen der Macht und Wirksamkeit in der Welt erleben. Bestimmten Mitgliedern der inneren Gruppe wird man administrative und Regierungs-Posten anbieten, und sie werden dann direkt die nötigen Veränderungen vornehmen können. Damit wird sich eine allmähliche Transformation der Gesellschaft ohne die chaotischen und dramatischen Nebenerscheinungen bei den üblichen politischen Revolutionen vollziehen, wie sie z.b. bei der Kulturrevolution in China auftraten oder bei ihren Gegenstücken in Afrika und Südamerika. Ein weitreichender Wandel wird mit einem Minimum an Zerstörung der existierenden sozialen Gefüge erreichbar werden und das in logischer, geordneter Form durch Gesetzgebung und allgemeine Zustimmung. Das demokratische Prinzip wird dabei erhalten bleiben und sich als wirksam erweisen, wenn es wirklich zum Wohle aller angewendet wird. Die Teilnahme aller gesellschaftlichen Gruppierungen am Aufbau der neuen Sozialordnung wird die rasche Anwendung der nötigen Maßnahmen zu ihrer Vollendung gewährleisten.

Zweifellos wird die Opposition auf seiten der privilegierteren Gesellschaftsschichten stehen, für die der Umschwung notwendigerweise Veränderungen und Einbußen an ihrer traditionellen Macht und Stellung bringen wird. Aber die Notwendigkeit der Veränderungen wird so offenkundig sein, daß sich die Opposition immer hilfloser gegenüber diesen Kräften fühlen wird. Das bestehende Kastensystem hat zu verschwinden im Interesse einer geeinten Menschheit.

Die unvorstellbar mächtigen internationalen Banken- und Finanzimperien werden als letzte die Tatsache einsehen, daß eine vollständige Umgestaltung in der Weltwirtschafts- und Finanzordnung unumgänglich notwendig ist. Um dieses Hindernis zu umgehen, hat die Hierarchie bereits Pläne ausgearbeitet, die anwendungsreif sind. Sie betreffen eine Neuordnung des Weltwirtschafts- und Finanzwesens. Eine Gruppe hoher Eingeweihter, selbst Wirtschaftsfachleute, Industrielle und Finanzexperten mit großer Erfahrung und ebensolchen Leistungen, arbeiten mit der Hierarchie zusammen und haben eine Reihe von Plänen entwickelt, alternative, aufeinander abgestimmte Pläne, die die Probleme der Neuverteilung, die der Grund für die gegenwärtige Weltkrise sind, lösen werden. Sie können und werden, wenn als nötig anerkannt und akzeptiert, rasch vervollständigt werden. Ihre Annahme wird den vereinten Nationen der Welt durch das Gewicht einer neu gebildeten Meinung aufgezwungen werden. Der Ruf nach Hilfe und Gerechtigkeit auf seiten der armen und verhungernden Nationen wird zu laut und dramatisch werden, als daß man ihn noch länger wird ignorieren können. Dann wird die Weltbühne für den Auftritt des Christus bereit sein, der Seine Anwesenheit verkünden und die Menschheit in das Wassermann-Zeitalter führen wird.

Manchen wird all das wohl als unmögliche und unrealistische Vision erscheinen; aber denjenigen unter uns, deren Aufgabe es ist, diese ersten vorbereitenden Schritte in die Öffentlichkeit zu tun, werden andere mit Spezialkenntnissen und Schulung in der Organisation und Administration auf dem Gebiet der Finanzen, der Wirtschaft, der Industrie und Gesellschaft folgen; bald werden sie in Machtpositionen sein, demokratisch gewählt wegen ihrer offenkundigen Weisheit und selbstlosen Sorge um das Wohl der Allgemeinheit. Von diesen Positionen verantwortungsvoller Macht ausgehend, werden sie das Gerüst für die sozialen Strukturen des neuen Zeitalters aufbauen.

Die Völker der Welt beginnen zu erkennen, daß ihr Bedürfnis nach einem volleren, besseren Leben jetzt zum ersten Mal in der Geschichte verwirklicht werden kann, wenn sie die nötigen Anstrengungen nicht scheuen, um die Tatenlosigkeit und Passivität zu überwinden, die sie jahrhundertelang niedergehalten hat. Überall regen sich Anstrengungen in dieser Richtung. Für die meisten Menschen ist es eine Zeit der Krise und Unsicherheit, aber hinter dem anscheinenden Chaos taucht eine neue Struktur auf, eine neue Lebensweise, die in sich den Samen für die Zivilisation der neuen Zeit birgt, deren Hauptkennzeichen Zusammenarbeit, Teilen, Toleranz und guter Wille sein werden. Diese Eigenschaften sind schon in den Köpfen und Herzen von Millionen von Menschen fest verwurzelt und werden sich allmählich immer mehr bemerkbar machen.

Diese Zeit der Erprobung und Prüfung wird langsam von Integrationserfolgen abgelöst werden. Die Menschheit, der «Welt-Jünger», steht an der Schwelle einer neuen Erkenntnis seiner selbst und seines wahren Zweckes, der darin besteht, als eine Art Filter station für die Energien zu dienen, die auf den Planeten auftreffen, und sie in wissenschaftlicher Weise an die niederen Naturreiche weiterzuleiten. Durch diese Tätigkeit wird der Mensch zum Mitarbeiter der Quelle aller Gestaltwerdung, die wir Gott nennen.

Durch einen Willensakt wird der Mensch eines Tages eine Vielfalt von Kräften und Formen ins Leben rufen und damit seine höhere Intelligenz erweisen. Seine Instrumente und Maschinen werden ihm die Last der Produktion der zum Leben der Gemeinschaft notwendigen künstlichen Erzeugnisse abnehmen und ihn frei machen für die tiefere Erforschung seiner eigenen inneren Natur und schlummernden Kräfte, die zu entdecken seine Bestimmung ist.

Auf diese Weise wird der Mensch sich als das erkennen lernen, was er ist, ein göttliches Wesen.

Die physische Präsenz des Christus in der Welt

Manche glauben, der Christus wird nicht in voller körperlicher Präsenz auftreten, sondern einfach die Welt mit Seinem Geist und Seiner Energie durchdringen.

Sein Geist und Seine Energie durchströmen bereits die ganze Welt. Das ist nur eine der drei Arten oder Phasen Seines Auftretens.

Durch Sein Überschatten der Gedanken der Jünger beeinflußt Er sie telepathisch; damit ist die erste Phase Seines Wirkens auf der mentalen Ebene bereits im Gange.

Durch das Überfließen des Christusprinzips oder –bewußtseins – der Energie des kosmischen Christus, die Er verkörpert und für uns auf der Erde verankert – ist Seine zweite Erscheinungsweise schon lange «auf dem Weg«, indem überall Menschen zu dem neuen spirituellen Leben erweckt werden, das die Menschheit erwartet.

Im Juli 1977 leitete Er die dritte Phase ein – durch Seine unmittelbare körperliche Präsenz in der Welt.

Alle werden Ihn sehen und erkennen, sobald Er diese Anwesenheit der wartenden Welt bekanntmacht. Das wird dann geschehen, wenn genug Leute auf die Lehre und die Energien reagieren, die von Seinem noch unbekannten Konzentrationspunkt (Point of Focus) in der modernen Welt ausströmen, und ferner, wenn die neue Richtung, die die Welt einschlagen muß, beginnt, praktisch verwirklicht zu werden. Die Menschen selbst müssen diese Veränderungen herbeisehnen und mit ihnen aus freien Stücken beginnen; damit müssen sie beweisen, daß sie für die neue Offenbarung und Lehre, die Er bringt, bereit und aufgeschlossen sind.

Die Entdeckung des Christus

Allmählich werden die Menschen merken, daß unter ihnen ein Mann lebt, dessen Weisheit und allumfassende Liebe, dessen scharfer Verstand, der genau den Kern jedes Problems trifft, jedes Normalmaß weit überragt. Es werden sich diejenigen um Ihn scharen, die Sein Wesen anspricht, und sie werden selbst etwas von dieser Liebe und Weisheit auszustrahlen beginnen. Durch sie kann Er wirken. *Sie* werden durch Seinen Einfluß die Welt verändern. Mit der Zeit werden so viele auf Seinen Einfluß reagieren, daß Er getrost Seine wahre Natur und Seinen Rang bekanntgeben kann. Dann wird die Welt *wissen*, daß der Christus hier ist. Er kommt nicht in erster Linie als ein religiöser Führer, sondern wird sich an die Menschen guten Willens in allen Sparten des Lebens wenden. Er wird zu allen als der Weltlehrer sprechen und zeigen, daß das spirituelle Leben für den Menschen etwas Normales und Natürliches ist und bei jeder menschlichen Tätigkeit gelebt werden kann, nicht nur im religiösen Sektor. Er wird unsere innere Verbundenheit als Seelen hervorheben, unsere Identität mit der Einen Seele.

An einem nicht fernen Tag werden die Männer und Frauen auf der ganzen Welt sich um ihre Radios und Fernsehapparate scharen, um Christus zu hören und zu sehen; sie sehen dann Sein Gesicht, und Seine Worte werden lautlos in ihr Denken «tropfen» – in ihrer eigenen Sprache. Auf diese Weise werden sie erkennen, das ist wirklich Christus, der Weltlehrer; und auf die gleiche Art werden wir erleben, daß sich das Pfingstgeschehen – nun weltweit – wiederholt. In Gedenkfeiern an dieses Ereignis wird Pfingsten das

Hauptfest der neuen Weltreligion werden. Auch wird damit der Christus die künftige Fähigkeit der ganzen Menschenrasse vorführen, gedanklich, telepathisch, über weite Entfernungen miteinander auf Wunsch in Verbindung treten zu können.

Seine Aufgabe und die Seiner Jünger, der Meister der Weisheit, wird es sein, das Zeitalter der Vernunft, der Brüderlichkeit, der Liebe einzuleiten und so die Menschen zum vollen Bewußtsein ihrer selbst als integrierendem Bestandteil des Einen Göttlichen Lebens zu erwecken.

Der Christus, Maitreya, hat den spontanen Entschluß gefaßt, jetzt zurückzukehren, früher als vorgesehen, um eine göttliche Intervention durchzuführen, um die Folgen bestimmter Katastrophen abzumildern, die sonst weit verbreitete Not und Leiden verursachen würden. Vor allem versucht Er, durch Seine unmittelbare Präsenz in der Welt den Wandlungsprozeß zu beschleunigen und dadurch Millionen vor dem Elend und Tod durch Hunger zu retten und die zu befreien, die jetzt in den Gefängnissen der Welt schmachten wegen des «Verbrechens», unabhängig zu denken.

Hinzu kommt, daß die menschliche Reaktionsweise auf einen erhöhten Stimulus zyklisch verläuft, wie anderes auch. Da wir jetzt in einer ansteigenden Phase der Empfänglichkeit für spirituelle Einflüsse sind, kann der Christus durch Seinen Eintritt in die Welt diesen Aufwärtstrend voll nützen.

Sein Manifestationskörper, den Er vorbereitet hat und der den Anforderungen eines Lebens in der Weltöffentlichkeit gewachsen sein muß, ist jetzt fertiggestellt. Bald wird die Welt wissen, daß der Christus, Maitreya, der Weltlehrer, unter uns ist.

Es kommt nicht darauf an, daß man all dies bedingungslos glaubt. Gegenwärtig ist es die Hauptsache, aufgeschlossen für die *Möglichkeit* zu sein, daß der Christus zurückgekehrt ist. Denn das allein würde in der Menschheit schon eine neue Hoffnung und eine geistige Erwartungshaltung auslösen, die sie zu der so notwendigen Richtungsänderung anspornen und damit für eine positive Reaktion auf Seine Botschaft und Seine Lehren sorgen würde, wenn Er sich schließlich zu erkennen gibt.

The Great Invocation

From the point of Light within the Mind of God
Let light stream forth into the minds of men.
Let Light descend on Earth.

From the point of Love within the Heart of God
Let love stream forth into the hearts of men.
May Christ return to Earth.

From the centre where the Will of God is known
Let purpose guide the little wills of men,
The purpose which the Masters know and serve.

From the centre which we call the race of men
Let the Plan of Love and Light work out.
And may it seal the door where evil dwells.

Let Light and Love and Power restore the Plan on Earth.

Die Grosse Invokation

Aus dem Quell des Lichts im Denken Gottes
ströme Licht herab ins Menschen-Denken.
Es werde Licht auf Erden!

Aus dem Quell der Liebe im Herzen Gottes
ströme Liebe aus in alle Menschenherzen.
Möge Christus wiederkommen auf Erden!

Aus dem Zentrum, das den Willen Gottes kennt,
Lenke planbeseelte Kraft die kleinen Menschenwillen
Zu dem Ziel, dem die Meister wissend dienen!

Durch das Zentrum, das wir Menschheit nennen,
Entfalte sich der Plan der Liebe und des Lichtes
Und siegle zu die Tür zum Übel.

Lass Licht und Liebe und Kraft
den Plan auf Erden wieder herstellen.

Die große Invokation (Anrufung), die der Christus zum ersten Mal im Juni 1945 anwandte, gab Er den Menschen, damit sie selbst die Energien anrufen können, die unsere Welt verändern und die Rückkehr des Christus und der Hierarchie ermöglichen werden. Dies ist allerdings nicht die Form, die Christus verwendet. Er bedient sich einer uralten Formel, die aus sieben mystischen Versen einer alten priesterlichen Sprache besteht. Sie ist (von der Hierarchie) so übersetzt worden, daß wir sie verstehen und anwenden können; in viele Sprachen übertragen, wird sie heutzutage in jedem Land der Welt gesprochen.

Durch eine Dreiecksbildung kann sie sogar noch in ihrer Wirkung verstärkt werden. Wenn Sie in dieser Weise arbeiten wollen, vereinbaren Sie mit zwei Freunden, die Invokation täglich laut zu sprechen. Sie brauchen dazu nicht in derselben Stadt oder demselben Land zu sein, auch Gleichzeitigkeit ist nicht nötig. Sprechen Sie sie einfach, wann es jedem von Ihnen am besten paßt und indem Sie sich in Gedanken mit den beiden anderen verbinden. Stellen Sie sich dabei vor, daß über Ihren Köpfen ein Dreieck aus weißem Licht kreist, und sehen Sie es mit einem Netz solcher Dreiecke verbunden, das die ganze Welt umspannt.

Eine andere Form der Anwendung im Zusammenhang mit solchen Dreiecken ist die folgende: Wenn Sie die erste Zeile sprechen: «Aus dem Quell des Lichts ...» sehen Sie Buddha, oder denken Sie an Ihn, wenn Sie sich Ihn nicht vorstellen können, als die Verkörperung des Lichts oder der Weisheit auf dem Planeten. Stellen Sie Ihn sich im Lotossitz vor, das safrangelbe Gewand über der Schulter, die Hand zum Segen erhoben, und aus Seinem Herzzentrum, aus dem Ajna-Zentrum (zwischen den Augenbrauen) und aus seiner erhobenen Hand strömt ein strahlendes goldenes Licht. Sehen Sie, wie das Licht überall in das Denken der Menschen strömt.

Wenn Sie die Zeile sprechen: «Es werde Licht auf Erden», schauen Sie im Geist die Sonne, unsere wirkliche Sonne, wie aus ihr Strahlen weißen Lichts austreten, zur Erde kommen und sie sättigen.

Wenn Sie sagen: «Aus dem Quell der Liebe ...», sehen Sie den Christus vor sich (die Verkörperung der Liebe), wie immer Sie sich Ihn vorstellen. Gut ist es, Ihn am Kopfende eines Tisches zu sehen, der die Form eines umgekehrten Y hat, so ⋏, wobei jeder Arm des ⋏ gleich lang ist (dieser Tisch existiert wirklich und Christus führt an ihm den Vorsitz). Seht, wie Er steht, die Arme zum Segen erhoben, und wie aus Seinem Herzzentrum und den erhobenen Händen ein strahlendes, rosarotes (nicht rotes) Licht ausströmt. Seht, wie dieses rosa Licht überall in die Herzen der Menschen fließt.

Wenn man die Zeile: «Möge Christus wiederkommen auf Erden» spricht, soll man bedenken, daß sich das auf die ganze Hierarchie bezieht und nicht nur auf Christus. Er, das Herz der Hierarchie, ist bereits hier, aber der Teil der Hierarchie, der erst allmählich in den kommenden Jahren in Erscheinung tritt, braucht noch die Anrufung, die magnetische Verbindung muß aufrechterhalten bleiben, damit sie herabkommen.

Bei den Worten «aus dem Zentrum, das den Willen Gottes kennt», - damit ist Shamballa gemeint - stelle man sich eine große Scheibe weißen Lichtes vor. (Man kann es mental in die Wüste Gobi verlegen, wo es auch ist, auf den beiden höchsten der vier ätherischen Ebenen. Eines Tages, wenn die Menschheit das ätherische Schauen beherrscht, was im kommenden Zeitalter zu erwarten ist, wird man dieses Zentrum wie viele andere auch, sehen und kennen). Stellen Sie sich wieder vor, wie aus dieser Sphäre gleißenden Lichts Strahlen in die Welt dringen und die Menschheit zu spiritueller Tätigkeit anfeuern.

Sprechen Sie diese Invokation in geistiger Konzentration und Absicht, die Aufmerksamkeit auf das Ajna-Zentrum zwischen den Augenbrauen gerichtet. Auf diese Weise stellt man eine telepathische Leitung zur Hierarchie her. Durch sie können die so angerufenen Energien fließen. Man kann nichts Besseres für die Welt und sich selbst tun, als diese großen geistigen Kräfte zu kanalisieren.

Anmerkung des Autors

Die folgenden Fragen sind nicht chronologisch geordnet, wie der
Leser den jeweiligen Daten entnehmen kann. Alle Fragen vor dem
19. Juli 1977 beziehen sich auf Sein Kommen und die danach auf
Sein Hiersein.

Definitionen

24/2/77

Was verstehen Sie unter dem Ausdruck «okkult»?

Okkult heißt einfach «verborgen». Was lange geheim, verborgen,
esoterisch war, nennt man okkult. Der Okkultismus ist die
Geheimwissenschaft über Energie, Kraft; auf der physischen
Ebene nennen wir die Wissenschaft von der Energie Physik. Es
gibt auch eine okkulte Physik. Okkult bedeutet einfach verborgen,
nicht Schwarze Magie oder dergleichen. Diesen «Beigeschmack»
hat alles verborgene Wissen bekommen, aber in diesem Sinn gibt
es nichts «Okkultes», sondern nur einfach das, was geheim, also
«okkult» ist, und was nicht geheim, verborgen, ist also «exote-
risch».

5/7/77

*Es ist bedauerlich, daß «okkult» gewöhnlich eine so «düstere»
Bedeutung hat.*

Ja, das Wort wird von den Medien recht leichtfertig verwendet, als hätte es mit Schwarzer Magie, Hexen und dergleichen zu tun. In der Esoterik hat das Wort «okkult» eine ganz bestimmte Bedeutung, nicht nur verborgen, sondern vom technischen Standpunkt ist es das, was mit der Manipulation von Energien zu tun hat. In der Esoterik gibt es zwei Hauptrichtungen den okkulten und den mystischen Weg. Der Okkultist ist ein Mystiker, der sich auch mit der Wissenschaft von der Energie befaßt, also der praktische Mystiker, während ein Mystiker nicht unbedingt Okkultist zu sein braucht. – So hat das Wort auch eine technische Bedeutung.

24/9/76

Sie stellen «mental» und «astral» einander gegenüber; bisher dachte ich, astral stehe im Gegensatz zu physisch. Könnten Sie diese Begriffe definieren?

Als Menschenwesen agieren wir größtenteils auf drei Ebenen, ja, auf vier, wenn Sie wollen. Diese sogenannten Ebenen sind in Wirklichkeit «Bewußtseinszustände«. 1. die mentale Ebene des Denkens, der Gedankenformen, 2. die astrale, d.h. die Ebene des emotionalen oder Gefühlsbewußtseins, 3. die physische Ebene, die sich in zwei Bereiche gliedert, den dichten körperlichen und den ätherischen Bereich, der noch physisch, aber «feinstofflich«, d.h. zwischen der dichten Stofflichkeit und der astralen Ebene angesiedelt ist.

10/2/77

Was ist der Unterschied zwischen Energie und Kraft?

Energie ist frei fließend. Kraft ist die gleiche Energie, nachdem sie durch einen Mittler (agency) hindurchgegangen ist. So erhalten wir Energie und geben Kraft weiter. Energie ist nicht transformiert, durch nichts bestimmt oder bedingt als durch ihre eigene Qualität;

aber sobald sie durch einen Übermittler geht, der sie bis zu einem gewissen Grad mitbestimmt - wird sie Kraft.

14/7/77

«Alles was in dieser Welt Materie ist, ist festgewordene Geisteswelt.»
Was damit wohl gemeint ist?

Es stimmt. Es gibt einen alten okkulten Grundsatz, daß es im gesamten sichtbaren, «manifestierten» Universum nichts gibt, was nicht in der einen oder anderen Frequenz Energie ist. Die moderne Physik hat bewiesen, daß Energie und Masse austauschbar sind. Damit ist die moderne Wissenschaft zu denselben Schlußfolgerungen gekommen wie die alte Geheimlehre über die Natur der Realität. Diese moderne Entdeckung steht auf der gleichen Stufe wie jede große Offenbarung, die wir aus dem religiösen Bereich erhalten haben. Christus sagte: «Gott ist Liebe.» Das ist eine Tatsache, für viele Leute eine experimentelle Tatsache. Liebe – was wir Liebe nennen – ist eine große Energie, eine große magnetische, alles durchdringende Energie.

Energie kann zu Materie, kann verstofflicht werden. Sonnenlicht ist Energie; materialisiertes Sonnenlicht nennen wir Materie; sie ist ein Aspekt der Energie – sie muß es sein. Es ist eine Frage der Schwingungsfrequenz der Teilchen, aus denen sie zusammengesetzt ist. Die moderne Physik hat gezeigt, daß dieser Tisch – der eine recht kompakte Sache zu sein scheint – in Wirklichkeit aus winzigen Energieteilchen besteht, die in einer bestimmten Formation rund um einen Kern kreisen und in ihrer Gesamtheit Holz bilden. Eine andere Konfiguration würde Metall ergeben, wieder eine andere einen menschlichen Körper. Es ist eine okkult wie physikalisch erwiesene Tatsache.

Der Christus und Seine Wiederkehr

1/2/77

Könnten Sie die Beziehung zwischen dem Jünger Jesus und dem Christus erläutern?

Der Jünger Jesus, der jetzt der Meister Jesus ist, wurde in Palästina als Eingeweihter dritten Grades geboren. Die fünf großen Einweihungen, die zur Befreiung führen, spielten sich im Leben Jesu symbolisch ab. Das ist es im Kern, wovon die Bibel handelt; im Grunde eine sehr alte Geschichte, die der Menschheit immer wieder vor Augen geführt wurde, lange vor der Zeit Jesu.

Er war und ist immer noch ein Jünger des Christus. Damals brachte Er das große Opfer, Seinen Körper dem Christus zur Verfügung zu stellen. Durch den okkulten Prozeß des Überschattens übernahm der Christus, Maitreya, den Körper Jesu und wirkte von der Taufe an durch ihn hindurch.

In Seiner nächsten Inkarnation als Apollonius von Tyana wurde Jesus ein Meister. Er lebt nun als ein Syrer in einem etwa 600 Jahre alten Körper und hat Seinen Wirkungsbereich in Palästina. In den letzten 2000 Jahren hat Er eng mit dem Christus zusammengearbeitet, Ihm Zeit und Energie gespart, wo immer möglich, und in besonderer Weise mit den christlichen Kirchen zu tun gehabt. Er ist einer der Meister, die sehr bald in die äußere Arbeit in die Welt zurückkehren werden; Er wird den Thron von St. Peter in Rom übernehmen und versuchen, die christlichen Kirchen zu verändern, soweit sie flexibel genug sind, um auf die neue Situation, die sich aus der Wiederkehr des Christus und der Meister ergeben wird, in der richtigen Weise zu reagieren.

Leider haben sich die Kirchen sehr weit von der Religion entfernt, die Christus ins Leben gerufen hat und die das Teilen, die Liebe, Brüderlichkeit und rechte Beziehungen (zwischen den Menschen) in den Vordergrund stellen sollte. Aber diese monolithische Institution ist im Namen dieses einfachen Mannes groß geworden und hat Seine schlichte Lehre verwandelt ..., nun, Sie wissen, was sie gelehrt hat.

26/4/77

Ich wurde im römisch-katholischen Glauben erzogen, und diese Gedanken über Christus sind für mich so ungewohnt. Wie kann es einen so großen Unterschied zwischen unseren Ansichten über Christus geben?

Wie ich die Sache sehe, haben die christlichen Kirchen ein Christusbild in der Welt aufgebaut, mit dem sich moderne Menschen nicht mehr identifizieren können: als der eine und einzige Sohn Gottes, von einem liebenden Vater geopfert, um uns vor den Folgen unserer Sünden zu befreien - ein Blutopfer, das aus der alten jüdischen Gottesvorstellung stammt. Wir haben uns von dieser Sehweise distanziert und die Kirchen zu Millionen verlassen, weil sie mit unserer Geschichtskenntnis, unserer Wissenschaft und anderen Religionen unvereinbar ist.

Die esoterische Vorstellung, möchte ich behaupten, ist rationaler, wahrscheinlicher und besagt, daß Christus ein Mensch ist. Meiner Meinung nach haben die Kirchen die Göttlichkeit Christi überbetont. Er *ist* göttlich, aber so wie Sie und ich göttlich sind – nur hat Er Seine Göttlichkeit bewiesen und sichtbar gemacht, wir noch nicht. Die Vorstellung von einem Christus, der vom Himmel kommt, aus einem mythischen Himmel. vor dem sich die Wolken öffnen, aus denen Er in langer weißer Robe herabschwebt - für mich ist das lächerlich. Es ist nicht vereinbar mit unseren modernen wissenschaftlichen Erkenntnissen, mit der Psychologie des Menschen, den Tatsachen in der Natur und in anderen Religionen. Ich glaube, indem die Kirchen die Menschen zwangen, Christus so zu sehen, haben sie sie von Ihm getrennt. Sie machten Ihn zu einer fernen, unmöglich erreichbaren Gestalt, wobei Er doch ein Beispiel ist - bzw. sein sollte – für die Menschheit. Aber als eine transzendente, göttliche Figur, abgeschnitten von den Menschen, als ein Gott irgendwo dort im Himmel, kann Er nicht länger ein Vorbild sein. Die Vorstellung von Christus als einem Menschen, der jetzt auf diesem Planeten lebt als ein großes, weit in der Entwicklung fortgeschrittenes Wesen, Einer von vielen, der Weiteste, aber Einer von vielen – «der Älteste in einer großen Familie von Brüdern» – das ermöglicht uns zu erkennen, daß wir eines Tages so weit sein werden wie Er. Das sagte Er praktisch selbst: «Eines Tages werdet ihr größere Dinge tun als Ich sie vollbracht habe».

Es ist sicher sehr schwierig für Christen, das zu glauben, aber auch Christus entwickelt sich weiter, wie alles im Kosmos. Früher ist Er als der Avatar des Lichts und der Liebe gekommen. Jetzt kehrt Er als der Avatar des Lichts, der Liebe, der Weisheit und des Willens zurück, weil Er in den letzten 2000 Jahren mit dem Willen Gottes völlig eins geworden ist, was vorher noch nicht der Fall war. Das war die «Gethsemane Erfahrung».

In den letzten 2000 Jahren hat Er zur Erkenntnis gefunden, daß Er Seine Aufgabe nicht aus Seinem Willen allein, sondern nur aus dem Willen Gottes erfüllen kann. Das ist die eigentliche Gethsemane Erfahrung. In diesen letzten 2000 Jahren ist Er in das Wissen um den Willen Gottes eingedrungen. Nun kehrt Er wieder, um diese Willensenergie freizusetzen und die Menschen mit einem völlig neuen Gottesaspekt vertraut zu machen. Das ist die neue Offenbarung. Wir haben gezeigt, daß wir bereit dafür sind, weil wir anfangen, uns als (eine menschliche) Einheit zu fühlen. Vom Standpunkt der Hierarchie, die klarer als wir erkennen kann, was wirklich vor sich geht, sind von der Ebene, von der *Sie* beobachtet, die ersten verschwommenen Umrisse des Neuen Weges, der Neuen Ordnung besser sichtbar - und damit die Voraussetzung für die Wiederkehr des Christus eingetreten.

Woran man den Christus erkennt

14/2/78

Wie werden wir den Christus erkennen?

Sehr bald, etwa in zwei Monaten, wird der Christus beginnen, in dem Land hervorzutreten, in dem Er lebt, und allmählich zu lehren anfangen. Wie werden wir Ihn erkennen? Wie werden wir sicher sein können, daß der, den wir sehen, wirklich der Christus ist? Es gibt heutzutage viele Menschen auf der Welt, die sehr vernünftige Anweisungen geben, sehr schöne Lehren verbreiten, und von einigen behaupten ihre Anhänger, daß sie der Christus seien. Wir wissen, daß es viele gibt, die von sich behaupten, daß sie der Christus oder Maitreya seien. Wir wissen allerdings auch, daß es eine Prophezeiung gibt, die voraussagt, daß vor dem Erscheinen des Christus viele falsche Christusgestalten und –lehren auftreten werden, und «wenn jemand auf einen Mann zeigt und sagt, "Schaut her, das ist der Christus!", wir ihm nicht glauben sollen».

Auf den *echten* Christus wird niemand zeigen und sagen: «Das ist der Christus.» Das Erkennen des Christus liegt in jedem von uns ganz persönlich. Der Christus ist die Verkörperung der Energie, die wir das Christusbewußtsein oder das Christusprinzip nennen, die Energie des kosmischen Christus. Für uns ist es durch Maitreya, den Christus, auf die Welt gesandt, und in dem Maß, in dem es sich in uns manifestiert, werden wir Ihn erkennen.

Er wird zeigen, daß unser politisches und wirtschaftliches Leben eine völlig andere Richtung einschlagen und zu der spirituellen Aktivität werden muß, die es im wesentlichen ist. Unser Erziehungswesen, unsere Wissenschaft und Kultur sollten wieder eine neue, zusätzliche geistige (auch ethische) Bedeutung erhalten. Er wird über den ganzen Bereich menschlicher Aktivitäten sprechen, und das Umfassende Seiner Lehre, die Universalität Seines Standpunktes wird Ihn als den auszeichnen, der Er ist; an Seiner ungeheuren spirituellen Kraft, Seiner außerordentlichen Aura der Reinheit und Heiligkeit, an Seiner offenkundigen Liebe und Fähigkeit zu dienen – daran werden wir Ihn erkennen können.

Viele werden dem Christus folgen, ohne Ihn zu kennen, ohne überhaupt zu wissen, daß Er in der Welt ist. Aber sie werden diesem Mann folgen, weil sie an das glauben, was Er sagt, wofür Er eintritt: Teilen, Brüderlichkeit, Gerechtigkeit und Freiheit für die ganze Menschheit. Er wird der Sprecher bestimmter Gruppen sein, die in dieser Richtung denken. Nicht der Prediger von früher. Er sagte, daß viele vielleicht von Seiner Erscheinung überrascht sein werden. Er kommt nicht als das Haupt der christlichen oder irgend einer anderen Kirche. Es kann sein, daß die orthodoxen christlichen Führer die Letzten sein werden, die den Christus erkennen. Er ist nicht der eine und einzige Sohn Gottes, sondern der Freund und ältere Bruder der Menschheit.

Eines Tages, wenn die Menschen stark genug auf Seine Anwesenheit und Seine Energie reagieren, wird Er sich entdecken lassen. Diejenigen unter uns, die wissen, wo Er ist, werden - nicht auf Ihn - aber auf das Land hinweisen dürfen, in dem Er sich aufhält, und die Aufmerksamkeit der Medien auf dieses Land lenken. Er wird Seinen wahren Status bestätigen und eingeladen werden, über Rundfunk und Fernsehen zur Welt zu sprechen.

Die Radiosender und Fernsehnetze der Welt wird man verbinden, und Er wird sich mit einem Aufruf an die ganze Menschheit wenden.

Indem Er gleichzeitig die ganze Menschheit mental überschattet, wird Er überall mit den Menschen in telepathischen Rapport treten, und wir werden Seine Worte hören, wie sie sich stumm in unsere Gedanken einschalten, bei jedem in seiner eigenen Sprache. Wir in diesem Land hier werden Ihn englisch hören, die Franzosen französisch, die Russen russisch usw. So werden wir erkennen, daß Er wirklich der Christus ist. Auf diese Weise wird sich, dieses Mal weltweit, wiederholen, was einst zu Pfingsten geschah. Und zur Feier dieses Ereignisses wird Pfingsten eines der größten Feste der neuen Weltreligion werden, die Christus bei dieser Gelegenheit inaugurieren wird. Unsere Reaktion auf Seinen Ruf wird die Zukunft der Welt entscheiden.

4/4/78

Könnten Sie mit Rücksicht auf die Leute, die vielleicht in andere Länder, andere Städte oder sonstwohin gehen und über die Ereignisse informiert bleiben wollen, die Stadien dieses Hervortretens noch einmal aufzeigen - als eine Lehre, die von einem bestimmten Punkt auf dem Planeten ausgeht?

Nach meiner Information ist Er bereits dabei, in seinem Zentrum in Erscheinung zu treten – an dem Ort, den man «point of focus», den Konzentrationspunkt, das Zentrum nennt, das Land, in dem Er lebt. Seine unmittelbare Umgebung wird Ihn als erstes sehen. Er wird den Menschen in gewissem Sinn als ein wunderbarer Mensch auffallen. Allmählich werden sie sich um Ihn scharen. Er wird ihr Sprecher werden. Das wird sich wie eine Strahlung ausbreiten, und dann wird Er durch Presse, Rundfunk und Fernsehen bekannter werden, bis schließlich die Welt Sein Gesicht kennt. Er wird der Wortführer von Gruppen sein, die in bestimmten Richtungen denken und Vorstellungen haben, die von anderen Gruppierungen auf der ganzen Welt geteilt werden.

Der Christus hat Seine Vorhut schon ausgesandt, um den Weg zu bereiten. Diese Avantgarde hat die Menschen bereits viele Jahre in diesem Geist erzogen - zum Teilen, dem Grundsatz, der unsere wirtschaftlichen Angelegenheiten bestimmen sollte; zum Bedenken, wie die Beziehungen unter den Menschen besser sein könnten, gerechter, und wie mehr Freiheit herrschen könnte. Diese Ideen lassen die Menschheit heutzutage nicht mehr los. Manche kümmern sich allerdings nur um Freiheit, andere um die rechten Beziehungen, und wieder andere um die Justiz und schließlich welche um die Liebe. Manche treten allein für die Freiheit des Individuums ein.

Das ist alles sehr schön, aber irgendwie begrenzt, einseitig. Andere wieder treten für die Verteilung der Nahrungsmittel und Rohmaterialien ein. Auch das ist wunderbar. Noch andere schlagen eine eher synthetische Richtung ein. Der Christus wird auf breitester Basis der Fürsprecher dieser Tendenzen sein und die Lösungen für die Probleme auf universaler Ebene zeigen. Man wird viel Liebe und Weite des Horizontes bei Ihm finden, auch die Fähigkeit, in die Gedankengänge der verschiedensten Menschentypen hineinzuschauen und ganz schlicht, in einfacher Alltagssprache zu reden, so, daß Ihn alle verstehen. Nach diesem Mann müßt ihr Ausschau halten. Ihr werdet erleben, daß Er auf der ganzen Welt Männer und Frauen an sich ziehen wird, die diese Vorstellungen teilen. Sie werden sich um Ihn versammeln und Er wird durch sie wirken. Wenn dann genügend Menschen auf Seine Lehren ansprechen, wird Er sich finden lassen. Sie werden in ihre Länder zurückkehren und erzählen, daß der Christus in der Welt ist und daß man auf das Land blicken soll, von dem eine bestimmte

Lehre ausgeht. Das wird das Interesse der Medien der Welt auf dieses Land lenken und von da auf Ihn. Er wird sich zu Seiner wahren Identität als Christus bekennen, und man wird Ihn bitten, zur Welt zu sprechen.

4/4/78

Wird Er ein Mensch ohne bekannte Vorfahren sein?

Keine bekannten Vorfahren, nein. – Aber genug. Ich möchte keinen falschen Eindruck erwecken. Die Manifestation des Maitreya, des Christus, ist so einfach, daß Sie es nicht glauben würden. Für alles ist gesorgt. Die Vorfahren sind kein Problem.

10/1/78

Sie meinen, daß man Ihn sehen wird, bevor Er enthüllt, wer Er ist?

Oh ja, Er wird in der Welt zu sehen sein, bevor Er sich als der Christus zu erkennen gibt. Er hat gesagt, daß zuerst Seine Lehre «hinausgehen» soll. Zum Teil geschieht das heute abend und geschah es bei früheren Treffen. Dann wird Er selbst folgen, wie Er sich ausdrückte, «in voller Erscheinung». Er sagte:
«Viele werden mich bald sehen und nicht erkennen. Viele werden mich bald sehen und erkennen. Das sind Meine Leute. Sei einer von ihnen».

7/2/78

Wird Er vor die Öffentlichkeit treten? Sie sagten, einige werden Ihn erkennen. Wird Er eine Persönlichkeit des öffentlichen Lebens sein?

Ja, Er wird ein bekannter Redner werden, sowohl der Antrieb als der Sprecher für eine bestimmte Art von Gruppendenken, das sich auf das Teilen, auf Brüderlichkeit und Gerechtigkeit bezieht: in der Politik, der Wirtschaft, auf den sozialen, philosophischen, religiösen und wissenschaftlichen Bereichen – mit einem Wort, Er ist wirklich jemand, der über das ganze weite Feld der menschlichen

Nöte etwas zu sagen hat, und diesen Mann solltet Ihr suchen; diesen Fürsprecher derer, die bereits für die Grundfesten des kommenden Zeitalters (new age) eintreten: für das Teilen untereinander, für Gerechtigkeit, Freiheit, Zusammenarbeit, guten Willen. Diese Prinzipien werden wir im Wassermann-Zeitalter zu verwirklichen haben. Ganz kurz kann man es einfach die Synthese oder Universalität nennen.

Der Tag der Erklärung (Day of Declaration)

4/4/78

Es gab ein kleines Mißverständnis. - Heute rief mich jemand an und behauptete, er hätte Sie sagen hören, daß der Christus innerhalb von ein bis zwei Wochen zu sehen sein würde. Aber er verstand nicht, daß damit nicht Seine persönliche Erklärung gemeint ist.

Nein, Er wird sich bis dahin nicht öffentlich erklärt haben. Innerhalb der nächsten Wochen wird Er Seinen Platz als ein Mensch innerhalb der alltäglichen Welt einnehmen und allmählich in Seiner unmittelbaren Umgebung bekannt werden. Wie lange das dauern wird, kann ich nicht sagen. Es gibt eine ungefähr geschätzte Zeit - nicht nach Datum festgelegt - zu der Er sich, wie man hofft, und wenn alles nach Plan verläuft, zu erkennen geben wird. Es kann auch beschleunigt werden, aber das hängt von uns ab. Andererseits kann es auch verschoben werden. Wenn wir jedoch sehr rasch richtig reagieren, dann kann Er sich ebenso schnell öffentlich erklären. Wenn genügend Menschen auf Seine Gegenwart, Seine Energie, Seine Lehre ansprechen - die Lehre, die von Ihm auf die Gruppe ausgehen wird - dann könnte es wirklich nur eine Sache von Monaten sein, daß Er sich ganz offen zu erkennen gibt. Aber ich kann nicht sagen, es *wird* so sein. Alles was ich sagen kann, ist nur, daß es relativ bald sein wird, wenn es zu dem mir genannten Zeitpunkt geschieht.

Die Körper der Meister

6/9/77

Welcher Körper bedienen sich die Meister? Werden sie auf die übliche Weise geboren?

Die Meister, die jetzt in die Welt gekommen sind, haben im wahrsten Sinn des Wortes physische Körper, d.h. zwei Drittel der heute in der Welt tätigen Meister.

Was ich gerne wissen möchte: Wurden die Meister so geboren wie jeder andere, oder kamen Sie auf eine andere Art auf die Welt?

Es gibt Meister, die denselben Körper haben wie zu Ihrer 5. Einweihung, die Sie zu Meistern machte. Es gibt andere, die das geschaffen haben, was man «Mayavirupa» nennt, einen physischen «Manifestationskörper«, der durch einen Willensakt entsteht. Ferner gibt es Meister, die zwar auf normale Weise in Körper hineingeboren wurden, als Kinder, und auch so aufgewachsen sind, aber doch als Meister. Mit einem Wort, es gibt viele Arten der Manifestation eines Meisters.

Der normale oder häufigste Vorgang beim Auftreten eines Avatars ist die (zeitweise) Übernahme des Körpers eines Jüngers, wie z.B. bei Jesus. Der Christus, Maitreya, blieb im Himalaya, aber Sein Bewußtsein, oder besser, ein Teil Seines Bewußtseins, soweit es damals nötig war, «überschattete» den Jünger Jesus und wirkte durch Ihn die letzten drei Jahre Seines Lebens. Diesmal ist der Christus selbst gekommen.

Was geschah mit dem Bewußtsein Jesu, während Er überschattet oder übernommen wurde?

Der Körper blieb der des Jesus. Von der Taufe an war manchmal Jesus in ihm, manchmal Jesus und der Christus gleichzeitig, während zu anderen Zeiten wieder der Christus allein sich durch ihn manifestierte; dabei wurde Jesu's Bewußtsein zum Beobachter all dessen, was geschah.

57

28/6/77

Ich frage mich, was Sie zu der Behauptung führt, daß der Christus aus dem Himalaya kommen muß?

Einfach die Tatsache, daß Er dort war und ist seit Tausenden von Jahren. Das ist Esoterikern verschiedener Richtungen und Lehren seit Jahrhunderten bekannt. Viele Leute waren im Himalaya und haben Ihn gesehen. Er ist nicht versteckt. Er hält sich in einem abseits gelegenen Tal auf, und die das Recht und das Bedürfnis haben, dorthin zu gehen, waren dort und haben Ihn gesehen. Die Menschen wissen das natürlich im allgemeinen nicht. Die Meister halten sich in einsamen Gebieten auf: im Himalaya, in den Anden, der Wüste Gobi, den Karpathen. Es gibt Meister im Ural, in den Rocky Mountains, in verschiedenen Wüsten und Gebirgsregionen der Welt. An der Grenze zwischen Tibet und Indien, im Himalaya, ist ein großes spirituelles Zentrum, 17.500 Fuß hoch, in dem der Christus 2000 und mehr Jahre gelebt hat, ja schon lange davor. Es ist das Zentrum, aus dem die großen Avatare kommen. Das ist eine esoterische Tatsache, die ich nicht beweisen kann, die aber bald offenkundig sein wird.

30/8/77

Rudolf Steiner scheint zu behaupten, daß Christus nicht in einem physischen Körper kommen wird. Sind seither Veränderungen eingetreten?

Ja, Rudolf Steiner starb 1925. Christus verkündete Seinen Wunsch, in die Welt zurückzukehren, im Jahr 1945. Die Entscheidung wiederzukehren wurde bereits früher getroffen, aber die Art und Weise stand noch nicht fest. Es gab in der Tat Jünger auf der Welt, Eingeweihte, die man darauf vorbereitete, allmählich überschattete, deren Vibrationen erhöht wurden, und deren physische Konstitution so vorbereitet wurde, daß sie dem Christus (wie damals Jesus) als Träger hätten zur Verfügung stehen können. Es gab ihrer vier; von einem haben wir alle gehört. Dann ließ man diesen Plan fallen. Stattdessen legte Christus Seinen Lichtkörper, in dem Er die ganze Zeit im Himalaya gelebt hatte, ab und schuf sich Seinen Manifestationskörper - den Mayavirupa.

Wollen Sie damit sagen, Er habe plötzlich einen physischen Körper geschaffen und sich in ihn verwandelt?

Ja, Er hat einen Körper materialisiert. Aber nicht plötzlich, sondern im Verlauf von fünf bis sechs Jahren. Und in diesen Körper ist Sein Bewußtsein eingetreten.

In welchem Alter?

Als ein erwachsener Mann. Er ist ein gänzlich erwachsener, reifer Mann.

Ist Er einfach irgendwo erschienen?

Nein; Er kam mittels eines Flugzeuges in die Welt und erfüllte so die Prophezeiung: «daß er in den Wolken kommen werde». Am 8. Juli 1977 stieg er aus dem Himalaya herab in den indischen Subkontinent und begab sich in eine der dortigen Hauptstädte. Zwischen dem 8. und 18. Juli legte Er eine Akklimatisationsphase ein und dann, am 19. Juli, kam Er mit dem Flugzeug in ein bestimmtes modernes Land. Er ist nun ein gewöhnlicher Mensch in dieser Welt - ein außergewöhnlicher gewöhnlicher Mensch.

Der Mayavirupa

4/10/77

Wird Christus in einem Mayavirupa wiederkommen?

Ja, Er hat ihn so geschaffen, daß Er auf unserer Vibrationsebene, in unserer physischen Alltagswelt leben kann, im Mittelpunkt der Welt-Aufmerksamkeit, und in den nächsten 2000 bis 2500 Jahren die Menschheit führen kann. Dieser Körper muß eine stabile Basis und genug Widerstandskraft besitzen, um unsere Vibration auszuhalten und doch so sensibel, so fein strukturiert sein, daß Er von Seiner wahren geistigen Potenz genug mitbringen kann, um als Christus zu überzeugen und dadurch Seine besondere Aufgabe zu erfüllen: die Energie des Geistes des Friedens und des Avatars der Synthese, des Buddha, die Energie des Kosmischen Christus, Seinen eigenen Strahl der Liebe, die Energie des aufziehenden Wassermann-Zeitalters, die Energie der Fische – die Summe all dessen freizusetzen. Er ist ein ungeheurer Avatar. Nie war bisher ein Weltlehrer so mit Energien ausgerüstet wie der Christus heute, mit den Energien des Willens, der Liebe und des Lichts, und all das in einem Körper, der die Widerstandsfähigkeit besitzt, der Auswirkung unserer Vibration zu widerstehen.

Das Problem dieses Ausgleichs hat Er nun gelöst. Um einen solchen Körper zu schaffen, waren einige Jahre nötig, aber es gelang Ihm in ganz einzigartiger Weise.

Er hätte auch in Seinem Lichtkörper in die Welt kommen können; damit jedoch auf unserer Vibrationsebene die nächsten 2500 Jahre, während des Wassermannzeitalters, zu leben, wäre äußerst schmerzvoll gewesen. Außerdem ist es fraglich, ob damit die Arbeit hätte durchgeführt werden können. Zweifelhaft ist auch, ob wir die hohe Anspannung Seiner Nähe in jenem Lichtkörper ertragen könnten. Sein Kontakt mit uns wäre notgedrungen beschränkt gewesen. Deshalb hat Er den Manifestationskörper, den Mayavirupa, geschaffen.

Wie verfahren die Meister bei der Herstellung eines Mayavirupa?

Sie vereinen Material von den mentalen, astralen und ätherischen Ebenen, bringen Ihr Bewußtsein ein und verdichten es, materialisieren es auf der physischen Ebene. So entsteht ein in jeder Hinsicht solider, physischer Körper, aber Sie können erscheinen und verschwinden, wie Sie wollen. Wenn ein Meister in diesem Augenblick vom Himmel herabkommen wollte, könnte Er durch diese Tür in einem physischen Körper treten, den wir alle ganz körperlich sehen würden. Man könnte Ihm die Hand schütteln und Er könnte sich dort hinsetzen. Zehn Minuten später könnte Er verschwinden und wieder im Himalaya sein. Der Körper ist real. Er ist erschaffen, echt körperlich, nur eben nicht geboren in der üblichen Weise. Einen solchen Körper hat sich Christus für Seine Wiederkehr geformt.

30/8/77

Gibt es Meister mit weiblichen Körpern?

Die Zeit dafür ist noch nicht gekommen. Alle Meister wählen einen männlichen Körper bei Ihrer letzten Inkarnation, dafür gibt es klare, energetische Gründe. Ein Meister ist eine völlig von der Seele durchdrungene Persönlichkeit. So etwas wie Sex – männlich oder weiblich – gibt es auf der seelischen Ebene nicht, nur die Polarität der Energie – positive oder negative – energetische Polaritäten. Die Meister haben diese beiden in ein völliges Gleichgewicht gebracht, d.h. sie sind in einem gewissen Sinn weder männlich noch weiblich. Sie wählen einen männlichen Körper wegen seiner energetischen Qualitäten. Die Beziehung zwischen Geist und Materie ist derzeit auf diesem Planeten so, daß Sie den positiven Aspekt jener Energie in der Welt machtvoll verankern müssen als ein Gegengewicht zu dem negativen Aspekt, der sich in der Materie selbst ausdrückt. In 350 bis 400 Jahren wird sich das ändern. Es ist ein stufenweise fortschreitender Prozeß, und diese Energierelation zwischen Geist und Materie, wie wir sie kennen, wird sich genügend ändern, um den Meistern zu ermöglichen, auch weibliche Körper anzunehmen; das werden Sie dann auch tun.

28/6/77

Wie lange wird Er hierbleiben?

Er kommt als Lehrer für das Zeitalter, so muß man annehmen, daß Er ungefähr 2350 Jahre bleiben wird, solange das Wassermannzeitalter dauert. Dann wird Sein Platz von einem anderen eingenommen werden, einem Meister des 2. Strahls, der in der Esoterik sehr bewandert ist, dem Meister Koot Hoomi, K.H.. Er wird zur Zeit darauf vorbereitet, der Christus für das Zeitalter des Steinbocks zu werden. Der Christus Maitreya wird dann eine höhere Aufgabe übernehmen, über die wir nichts wissen können. Er wird Seine Arbeit für die Menschheit vorläufig beendet haben, die Tausende von Jahren ausfüllte. Später wird Er zurückkehren, gegen Ende der Evolutionsgeschichte dieses Planeten, als der Kosmische Christus, wenn die Menschheit als Ganzes in vollkommener Weise «den mystischen Körper Christi offenbart hat». Durch die Vervollkommnung der Menscheit wird der mystische Christuskörper vollendet sein. Dann kann die Wiederkehr des Avatars am Ende der 7., der Endrunde, stattfinden. Es wird der Christus Maitreya, der Kosmische Maitreya, kommen, um «Sein Königreich zu erben». – Darauf nimmt H.P. Blavatsky Bezug, wenn sie behauptet, daß Maitreya in der «7. Runde dieser Erde wiederkommen wird».

5/3/76

Sie sagten, daß Christus über die Medien sprechen und in allen Sprachen verstanden werden wird - dachten Sie da an das Phänomen der «Glossalaria», des «Sprechens in Zungen», wenn man in einer Sprache spricht, die man nicht kennt, aber die jeder versteht?

Nein, das nicht, aber ich nehme an, jeder weiß, daß damals alle, die aus den verschiedenen Gegenden des Mittleren Ostens gekommen waren, die Apostel zu Pfingsten verstehen konnten, nicht weil sie «in Zungen sprachen» (das ist eine Verdrehung der Tatsachen), sondern durch die *telepathische* Verbindung, die das Herabfließen des Heiligen Geistes auf die Jünger bewirkte.

Ach, nicht wirkliche, physische Sprache? Diese Persönlichkeit, die zur Welt spricht...?

.... wird innerlich gehört werden, jeder wird Ihn in der eigenen Sprache hören. Das ist die Garantie für die Menschheit, daß wir mit der Zeit die Fähigkeit erlangen werden, Gedanken unmittelbar zu übertragen, von einem Ende der Welt zum anderen. Der Austausch wird mit den Leuten stattfinden, die einen gewissen Punkt in der evolutionären Entwicklung erreicht haben. Dadurch werden wir auch wissen, daß dieser Eine wirklich Christus ist.

Im Augenblick benützen die Meister diese Technik, um Ihre

Jünger in der Welt zu erreichen. Im großen und ganzen senden Sie keine Briefe. Einige sind zwar in der Tat von den Meistern versandt worden - die «Mahatma-Briefe» sind ein sehr berühmter Fall im Zusammenhang mit der Gründung der Theosophischen Gesellschaft. Das sind tatsächlich sehr interessante Briefe - aber das geschah, weil die Adressaten nicht die telepathische Empfangsmöglichkeit entwickelt hatten. Der Christus ist der Mittelpunkt einer Gruppe von Meistern, von denen uns viele Namen im Westen bekannt sind, die Ihre Jünger in der Welt mittels dieser telepathischen Übertragung erreichen. Die Meister durchdringen jetzt die Gedanken von Tausenden, die das gar nicht merken. Diese Neue Gruppe von Weltdienern, von denen ich spreche, setzt sich praktisch aus zwei Teilen zusammen: dem inneren Kern derer, die tatsächlich mit der Hierarchie verbunden sind, also mit Ihr in telepathischem Kontakt stehen und unter Ihrer Leitung wirken; dann gibt es die weit größere Gruppe derer, die «geprägt» werden, die subjektiv auf inneren Ebenen mit der Hierarchie verbunden sind, ohne sich auf der äußeren Ebene bewußt zu sein, daß sie für die Beeinflussung durch die Hierarchie offen sind. Sie denken: «Aha, ich habe eine großartige Idee! Ich weiß, was ich tun muß! Ich fühle, das muß ich tun! Ja!«

Sie erkennen nicht, daß der Gedanke von den Meistern kommt – so meinen sie, es sei ihre eigene Idee?

Genau. Oder *unsere* Idee - eine Gruppenidee. Und dann wird es ein gemeinsamer Gedanke. Die Menschheitsgeschichte kann man eigentlich als die Geschichte der menschlichen Reaktion auf bestimmte große Gedanken ansehen, die von der Hierarchie in den «Gedankengürtel» der Menscheit gesenkt werden. So ist es durch alle Zeitalter gewesen.

Inspirierte wie Blake, Beethoven, Mozart, Leonardo, Johanna von Orleans oder Shakespeare wissen, daß sie aus einer höheren Quelle «gespeist» werden, aber die Mehrheit der Menschen guten Willens reagiert auf die Gedanken der Meisterjünger, während die Jünger selbst direkt von den Meistern gelenkt werden. Das kann bewußt oder unbewußt geschehen.

Das Christusbewußtsein

1/2/77

Was meinte der Hl. Paulus, als er sagte: «Christus in Euch, die Hoffnung der Herrlichkeit»?

Das ist das Christusbewußtsein, das Christusprinzip. Es ist die evolutionäre Energie per se (an sich), die Energie des Bewußtseins selbst. Sie ist nun in der Menschheit in einem bisher unbekannten Ausmaß im Entstehen. Das ist es, was die Menschheit als Ganzes vor die Tore der Initiation bringt, in das Einweihungsbewußtsein, das göttliches Bewußtsein ist. Die Meister sind göttlich. Sie sind menschliche Geschöpfe, die Ihr angeborenes, wesentliches, göttliches Bewußtsein offenbaren. Sie sind Eingeweihte geworden. Eingeweihte in die Natur Gottes, die Sie daher sichtbar machen können. Das entsteht durch das Einfließen und den Ausdruck des «Christus in uns, die Hoffnung der Herrlichkeit (glory)«.

Der Eine, den wir den Christus nennen, der das Amt des Christus innehat, das Haupt der Hierarchie, verkörpert diese Energie, verankert sie in der Welt. Sie hat sich in Ihm in völlig neuer, machtvollerer Form vorübergehend, für die Zeit der Menschheitskrise, angesammelt. Er sendet sie täglich in die Welt und sie verwandelt die Menschheit, arbeitet in den Menschen, um die neue spirituelle Vision zu erzeugen. Mit «spirituell» meine ich nicht, daß die Leute unbedingt in die Kirchen eintreten werden, sondern daß sie für die rechten Beziehungen sorgen, das Brüderliche im Menschen hervorkehren - das eine natürliche Tatsache ist, wenn wir es nur verwirklichen können. Das vollzieht sich durch die Ausprägung des Christus in uns, das Christusbewußtsein.

Diese Energie wird in der Menschheit auch das hervorbringen, was man spirituelle Erkenntnis nennt. Dadurch, daß diese Energie in die Herzen strömt, wird die Menscheit als Ganzes Christus erkennen. Viele werden sagen: «Ich will diesem Mann folgen, weil Er für das eintritt, was mich selbst bewegt.» Sie werden auf Ihn hören, weil diese Energie in ihnen selbst und durch sie hindurch wirkt.

*Sind Sie der Meinung, daß das letzte Auftreten Christi die Welt ver-
ändert hat?*

Ja, gewiß. Sein letztes Erscheinen brachte zum ersten Mal weltweit
die große Macht zur Geltung, die wir Liebe nennen. Die Menschheit als Ganzes hat diese Liebe (bisher) nicht realisiert, aber viele
große Seelen haben es innerhalb der letzten 2000 Jahre getan.
Viele sind durch diese Einwirkung des Christus Meister oder Eingeweihte geworden. Das damalige Einströmen des Christusbe-
wußtseins hat die Menschheit heute so weit gebracht, daß ein großer Teil, ein paar Millionen Menschen, nun ganz nahe an der
Schwelle der ersten Einweihung stehen.

Noch hat die Menschheit das Prinzip der Liebe nicht in großem
Umfang verwirklicht, aber die Verbreitung von Wissen, von Auf-
klärung, ist in den letzten 2000 Jahren fast universal geworden und
erreicht ihren Höhepunkt in unserer hoch entwickelten modernen
Wissenschaft. Der gute Wille, der niederste Aspekt der Liebe, ist
nun in den Herzen ungezählter Millionen zu finden. Das ist die
unmittelbare Folge der Mission des Christus in Palästina. Die
Menschheit beginnt, sich als eine Einheit, ein Ganzes, zu sehen;
das bedeutet einen enormen Fortschritt in der evolutionären Entwicklung, der nicht ohne das Erscheinen des Christus am Anfang
des Fischezeitalters, das nun zu Ende geht, möglich gewesen wäre.

Das Schwert der Trennung

*Können Sie etwas über die Wirkung der Liebesenergie des Christus
sagen?*

Liebe ist ein großes universales Prinzip, und durch ihr Einströmen
in die Welt, das Christus bewirkt, ergeben sich zweierlei Wirkungen. Es erfordert das ganze Geschick des Christus, ihre richtige

Aufnahme zu gewährleisten, denn während sie den guten Willen stimuliert, kann sie auch das Gegenteil auslösen, den Haß. Ihrem Wesen nach ist die Liebesenergie unpersönlich. Alle Menschen fühlen sie und werden sie weiter spüren - die gute und die schlechte, die altruistische und die selbstsüchtige. Jeder von uns reagiert auf sie in der einen oder anderen Weise. Eine ungeheure Intensivierung dieser Reaktionen findet statt und wird sich fortsetzen. Diese Energie der Liebe ist das Schwert der Trennung. Eine große Polarisierung wird in der Menschheit vor sich gehen, nämlich zwischen denen, die bereit sind, dem Christus in die Zukunft zu folgen auf der einzig vernünftigen Basis des Teilens, des Zusammenarbeitens zum Wohl aller, und damit der rechten Beziehungen – auf der anderen Seite denjenigen, die an den alten separatistischen Formen festhalten, auch wenn sie damit die Welt in Chaos und Krieg stürzen – einen Krieg, der heute den Planeten vernichten könnte.(Obwohl diese Leute das auch nicht einsehen würden, wäre es doch die unvermeidliche Folge.)

Die Menschheit wird bald einsehen, daß es keine Alternative zum Teilen der Produkte der Welt gibt. Jede andere Methode wurde durchgespielt und hat versagt, hat unweigerlich zu Krieg, Leid, Erniedrigung und Elend geführt. Vor dieser Wahl steht die Menschheit, und Christus wird sie ihr vor Augen führen. In klarem Schwarz-Weiß wird die Menschheit dann und auch jetzt schon die Alternativen erkennen: entweder Teilen, Gerechtigkeit, rechte Beziehungen – oder Vernichtung. Es gibt keine andere Wahl.

4/10/77

Wie können wir sicher sein, daß Er, der Christus, nicht abgelehnt wird?

Die Antwort lautet natürlich, daß wir nicht sicher sein können. Aber es liegt an *uns*, dafür zu sorgen, daß Er *nicht* abgelehnt wird. Wir müssen aus freien Stücken folgen. Seine Aufgabe ist es, zu führen und zu lenken, aber wir müssen *freiwillig* folgen. Sonst kann Er nichts bewegen. Seine Hände sind durch das Gesetz gebunden. Die Entscheidung bleibt bei der Menschheit. Das sagte Er uns hier vor zwei Wochen. Die Entscheidung müssen *wir* treffen, aber, wie ich sagte, wir haben keine andere Wahl, als durch Teilen und Zusammenarbeit voranzukommen, und das ist es, was Christus uns beibringen wird. Die Welt steht nun unmittelbar davor, wie vor einem Engpaß, es gibt keinen anderen Weg. Die Entscheidungskrise starrt dem Menschen ins Gesicht, so sehr, daß die meisten jetzt - ob gebildet oder ungebildet - große Angst vor der Zukunft haben. Sie sehen nichts als Zerstörung um sich durch Luftverschmutzung, ökologische Vernichtung, durch Hunger, Übervölkerung, durch einen Nuklearkrieg oder eine Kombination von all dem. Es gibt keinen Ausweg. Christus kommt mit einer Reihe von Vorschlägen, die eine völlige Umorientierung des menschlichen Denkens und Fühlens erfordern. Wenn wir sie befolgen, kommen wir weiter. Wir können sie aber auch verwerfen. Es liegt an uns. Er sagte unlängst: «Viele werden mich akzeptieren, aber nicht alle. Trotzdem, Meine Armee des Lichts wird sicher siegen.» Und vor langer Zeit sagte Er: «Das Ende ist von Anfang an bekannt».. Ihr dürft es annehmen, obgleich man es nicht fest behaupten kann (ich habe nicht das Recht dazu). «Ja, Er wird diesmal nicht zurückgewiesen werden. Die Menschheit wird Ihn annehmen». Ich weiß, daß Er zum frühest möglichen Zeitpunkt gekommen ist - aber nicht zu früh. Schon seit Jahren sind die Vorbereitungen im Gange gewesen. Die «Externalization«, das Hervortreten der Hierarchie, begann in Wirklichkeit schon 1860. Es kamen bestimmte Jünger wie H.P. Blavatsky und andere, die der Welt die Lehren des Neuen Zeitalters brachten. Ich meine nicht nur die okkulten Lehren, ich meine neue Gedanken auf dem Gebiet der Philosophie, der Politik, der Wirtschaft etc... Die Menschheit ist nun erwachsen und in ganz anderer Weise als früher vorbereitet (als der Christus nach Palästina kam). Die Fische-Erfahrung, die Verbreitung von Bildung auf der Welt und die modernen Verkehrsmittel ermöglichen es dem Lehrer, zum ersten Mal vor eine erwachsen gewordene Welt zu treten und zu sprechen. So besteht die Hoffnung – und ich möchte beinahe sagen, die fast sichere *Tatsache* – daß die Menschheit Ihn nicht zurückweisen wird.

Anmerkung des Autors

In vielen seiner Botschaften hat Maitreya selbst seitdem diese Antwort gegeben und klar gemacht, daß Er keinen Zweifel hat, wie die Menschen reagieren werden. In der Botschaft Nr. 11 sagt Er: «Mein Herz sagt mir eure Antwort, eure Wahl, und ist froh.» In der Botschaft Nr. 65 wird Er deutlicher: «Deshalb, meine Freunde, fürchtet nicht, daß mich die Menscheit zurückweisen wird. Meine Pläne sind in euren Händen sicher.» In Botschaft Nr. 77: «Ich weiß, daß in den Menschen ein göttliches Wesen wohnt, dessen Plan es ist, daß Liebe und Gerechtigkeit siegen. Daher ist der Ausgang gewiß.» In der Botschaft Nr. 78: «Aber, meine Freunde, ich weiß im voraus eure Antwort und eure Wahl. Durch eure Liebe, der Liebe in euren Herzen für eure Brüder – habt keine Angst, meine Lieben – werdet ihr die richtige Wahl treffen».

4/10/77

Wie werden sich die Vorschläge des «neuen Christus» von denen unterscheiden, die Jesus Christus machte?

Am Anfang, wenn Er zu lehren beginnt, werden sie sich im Grunde nicht so sehr unterscheiden, außer daß sie sich auf einen viel weiteren Bereich beziehen, viel umfassender sein werden. Politische, wirtschaftliche, soziale, finanzielle Bereiche, das Erziehungswesen und die Wissenschaften werden dazugehören, nicht nur Religion, Ethik und Philosophie. In den letzten Jahrhunderten haben sich der Christus und die Hierarchie nicht mehr allein auf Religion und Philosophie beschränkt, sondern sich auch der Wirtschaft und Erziehung zugewandt. Daher die weltweite Steigerung der Bildung, das Auftauchen großer politischer Ideologien, die großen wirtschaftlichen Experimente. All das wird von der Hierarchie stimuliert. Deshalb wird der Christus über viel umfangreichere Themengebiete sprechen; aus dem gleichen Grund wird Er vielleicht auch von vielen Leuten nicht sofort erkannt werden, die möglicherweise nach dem biblischen Christus Ausschau halten, nach Jesus, mit Wundmalen an den Händen und einem langen weißen Gewand etc., der über kirchliche Angelegenheiten und dergleichen spricht.

Im Grunde wissen wir bereits, worüber Er sprechen wird, und halten es für wahr und richtig - daß nämlich die rechten menschlichen Beziehungen untereinander die eigentliche Lebensgrundlage sind. Von einem Augenblick zum anderen setzen wir Ursachen durch unsere Gedanken und Handlungen, deren Auswirkungen unser Leben zu dem machen, was es ist, im Guten wie im Bösen. Das ist das Grundgesetz von Ursache und Wirkung.

Wenn wir dieses Gesetz verstehen und seine Beziehung zum Gesetz der Wiedergeburt, dann wird uns einleuchten, warum es so wichtig ist, daß wir alle unsere Beziehungen untereinander nicht verletzen dürfen (harmlessness) – Es wird uns klar gemacht werden, daß gute Beziehungen rechtens und unvermeidlich sind, und der gesunde Menschenverstand sie einfach verlangt.

Darin wird das Wesen der Lehren des Christus bestehen. Im Grunde wissen wir das freilich alle, aber Er wird immer von neuem darauf hinweisen und zeigen, wie man es in die Tat umsetzt –*durch Teilen und Zusammenarbeit auf internationaler Ebene* - womit auch die Ängste gebannt werden: vor Hunger, vor Krieg, vor Mißtrauen und Verzweiflung, die heutzutage Millionen von Menschen quälen. Damit wird ein ungeheurer Wandel im Denken einsetzen und den Weg für die Festigung der rechten Beziehungen untereinander freigeben.

30/8/77

Wie sollen Millionen und Abermillionen das akzeptieren, worüber wir heute abend diskutieren?

Sie werden Christus nachfolgen. Er hat Anhänger jeder Religion und unter Religionslosen. Er kommt als Weltlehrer. Aber was Er vor allem lehren wird, ist etwas, das wir alle kennen und für richtig halten; daß die richtigen menschlichen Beziehungen die Grundlage, die Basis unseres Lebens sind und es beherrschen müssen. Wir müssen die Produkte dieser Welt unter der ganzen Menschheit aufteilen, so daß wir in Zukunft nicht wie heute 450 Millionen haben, die an Hunger sterben – bei einem gleichzeitigen Lebensmittelüberschuß von 4% in der Welt. Die Menschheit wird bald diese Blasphemie, diese Obszönität nicht mehr dulden.

69

Wie soll das die Millionen erreichen, 55 oder 60 Millionen Menschen in diesem Land, 200 Millionen in den USA – wie soll das durchgeführt werden? Sie geben uns eine Menge Gedanken, Anregungen, die phantastisch sind, die bestätigen, was viele denken, auch ich - aber können Sie ein wenig näher ausführen, wie das funktionieren soll?

Der Christus wird nicht über die Beziehung zwischen diesem Planeten, dem Sirius und dem Großen Bären sprechen: Er wird darüber sprechen, daß es notwendig ist, den Ertrag dieser Erde zu teilen, die politischen Systeme in der Welt zu ändern, so daß Toleranz und guter Wille die Norm werden. Es dämmert uns ja bereits, daß wir so nicht weiterkommen. Wenn wir nicht die politischen, wirtschaftlichen und finanziellen Strukturen ändern – das ganze Sozialgefüge in der Welt – wird dieser Planet zugrundegehen.

Wir haben heute die Mittel, mit einem Knopfdruck die ganze Menschheit auszulöschen. Das ist die Alternative zum Teilen und zur Zusammenarbeit. Es gibt keinen anderen Weg, das wird Christus zeigen. Über Radio und Fernsehen wird Er mit Seiner Botschaft Millionen erreichen. Und nicht nur Er, sondern alle anderen auch, mit deren Hilfe Er arbeitet. Als Antwort auf Seine Botschaft werden sich auf der ganzen Welt Millionen zu Gruppen mit der Forderung des guten Willens zusammenschließen. Aus der jetzigen Minorität werden sie zu einer überwältigenden Mehrheit anwachsen und ein Ende der Trennung, des Hasses und der Ungerechtigkeit fordern. Der Macht des Hasses, die heutzutage den Höhepunkt erreicht, wird sich diese aktive Bewegung entgegenstellen. Die Gruppen in den fünf Zentren, die jede von dem jeweils dort lebenden Meister angefeuert wird, strahlt den Glanz der Botschaft des Christus aus: Teilen, Gerechtigkeit, Zusammenarbeit, guter Wille - die Schlüsselbegriffe des neuen Zeitalters.

21/9/76

Wir haben viel über Politik und Wirtschaft gesprochen, aber ist das alles, was der Christus zu sagen hat?

Ja, in der Tat, absolut. Er kommt nicht in erster Linie als religiöser

Führer. Man kann Ihn vielleicht als einen Erzieher im weitesten Sinn des Wortes betrachten, der für einen Wandel in unseren politischen, wirtschaftlichen und sozialen Verhältnissen eintritt. All das beruht auf einer spirituellen Grundlage, denn Spiritualität bezieht sich nicht nur auf religiöse Belange. Alles was die Menschen über ihre gegenwärtige Stufe, sei es köperlich, emotional, mental oder intuitiv, emporhebt, ist spirituell. Wir müssen unsere Vorstellung von Spiritualität erweitern, um den Christus zu erkennen.

Er kommt, um zu zeigen, daß Spiritualität auf jedem Gebiet des menschlichen Lebens verwirklicht werden kann - nicht allein im religiösen Bereich; und daß der wissenschaftliche Weg zu Gott, über den Er unterrichten wird, breit und viefältig genug ist, um allen Menschen Raum zu geben. Jeder einzelne wird künftig die spirituelle Basis des Lebens begreifen und es in seiner Arbeit auszudrücken suchen. Während heute nur der Seher oder Mystiker die wahre Bedeutung der Wirklichkeit erkennt, wird sie für alle Menschen erfahrbar werden, auf welchem Weg auch immer. Nicht alle Menschen sind religiös, die Religion ist e i n Pfad, ein besonderer Pfad. Der Christus wird zeigen, daß wir alle zu der Erkenntnis der Wege Gottes gelangen können. Er wird die Pforte erschließen, den wissenschaftlichen Weg, den Weg der Einweihung. Durch Seine Führung und Seinen Ansporn und den Seiner Jünger werden wir Gott erkennen – Gott wirklich kennen und sehen im kommenden Zeitalter. Viele Menschen werden vor dem Hierophanten stehen, dem Herrn der Welt Selbst, und dabei werden sie das Gesicht des Vaters, das Gesicht Gottes sehen. Das ist eine okkulte Tatsache, und Christus hat es der Welt versprochen. Es wird Seine Hauptfunktion im kommenden Zeitalter sein – die Menschheit in das Reich des Geistes, das Reich der Seelen oder das Reich Gottes zu führen – das schon besteht und immer bestanden hat – genauso wie die Meister und Eingeweihten der Hierarchie. Unter der Führung des Christus werden wir alle dieses Reich betreten. Das ist Seine Mission, das Reich Gottes in der äußeren Welt zu verwirklichen. Diese Aufgabe kann Er erfüllen, wenn wir auf die dringenden Erfordernisse der Zeit, auf das Gebot der Stunde, richtig reagieren durch die Veränderung der Gesellschaft im Sinne größerer Vergeistigung und Gerechtigkeit.

Ich fühle mich bei dem Gedanken, Christus im Fernsehen zu sehen und Seine Stimme im Radio zu hören, sehr unbehaglich; auch bei dem Gedanken, daß Er eine Persönlichkeit der Politik und der Welt der Wirtschaft werden wird. Das entspricht ganz und gar nicht meiner Vorstellung von einem spirituellen Wesen.

Es war ein ungeheurer Triumph der Kräfte des Bösen, daß es den Kirchen durch all die Jahrhunderte gestattet war, diese Idee von Spiritualität zu monopolisieren: Was mit der Kirche und Religion zu tun hat, ist spirituell, alles andere nicht. Das ist ein Mißverständnis, mit dem der Christus nun aufräumen wird. Sie mögen sich unbehaglich fühlen, das bedaure ich, aber es wird so sein, wie es sein muß. Wir müssen unsere Fähigkeit beweisen, mit dem Ganzen eins zu werden, mit allem, was das Leben auf diesem Planeten ausmacht: mit unseren Mitmenschen, den Tier-, Pflanzen- und Mineralreichen. Wir müssen aufhören, den Planeten auszubeuten und seine Schätze zu vergeuden, aufhören, die anderen Reiche auszubeuten und ihr Leben zu mißbrauchen; wir müssen zeigen, daß das alles *eine* Welt ist, *eine* Menschheit, *ein* Leben. Das ist die Bestimmung der Menschheit.

Die Aufgabe der Menschheit ist es, als Übermittler geistiger Kräfte für die niederen Reiche zu wirken – und damit Mitarbeiter Gottes zu werden. Das ist ihr wahres Schicksal. Aber sie kann es nicht erfüllen, wenn sie das spirituelle Leben in einen Teilbereich verbannt, in den der Religiosität. Der Mensch kann seiner Aufgabe nur gerecht werden, wenn er echte Geistigkeit auf allen Ebenen seines Lebens verwirklicht. Das politische, wirtschaftliche und soziale Leben muß mit dazugehören; und da überall die Strukturen nicht mehr unseren wahren Bedürfnissen entsprechen, gehören sie geändert. Der Christus wird das klarmachen und aufzeigen, wie man politische und wirtschaftliche Einrichtungen schafft, in denen sich unsere Spiritualität entfalten kann.

Gibt es einen besonderen Grund dafür, warum das Land, in dem Er jetzt lebt, geheimgehalten wird?

Wenn ich sagte, Er ist in diesem oder jenem Land, würde man sofort eins zum anderen fügen und sagen: «Aha, das ist der Christus», sobald man Ihn sieht. Ihr Recht auf eigenes spirituelles Erkennen wäre geschmälert. Man muß Christus erkennen – nicht weil man weiß, Er ist der Christus – sondern daran, wofür Er eintritt. Es ist der Christus in Euch, das Christusbewußtsein, das Euch hilft, Ihn zu erkennen, weil Ihr das selbst wünscht, wofür Er eintritt und was Er sagt. Ihr werdet wollen, daß es auf der Welt verwirklicht wird – wenn es *das* ist, was Ihr wollt. Diejenigen, die Ihm folgen, werden das in Ihm finden, und viele werden Ihm vielleicht nur als einem politischen, wirtschaftlichen und sozialen Lehrer anhängen, nicht als dem Christus, ja vielleicht nicht einmal wissen, daß Er der Christus ist.

Oder sogar nicht einmal glauben, daß es so etwas gibt?

...ohne überhaupt zu glauben, daß Christus existiert. Sicher ist das richtig. Sicher werden viele diesem Mann nachfolgen, ohne daß sie wissen, daß Er der Christus ist, oder ohne an die Realität des Christus zu glauben. Aber wenn sie ihre Mitmenschen lieben, werden sie die Notwendigkeit erkennen, die Änderungen herbeizuführen, für die Er eintritt.

7/2/78

Was wird die Wiederkehr des Christus und der Meister für die Menschheit bedeuten?

Vor allem wird es, wenn wir Christus annehmen und Ihm folgen, eine ungeheure Entspannung und ein Nachlassen der Ängste bedeuten. Eine neue Hoffnung für die Zukunft und eine neue Inspiration wird den Menschen geschenkt. Zur Zeit ist die Menschheit überall von Angst erfüllt; sie hat ihre eigene Zerstörung auf alle Arten vor Augen: ökologisch, nuklear und durch Hungerkatastrophen. Die Wiederkehr des Christus und der Hierarchie wird den Menschen vor Augen führen, daß es einen Ausweg aus ihren Problemen gibt, wenn sie die ersten Schritte dazu tun und die Richtung ihres politischen, wirtschaftlichen und sozialen Lebens ändern. Dann haben wir die Möglichkeit, eine größere und geistig bedeutendere Kultur aufzubauen, als die Welt sie je gekannt hat.

Für die Massen der Armen, Unterernährten und Ausgebeuteten auf der Welt wird die Wiederkehr des Christus und der Hierarchie den Beginn wirklichen Lebens bedeuten. Zum ersten Mal in der bekannten Geschichte werden die Produkte der Erde unter allen Menschen verteilt werden. Für die fortgeschrittenen, entwickelten Länder des Westens, diesem Drittel der Weltbevölkerung, das heute zusammenrafft, ausbeutet und die meisten Lebensmittel verschwendet, wird eine neue, die «Wildniserfahrung«, notwendig werden. Unser Leben wird einfacher werden müssen. Aber die Meister werden zeigen, daß es möglich ist, ein einfacheres und zugleich glücklicheres Leben zu führen, wenn überall das zum Leben Notwendige mit allen Menschen geteilt wird.

Wenn das materielle Gefüge des Lebens neu gestaltet wird und die Prinzipien, die unser Leben im Wassermann-Zeitalter beherrschen sollen, verwirklicht sind, wird Christus den Menschen einen völlig neuen Aspekt der Wirklichkeit, eine neue Offenbarung enthüllen, die zu bringen seine Mission ist. Die Mysterien der Antike werden wieder erstehen, die Mysterienschulen wieder eröffnet werden, und eine große Bereicherung der menschlichen Erkenntnis seiner selbst und des Sinnes seines Lebens und Schicksals wird möglich werden. «Die Wasser des Lebens» des Wassermann-Zeitalters werden in Christus ihren Quell haben und die Menschen jenes «Leben in größerer Fülle» erfahren lassen, das Er versprochen hat.

Der Grundsatz des Teilens ist der Schlüssel zu einer prachtvollen Zukunft des Menschen. Wenn die Welt wirklich ein Ganzes geworden ist, wenn die «Früchte der Erde» unter allen Menschen geteilt werden, dann können Geheimnisse der göttlichen Wissenschaft, die die Meister bisher für uns noch unter Verschluß halten, gefahrlos enthüllt werden, und dadurch kann der Mensch eine bisher ungekannte Kultur entfalten. Er wird in sich das göttliche

Wesen erkennen, das er ist und wird unter der Leitung des Christus und der Meister diese Göttlichkeit in einer neuen Kreativität und Lebendigkeit ausdrücken.

Die Meister und die Hierarchie

12/10/76

Worin besteht die Hauptrolle der Hierarchie?

In allen Wesen Eigenbewußtsein zu entfalten, und Bewußtsein in den niederen Naturreichen. Für die Menschheit ein Beispiel zu sein und den Willen des Planetarischen Logos zu übermitteln. Sie bereiten Ihre Jünger auf die Initiation vor und suchen für sie ein Betätigungsfeld für ihren Dienst aus. Sie schützen uns auch vor einem Übermaß an kosmischem Bösen.

Sie setzen fortwährend in der Welt verschiedene Energien frei, Sie hüten diese Energien und verwenden sie in wissenschaftlicher Weise, um die Veränderungen zum Zweck der Evolution in der Welt herbeizuführen. Wir reagieren darauf günstig oder ungünstig, und unsere Zivilisation und unser Leben sind in jeder Hinsicht das Ergebnis unserer Reaktionen. Diese Energien machen uns zu dem, was wir sind. Sie sind im Begriff, das neue Zeitalter einzuleiten, sie formen das Wassermann-Zeitalter. In diesem Augenblick erfassen wir intuitiv, erfühlen wir durch unsere Reaktion auf sie unseren Weg in dieses neue Zeitalter, wobei wir die Strukturen, die Art der Zivilisation, die es entfalten wird, vorausahnen. Wir sind dabei, es «aufzubauen».

Hat jeder Planet eine Hierarchie?

Ja, gewiß. Die hierarchische Ordnung geht durch das ganze System, ja durch den Kosmos. Unsere Hierarchie brachte der Herr der Welt vor etwa 17 Millionen Jahren in die Welt, damit sie die Entwicklung des frühen Menschen, der sich etwa eine Million Jahre vorher individualisiert hatte, überwacht.

26/4/77

Gibt es eine Hierarchie der Schwarzen Loge?

Ja, natürlich, alles ist Hierarchie, im ganzen Kosmos. Wir alle sind auf irgendeiner Stufe der Leiter von dort unten bis in die Ewigkeit. Das ist eine Naturtatsache. Es gibt zwölf Adepten der Schwarzen Loge, sechs orientalische und sechs westliche, mit hochentwikkelter Intelligenz, aber ohne den Liebesaspekt.

28/6/77

Wieviele Meister sind in ätherischen Körpern?

Zwei Drittel der Meister sind jetzt in dichten physischen Körpern. Das andere Drittel hat ätherisch-physische Körper, die ja auch noch physisch sind. Immer sind 63 Meister mit der menschlichen Entwicklung beschäftigt, aber zahlreiche andere Meister sind mit den anderen Evolutionen verbunden. Es gibt zwischen 400 und 500 inkarnierte Adepten für die vierte Einweihung; zwischen 2000 und 3000 Eingeweihte der dritten Initiation sind auf der Welt. Ungefähr 250000 haben die zweite und rund 800000 die erste Einweihung erhalten.

23/6/77

Wie ist die Hierarchie jetzt organisiert?

Die Hierarchie ist in drei Hauptgruppen nach den drei Hauptstrahlen eingeteilt, wobei jede den einen oder anderen der drei Hauptaspekte der Göttlichkeit, die wir kennen, verkörpert, kanalisiert und von ihm beinflußt wird – dem Willensaspekt, dem Liebe-Weisheitsaspekt und dem Intelligenzaspekt. Die Abteilung unter dem Willensaspekt hat den Manu, den vollendeten Menschen, als Oberhaupt, das Vorbild für unsere fünfte Wurzelrasse. Der Manu (der zweite von zweien) der vierten Wurzelrasse ist ebenfalls noch auf dem Planeten, in China. Er ist die vollendete Ausformung der atlantischen Rasse, und Seine Aufgabe wird es sein, den atlantischen Aspekt der Menschheit allmählich aus der Inkarnation zu nehmen. Er wird nach und nach mit der fünften Wurzelrasse verschmelzen und damit Seine Aufgabe erfüllt haben.

An der Spitze jener Gruppe der Hierarchie unter dem Liebe-Weisheitsaspekt steht der Bodhisattva oder Weltlehrer, der Eine, den wir im Westen den Christus nennen. Im Osten ist Er unter anderen Namen bekannt: als der Herr Maitreya den Buddhisten, als der Bodhisattva den Hindus, als der Imam Mahdi den Moslems und als Messias den Juden. Jeder dieser Namen ist ein religiöser Ausdruck und der Name des Hauptes der Hierarchie. Sein persönlicher Name ist Maitreya.

An der Spitze des dritten Teils der Hierarchie steht der Herr der Zivilisation, der Mahachohan. Diese drei großen Herren, Aspekte Gottes - denn das sind Sie - haben gemeinsam durch die Jahrhunderte die Entfaltung der Menschheit stimuliert und überwacht durch Energieübertragung und die Prägung des Denkens der Menschen mit den besonderen Vorstellungen, die diese Energien verkörpern.

Die Hierarchie hat im Laufe der Zeitalter oft die Form und ihre Mitglieder gewechselt, da Angehörige der Menschenrasse Eingeweihte und dann Meister wurden, so daß die Meister der höheren Stufen weiter zu noch höheren Aufgaben übergehen konnten. Viele verlassen dazu den dichten physischen Planeten und begeben sich in höhere Sphären oder zu höheren Planeten, z.B. zum Sirius, wenn Sie sich an einer bestimmten Art von Arbeit beteiligen.

Von der Abteilung des dritten Aspektes unter dem Herrn der Zivilisation stammen vier weitere Gruppen ab, die zu den untergeordneten Strahlen der Attribute gehören, so daß sich sieben größere Gruppen oder Ashrams ergeben. Jede von ihnen hat wieder sieben Ashrams, im ganzen sind es damit 49. Nicht alle sind zur Zeit vollzählig, sowohl was die personelle Besetzung als auch die Energiekanäle anlangt.

22/3/78

Besteht für die Meister die Gefahr, daß Sie Ihr Bewußtsein verlieren, wenn Sie auf diese Welt kommen?

Nein, nicht im geringsten. Die Meister bringen durch den Eintritt in diese Welt ein großes Opfer, darüber sollten wir nicht den geringsten Zweifel haben. Es ist ein riesiges Opfer! Die Meister müssen sich in doppelter Hinsicht «wenden», «abwärts», wenn man so will, zur Menschheit, dem Zentrum, in dem sich der Intelligenzaspekt der Gottheit manifestiert, ein großes Energiezentrum. Die Hierarchie ist jedoch das Zentrum, in dem sich die Liebe Gottes personifiziert. Es gibt noch ein höheres Zentrum als das der Hierarchie - Shamballa, das Zentrum, in dem der Wille Gottes bekannt ist, in dem der Herr der Welt selbst wohnt. Im Laufe Ihrer Entfaltung wenden sich die Meister Shamballa zu. Sie sind reine Manifestationen von Liebe und Weisheit, aber immer mehr durchdringt Sie der Willensaspekt der Gottheit und nicht nur der Liebesaspekt. Das geschieht dadurch, daß Sie Ihr Antlitz, Ihre Meditation Shamballa zuwenden. In die Welt herabzukommen – und etwa zwei Drittel tun dies – bedeutet für Sie, daß Sie Ihren Blick in der Meditation, Ihre Aufmerksamkeit, Ihr Antlitz, von Shamballa weg und wiederum der Menschheit zuwenden müssen. Das ist für Sie ein ungeheures Opfer.

Damit Sie nicht zu sehr leiden – wie der Fragesteller meint, «Ihr Bewußtsein verlieren» – was in Ihrem Fall der Willensaspekt der Gottheit wäre – wird eine kleinere Gruppe nicht in Erscheinung treten, nicht in die Welt kommen, sondern im Verborgenen bleiben. Sie haben sich einem speziellen Training unterzogen, das Ihnen ein noch tieferes, intensiveres Gewahrwerden des Willensaspektes Gottes erlaubt, und durch Ihre Übermittlung werden Ihre Mitarbeiter in der Welt daran teilhaben, so daß Sie *en rapport* bleiben mit dem Willen Gottes und mit Shamballa.

Shamballa

23/8/77

Könnten Sie umreißen, was Sie unter Shamballa verstehen?

Shamballa ist ein Energiezentrum, das größte auf dem Planeten. Es entspricht dem Scheitelzentrum im Menschen, durch das und von dem aus die Energie fließt, die wir den Willen Gottes nennen. Praktisch fließen alle Energien durch Shamballa, aber die besondere, die wir Shamballa-Energie nennen, ist die Energie des Willens oder der Absicht, die dem Plan Gottes Gestalt gibt – des Gottes, der das große Wesen ist, das diesen Planeten beseelt und sich auf der physischen Ebene als Sanat Kumara, die Ewige Jugend, widerspiegelt (denn Shamballa *ist* ein physisches Zentrum, in ätherisch-physischer Materie).

23/8/77

Wo befindet es sich?

In der Wüste Gobi, auf den beiden höchsten ätherischen Ebenen. Eines Tages wird es sichtbar und bekannt werden, sobald die Menschheit die ätherische Schau entwickelt hat. Es wurde, wie uns die esoterischen Lehren berichten, vor ungefähr 18,5 Millionen Jahren eingerichtet, als sich der Logos unseres Planeten auf Shamballa als Sanat Kumara, als der Herr der Welt physisch manifestierte. Sanat Kumara ist ein Jüngling, ein junger Mann, der in Shamballa wohnt, umgeben von Seinen Kumaras, Seinem Rat, zu dem auch der historische Gautama Buddha gehört.

Der Christus hat das Recht, diesem Rat anzugehören, aber Er beschloß – oder besser gesagt, von dem Christus und Sanat Kumara, dem Herrn der Welt, wurde beschlossen – daß der Christus als Haupt der Hierarchie in einem physischen Körper in der Welt bleibt. Der Buddha ist nicht in einem dichten physischen Körper; Er gab ihn vor Jahrhunderten auf, um in Shamballa zu wohnen. (In Shamballa gibt es keine physischen dichten Körper, nur ätherisch-physische.) Der Herr der Welt, in der Bibel «Der Alte der Tage», hat viele Namen. «Der Jüngling nie endender Sommer», «Der König», «Der Eine Initiator», «Das Große Opfer». Er ist der Initiator bei den höheren Einweihungen, während der Christus bei den ersten beiden Initiationen der Hierophant ist. Er ist der Gott am nächsten stehende Aspekt, den wir kennen können. Er ist unser «Vater», der persönliche Gott der Christen.

Das In-Erscheinung-Treten der Hierarchie

23/6/77

Können Sie etwas über das In-Erscheinung-Treten der Hierarchie sagen?

Langsam, allmählich, innerhalb der nächsten 25 Jahre, wird die Hierarchie in Erscheinung treten. Nicht alle, aber der Großteil der Meister und viele Ihrer Ashrams (Gruppen von Jüngern, durch die Sie wirken, die ebenfalls Energiezentren sind) werden in Erscheinung treten und auf der äußeren, physischen Ebene bekannt werden. Große Teile der Menschheit werden sich das Ziel stecken, die Richtung ihrer eigenen Energie zu erkennen, auf welchem Strahl sie sind, und zu dem Ashram tendieren, der diese Energie verkörpert. Es gibt sieben Hauptashrams und 42 ergänzende Ashrams, im ganzen 49. Nicht alle, aber viele werden in Erscheinung treten, und auch die Mehrheit der Meister. Viele der Eingeweihten der Hierarchie werden offen, in der äußeren Welt arbeiten, allen Menschen bekannt. Die Mysterienschulen werden wieder eröffnet werden und die Menschen sie besuchen wie die Universitäten, um die Fächer zu studieren, die sie auf die Initiation, und damit auf die Hierarchie, vorbereiten. Das wird das Ziel einer fortgeschrittenen Menschheit im kommenden Zeitalter sein.

23/3/78

In jedem 25. und 75. Jahr eines Jahrhunderts hält die Hierarchie große Ratsversammlungen ab. Wichtige Pläne für die folgenden, manchmal Hunderte von Jahren, sowie für die nächsten 25 und 50 Jahre werden vorgelegt. Beim Großen Rat im Jahre 1425 gelangte die Hierarchie zu der Erkenntnis, daß Sie auf die Welt nochmals zurückkehren müsse. Sie waren an das Ende eines eigenen Entwicklungszyklus gelangt, ganz abgesehen von der menschlichen Entfaltung, eines Zyklus, der mit Ihnen als Gruppe zu tun hat, als dem nächsten Naturreich, genau gesagt.

23/3/78

Das menschliche ist das vierte Reich, die Meister und die Eingeweihten der Hierarchie bilden das fünfte, das im Erscheinen begriffene fünfte Reich, das Reich der Seelen. Ein Meister ist jemand, der Sein Bewußtsein über alle Ebenen ausgedehnt hat, die spirituelle inbegriffen.

Die Meister, die Älteren der Hierarchie, müssen symbolisch Ihre Lebenserfahrung wieder durchlaufen und nun als Gruppe zeigen (jeder tat es bereits für sich), daß Sie imstande sind, als Gruppe auf allen Ebenen gemeinsam zu wirken, von der dichtesten physischen bis zur spirituellen Ebene. Im Jahre 1425 kam Ihnen die Erkenntnis, daß die Zeit dafür gekommen sei. Seither ist jede Entscheidung, jede Maßnahme der Hierarchie im Hinblick darauf getroffen worden, daß Sie einmal wieder in der Alltagswelt tätig sein wird. Nicht nur die Meister - das ist das Wichtige dabei – nicht nur die Meister als Einzelpersönlichkeiten, sondern einige Ashrams der Meister werden sich offen auf der physischen Ebene zeigen. Das beginnt bereits. Es arbeiten schon bestimmte Gruppen in der Welt, aus denen sich dann die Ashrams der Meister entwikkeln werden.

Viele der Meister werden auftreten, und die Ashrams werden dann auf der physischen Ebene offen in der Welt und natürlich gleichzeitig auf den inneren Ebenen arbeiten.

Die Menschen haben sehr verschiedene Vorstellungen davon, wie der Christus wiederkehren wird. Manche erwarten Ihn in strahlender Herrlichkeit in den letzten Tagen der «Welt» - wenn sie zusammenbricht (warum Er dann kommen sollte, verstehe ich nicht). Ein Avatar kommt am Ende jedes Zeitalters; das ist ein zyklisches Geschehen.

Ein Lehrer ist immer dann aufgetreten, wenn die Menschheit einen bestimmten Punkt in ihrer Evolution erreicht hatte, eine neue geistige Führung brauchte, neue Energien, ein Konzept für einen neuen Weg, der sie zu einer höheren Erfahrung ihrer selbst, ihrer Bedeutung und ihres Zweckes führen sollte. Immer wenn zyklische Veränderungen beim Übergang von einem in das nächste Zeitalter stattfinden, wenn eine Kultur erstarrt und brüchig geworden war und den Weg für eine neue Manifestation freigab, trat ein Lehrer auf, immer des gleichen Ursprungs - aus der Hierarchie. Wir kennen sie historisch als Herkules, Hermes, Mithra, Rama, Vyasa, Sankaracharya, Krishna, Buddha sowie den Chri-

Christus. Es gab größere und geringere. Aber in jeder Periode der Geschichte, wenn die Not am größten war, wenn die Menschheit einen Ansporn brauchte, kam ein Lehrer der einen oder anderen Stufe, um der Menschheit den Weg zu weisen.

Im Einklang mit diesem Gesetz ist am Ende des Fische-Zeitalters - in der Übergangszeit zwischen dem Fische- und dem Wassermann-Zeitalter - ein Lehrer aufgetreten. Er ist der Weltlehrer, das Haupt der Hierarchie, der Meister aller Meister, der Lehrer «der Engel wie der Menschen», wie sich der Apostel Paulus ausdrückte. Nichts Geringeres als Seine Rückkehr in die Welt an der Spitze Seiner Jünger, der Meister der Weisheit, spielt sich jetzt ab. Und es ist - falls Sie es glauben können - ein Privileg, in diesem Augenblick der Menschheitsgeschichte inkarniert zu sein, in einer Zeit, die mit keiner anderen zu vergleichen ist. Viele Lehrer sind früher schon in die Welt gekommen, und das war wichtig. Aber nie zuvor, seit den atlantischen Zeiten, sind der Weltlehrer, der Lehrer der Menschheit, der Älteste Bruder der Rasse, und gleichzeitig die Meister der Hierarchie offenkundig in der Welt gewesen. Das ist das Ungeheure, das sich jetzt ereignet.

Der Avatar der Synthese

10/2/77

Wer rief den Avatar der Synthese?

Die Hierarchie selbst, gemeint sind die Meister, die Eingeweihten und die Jünger auf der Welt. In den 40er Jahren dieses Jahrhunderts, als Er angerufen wurde, konnte man des Erfolgs nicht sicher sein; man wußte nicht, ob der Christus selbst kommen würde oder ob der Avatar – dieses noch höhere Wesen – auch angerufen werden könnte. Die Hilferufe waren erfolgreich. Er wurde gerufen, damit sich der ganze Prozeß beschleunigt. Wenn es allein der Christus gewesen wäre – es ist keine Gotteslästerung, oder respektlos, wenn ich das sage – oder respektlos – dann wäre der Erneuerungsprozeß viel schmerzvoller und langwieriger. Durch die erfolgreiche Anrufung des Avatars ist der ganze Verlauf der Rückkehr des Christus und der Hierarchie und Ihre Auswirkung auf die Menschheit ungemein beschleunigt worden. Es handelt sich nicht allein um die Ankunft des Christus, des Menschen; es geht um die ganze Umgestaltung der Menschheit, die Transformation unserer eigentlichen Natur und unseres Wesens. Das ist es, worum es im Grunde geht. Durch den Avatar der Synthese, durch den Geist des Friedens, und natürlich durch den Christus ist alles sehr beschleunigt worden.

Der Meister D.K.

24/9/76

Gibt es jemanden, der D.K. begegnet ist? Ist Er in einem physischen Körper oder nur in einem spirituellen?

Er ist tatsächlich in einem physischen Körper. Er lebt an den Grenzen zwischen Tibet und Indien und ist einer großen Anzahl von Jüngern in verschiedener Weise bekannt - durch persönlichen Kontakt auf der physischen Ebene, durch telepathischen Kontakt und auf andere Arten.

5/3/76

Sie sprachen einmal darüber, daß die Meister der Weisheit auf den astralen und mentalen Ebenen Einfluß haben; und später dann über Christus und die wundervollen Aussichten, daß Er im Fernsehen erscheinen würde, d.h. also auf der physischen Ebene. – worum geht es jetzt eigentlich, um die astrale und mentale Ebene, oder um das In-Erscheinung-Treten auf der physischen Ebene?

Wenn diese fünf Meister in die fünf Zentren kommen, nach New York, London, Genf, Darjeeling und Tokio, dann werden Sie vor allem auf den astralen und mentalen Ebenen arbeiten. Im Augenblick sind alle Meister okkult, esoterisch. Sie sind nicht in der Welt

– Sie mögen zwar in physischen Körpern sein, viele sind es, aber Sie arbeiten nicht außen, in der Weltöffentlichkeit. Vom energetischen Standpunkt sind Sie nicht in der Welt, energetisch arbeiten Sie auf den höheren mentalen Ebenen, genaugenommen von der Buddhischen Ebene – der Ebene der Spirituellen Intuition – also von einer sehr hohen Ebene aus. Was jetzt geschehen wird – in kürzester Zeit – ist folgendes: Die fünf Meister werden in den fünf Zentren, in die Sie gehen, die Ebene, auf der Sie arbeiten, herunterverlegen auf die niederen mentalen und astralen Ebenen. Zur Zeit können Sie durch Ihre Jünger auf der Welt Kontakt herstellen und wirken - so haben Sie durch ungezählte Jahrtausende gearbeitet - und zwar durch die Jünger, die auf den höheren mentalen Ebenen, der Buddhischen oder der Seelenebene, Wahrnehmung haben und empfänglich sind. Wenn Sie in die fünf Zentren kommen, werden Sie direkt auf den niederen mentalen und astralen Ebenen wirken. Dadurch werden Sie mehr Menschen erreichen, d.h. auch diejenigen, die auf diesen (relativ niederen Ebenen) «erreichbar» sind. Damit wird Ihr Einfluß in jedem dieser fünf Zentren ungeheuer stark sein. Sie werden auch direkt auf der physischen Ebene mit einer inneren Gruppe arbeiten, mit Menschen, die aus den äußeren Gruppen dieser Zentren ausgewählt werden. Der innere Kern wird für spezielle Aufgaben geschult, die mit der Reorganisation des politischen, wirtschaftlichen und sozialen Lebens in den fünf Zentren zu tun haben.

Die fünf Meister und der Christus werden auf der dichten körperlichen Ebene ebenso wie die anderen Mitglieder der Hierarchie zu gegebener Zeit in Erscheinung treten, aber die energetische Arbeit wird nicht auf die physische Ebene beschränkt sein.

21/12/76

Wie kommt es, daß diese Meister und der Christus von den Journalisten nicht entdeckt wurden und nichts über Sie geschrieben wurde?

Sie sind in Wirklichkeit entdeckt worden, und es wurde über Sie geschrieben, aber nicht von Journalisten. Es gibt Leute, die den Christus gesehen und über Ihn und die Meister geschrieben haben. Es gibt darüber viele Bücher in der Welt. Einige sind leider schon

vergriffen. Eines von Macdonald Bayne – aber es ist vergriffen –
mit dem Titel *Jenseits des Himalaya* (Beyond The Himalayas). Ich
las es vor vielen Jahren, es enthält eine wundervolle Beschreibung
von gewissenMeistern. Es gibt Beispiele, etwa in *«Leben und Lehren der Meister im fernen Osten»* von Baird Spalding, für Beschreibungen des Christus, der Meister und des Buddha, wie Sie sind,
wie Sie leben. Viele Menschen haben den Christus gesehen. Er ist
für diejenigen erreichbar, die das Recht haben, Ihn zu sehen, und
die Ihn brauchen. Wir haben nicht das Recht, aber es gibt sie, die
Ihn sehen und über Ihn geschrieben haben. Der durchschnittliche
Journalist würde wahrscheinlich nicht zu den Befugten gehören.

Die fünf geistigen Zentren

5/7/77

Könnten Sie mehr auf die fünf Zentren eingehen?

New York ist das Zentrum für Nord- und Südamerika, (die Energien wirken durch die Gruppen, die in den Zentren existieren), London wirkt als Verteilerzentrum für die geistige Ausstrahlung über das ganze British Commonwealth of Nations, was den Großteil Afrikas mit einbezieht. Genf ist das Verteilerzentrum für Europa und Rußland, Darjeeling für Nord- und Südasien, über Tokio werden die Energien für den Fernen Osten verteilt. So ist die ganze Welt Empfänger der Energien, die diese fünf Zentren ausstrahlen.

Es gibt auch viele kleinere Zentren. Ich erwähne zwei – Rom und Moskau. Manche Zentren sind noch nicht aktiviert, und sie werden es in einigen Fällen erst in Tausenden von Jahren werden. Aber andererseits werden kleinere Zentren aktiv werden, sobald die Gruppen in ihnen innerhalb der nächsten 50, 100 oder 200 Jahre eine stärkere Tätigkeit entfalten.

Im Fall Darjeeling liegt der Schwerpunkt der Gruppen-Aktivität natürlich in Delhi, aber die Energie kommt aus Darjeeling. Das Anwachsen der enormen Einwohnerzahlen in diesen fünf Zentren ist eine direkte Folge der magnetischen Anziehungskraft, die sie als ätherische Zentren auf die Menschen ausüben – sie sind also aktive Zentren auf der ätherischen Ebene, manche schon seit Jahrtausenden, aber nicht alle auf die gleiche Weise; einige mehr, andere weniger; einige mehr auf der inneren, andere mehr auf der äußeren Ebene.

*Sie sagen, daß es Meister in jedem der fünf Zentren gibt. Das heißt
also, auch einen in London – in der Stadt?*

In den Außenbezirken der Stadt. Einen in der Nähe von New
York, Einen in Genf, Einen in Darjeeling, und Einen direkt außerhalb von Tokio.

Sieht Sie die Öffentlichkeit überhaupt?

Nein. Aber Sie arbeiten mit bestimmten Gruppen auf der physischen Ebene zusammen. Die Meister wirken auf vier Ebenen: Von
der Ebene aus, von der Sie gewöhnlich wirken – der Buddhischen,
aber Sie haben Ihre Arbeitsebenen auch auf die niederen mentalen
und astralen Ebenen verlegt. Sie stimulieren die Gedankenformen
in jedem dieser Zentren. Ich meine auf allen Gebieten – dem politischen, wirtschaftlichen, finanziellen, sozialen, wissenschaftlichen, pädagogischen, kulturellen, religiösen – empfangen die Menschen Anreize (stimuli), ihre Arbeit zu koordinieren und damit
besser aufeinander abzustimmen und Energie zu sparen, sich aufeinander zuzubewegen statt entgegengesetzte Ziele zu verfolgen.
Es findet tatsächlich eine größere Synthese innerhalb dieser
Arbeitsgruppen statt. Eine aktive Bewegung hin zur Synthese
stelle ich auch in den Gruppen fest, die ich kenne. Es gibt viele in
der sogenannten «New Age» Bewegung in unserem Land, in Amerika und anderswo, die sich der Notwendigkeit der Zusammenarbeit stark bewußt sind. Das ist ein Ergebnis dieses Stimulus.

Einige sind sich vielleicht nicht einmal bewußt, warum sie das
tun, aber sie streben die Synthese an. Es werden auch Brücken zwischen politischen und unpolitischen Gruppierungen geschlagen.
Das ist die äußere Gruppenbildung – die mental und astral stimuliert ist.

Es besteht auch eine innere Gruppe, die auf der physischen
Ebene geschult wird. Ihre Mitglieder kennen die Meister und
arbeiten mit Ihnen zusammen. Dabei handelt es sich um eine
Gruppe, die eine gewisse innere Entfaltung erreicht hat, die den
Plan kennt, die weiß, wie der Plan ausgeführt werden kann. Sie

sind erfahren in Administration und Organisation, in der Wirtschaft und Regierung, so daß sie für ganz spezielle Aufgaben geschult werden können. Und durch diese so geschulten Persönlichkeiten wird der Plan in den fünf Zentren verwirklicht werden. Die äußeren Gruppen nehmen gar nicht wahr, daß sie stimuliert werden. Es geschieht durch mentale und astrale «Prägung» - sie erhalten keine Botschaften, aber allgemeine «Impressionen». Sie haben plötzlich eine großartige Idee – «Ich denke, wir sollten zusammenkommen». Sie reagieren auf den allgemeinen Stimulus der Meister.

4/4/78

Ich wüßte gerne, ob Einer in London ist?

Mit dem Sie telefonieren könnten? Es ist ein Meister in London, aber Sie können Ihn nicht anrufen. Er wird zwar bald bekannt sein, aber Er wird sich noch nicht öffentlich erklären – keiner der Meister wird das tun, bevor sich nicht der Christus selbst zu erkennen gibt.

Die Wirkung auf bestehende Institutionen

5/5/77

Was geschieht mit den üblichen Kirchen, wenn sich der Christus erklärt?

Einer der Meister, die eine Lehrtätigkeit ausüben, der Meister D.K., Djwhal Khul, sagt uns, daß der Meister Jesus so um 1980 herum den Thron von St. Peter übernehmen und den Versuch machen wird, die Kirchen zu reformieren. Wenn sich die christlichen Kirchen den neuen Lehren und Ideen gegenüber, die der Christus bringen wird, genügend flexibel erweisen, wird ihre Form beibehalten, weil sie immerhin 900 Millionen Menschen in aller Welt etwas bedeutet. Die Kirchen sind einer der großen stabilisierenden Faktoren, und sie spielen eine ungeheure Rolle. Eine «reformierte» Kirche - und sie wird im Sinn der neuen Lehren «umgewandelt» werden müssen- wird vor allem lehren. Denn eigentlich hat die Kirche eine lehrende und heilende Funktion. Sie hat sich nicht immer daran gehalten. Aber in Zukunft werden sich die Kirchen sehr viel mehr der Lehre und mit Erfolg der Heilkunst widmen; auch durch die Kirchen, die Freimaurertradition und durch gewisse esoterische Gruppen wird der Prozeß der Initiation zur Geltung kommen. In diesem anbrechenden Zeitalter werden Millionen Menschen die erste und zweite Einweihung innerhalb dieser drei transformierten und gereinigten Institutionen erhalten.

5/7/77

Wozu überhaupt die Mühe, die christliche Kirche zu reformieren?

Es ist einfach so, daß die christlichen wie die buddhistischen Kirchen Millionen und Abermillionen von Anhängern haben. Ich denke, daß so etwa 900 Millionen Menschen – mehr oder weniger gläubig – sich in der ganzen Welt Christen nennen.Fast eine Milliarde, etwas weniger als ein Viertel der Weltbevölkerung. Und das gleiche gilt für die Buddhisten, vielleicht acht- oder neunhundert Millionen.

Der Meister Jesus wird die christlichen Kirchen reformieren. Der Buddha schickt zwei Jünger, die das gleiche bei den buddhistischen Kirchen tun werden, nicht um sie für das Wassermann-Zeitalter zu konservieren, sondern für eine gewisse Zeit mit Rücksicht auf die riesigen Menschenmassen auf der Welt, für die die Rituale und die Formen eine sehr reale Bedeutung und Funktion haben. Es geht dabei nicht nur um ein geistiges Konzept, sondern auch um einen aktuellen energetischen Zweck. Die Kirchen haben heutzutage eine wichtige Schutzfunktion für Millionen. Deshalb wird man dort, wo sie für die neuen Ideen genügend aufgeschlossen sind, ihre Strukturen erhalten.

Im christlichen Ritual sind okkulte Geschehen verkörpert. Wenn ein Priester von hohem Niveau die Kommunion zelebriert, ergießt sich ein Energiestrom von dem Christus auf den Priester – vielleicht durch den Meister Jesus, machmal von Christus selbst – über den Priester in die Hostie und so in die Kommunizierenden. Das geschieht hin und wieder. In der heutigen Zeit empfangen die Kirchen gewaltige spirituelle Energie.

Die «Fische»-Kultur zerfällt und die Einstellung gegenüber Religion wandelt sich, aber wo die Struktur, die Form genügend elastisch und anpassungsfähig ist, wird sie so lange erhalten bleiben wie die Menschen sie brauchen.

5/5/77

Wenn Sie sagen, alle Kirchen müssen reformiert werden, so bezieht sich das doch sicher auch auf das Judentum, den Buddhismus und alle anderen?

Ja, sicher. Früher kam der Christus als Jude nach Palästina, um die jüdische religiöse Gesetzesordnung abzulösen (sie war bereits 3000 Jahre alt und in ihrem Gedankengut stark verkrustet) und um eine neue, wahrheitsgemäßere Gottesvision, den Gott der Liebe anstelle der rächenden Stammesgottheit, einzuführen. Die Juden müssen als Volk noch durch das Fische-Zeitalter hindurch und die Offenbarung anerkennen, die Jesus als Messias in Palästina gab. Auch der Buddhismus ist sehr erstarrt und wird durch zwei eingeweihte Jünger, die Buddha entsendet, reformiert werden.

Geheime Gesellschaften

5/1/78

Wird das Ihrer Meinung nach auch auf die verschiedenen geheimen Körperschaften, geheimen Gesellschaften wie die Freimaurer, die Rosenkreuzer usw. einwirken?

Sogar sehr. Zunächst führen natürlich die Wassermann-Energien, die synthetisch sind, zu einer Art Standardisierung (allerdings zu einer Einheit in der Vielfalt, einer organischen Synthese, nicht zu der Standardisierung, die man in gewissen Ländern der Welt heute antrifft, sondern zu einer echten Einheit und Bruderschaft, die sich aus der Einheit des Motivs ergibt); außerdem wird die kommende Religion, ja das kommende Zeitalter, von einer großen Energie beherrscht sein, die seit 1675 in die Welt strömt und jetzt sehr an Stärke zunimmt, dem siebenten Strahl der Zeremoniellen Ordnung oder der Magie, des Rituals oder der Organisation. Der Sechste Strahl der Devotion herrschte im Fische-Zeitalter vor, und die meisten heute inkarnierten Menschen stehen unter diesem Sechsten Strahl. Alle unsere Strukturen, politische und wirtschaftliche, die okkulten und die frommen Körperschaften, unsere Kirchen, alles ist gesättigt mit der Energie des Sechsten Strahls; auch die Denkweisen, die dadurch eine Tendenz zu Fanatismus und Separatismus erkennen lassen. Es ist der Strahl des Abstrakten Idealismus und der Devotion (der Hingabe). Von daher sind alle Strukturen – die religiösen natürlich eingeschlossen – so stark geprägt, daß sie unweigerlich fanatisch und separatistisch wurden.

Aquarius, Wassermann, nannte man «die ausführende Kraft der Synthese oder Universalität», und das wird die Synthese, die Universalität in der Welt zustandebringen, je mehr die Menschen unter diese mächtige Einwirkung geraten.

Das gleiche gilt zum Großteil auch vom Siebenten Strahl, aber auf eine andere Weise; er verbindet das Höhere mit dem Niederen. Es ist der Strahl, der in Beziehung setzt - die Synthese zwischen Geist und Materie bewirkt. Er erdet die höheren spirituellen Einfälle, Gedanken und Energien auf der physischen Ebene. So wird, was im Fische-Zeitalter ein abstraktes Ideal blieb, auf physischer Ebene Realität werden. Brüderlichkeit, Nächstenliebe, Teilen, Zusammenarbeit - all diese Ideale, die die Menschen schon seit Jahrhunderten hegen, werden in die Tat umgesetzt werden.

Je nach den Strahlen, die sie regieren, gibt es sieben Menschentypen. Es sind jedoch nie mehr als vier Energien gleichzeitig inkarniert, so daß es, grob gesagt, immer vier verschiedene Typen von Männern und Frauen gibt. Als Seelen müssen sie alle bei ihrer 3. Initiation - selbst wenn sie vorher auf dem 4., 5., 6. oder 7. Strahl waren - ihre Übereinstimmung mit einem der ersten drei Strahlen finden - den Strahlen der Aspekte. Diese drei Strahlen schaffen und beherrschen unausweichlich alles, was wir kennen. Die vier Strahlen der Dualität oder der Attribute gehen aus den Strahlen der Aspekte hervor. Es gibt daher im Grunde drei Arten der Lebenseinstellung.

Die neue Religion wird sich unter anderem in Organisationen wie beispielsweise der Freimaurerei zeigen. In ihr liegt der Kern oder das geheime Herz der okkulten Mysterien - verborgen in Zahl, Metapher und Symbol. Wenn sie von den äußeren Krusten befreit werden, die sich in mehr als 7000 Jahren angesetzt haben, wird man darin echtes okkultes Erbe erkennen. Durch die Freimaurerlogen beschreitet man den Pfad der Einweihung, und die Initiation geschieht hier auf dem Ersten Strahl der Macht. In den Kirchen wird man ebenfalls den Weg der Einweihung gehen – auf dem Zweiten Strahl der Liebe/Weisheit. Und die Esoterischen Schulen werden eine Initiationserfahrung auf dem Dritten Strahl vermitteln. Dies bedeutet, daß dann drei eindeutig unterschiedliche Lehr- und Erfahrungswege für die drei großen Menschengruppen zur Verfügung stehen. Natürlich gibt es die Eine Wahrheit. Aber es handelt sich einfach um verschiedene Wege für verschiedene Menschentypen. Das ist es, was Christus in einer der ersten

Botschaften mit als Grund für die Rückkehr in die Welt nannte: «Ich komme, euch den Weg zu Gott zu zeigen, zurück zur Quelle. Euch zu zeigen, daß der Weg zu Gott ein einfacher Pfad ist, den alle Menschen gehen können». Dieser Pfad ist breit genug für alle. Er ist nicht bloß religiöser Art, denn, in welchem Bereich oder Feld des Lebens der Mensch auch steht, immer kann er der Gegenwart Gottes gewahr sein, sie in seinem Bereich sichtbar machen und den Pfad der Einweihung auf einem der drei Hauptwege gehen.

Die neue Weltreligion

27/1/76

Sehen Sie irgendeine Aufgabe für die gegenwärtigen religiösen Systeme und ihre Denkmäler im Neuen Zeitalter?

Die Systeme, die sich unter dem Druck der Energien, Ideen und Ideale der Zeit verändern können, werden ihren Platz haben. Aber allmählich wird sich eine neue Religion, eine Fusion der religiösen Vorstellungen des Ostens und Westens durchsetzen. Der Christus wird aber nicht nur einfach das Christentum und den Buddhismus verschmelzen, sondern den Begriff des transzendenten Gottes – außerhalb Seiner Schöpfung – mit dem des immanenten Gottes – in Seiner Schöpfung, im Menschen und allem Erschaffenen – vereinen.

Man wird erkennen, daß beide Betrachtungsweisen nebeneinander bestehen können – innerhalb einer neuen wissenschaftlichen Religion. Ihre Basis sind die Mysterien, die Initiation und die Invokation – sich der Gottheit nähern durch Anrufung, Invokation. Die Große Invokation wird man in der ganzen Welt sprechen – viele Millionen Menschen kennen sie heute schon. Sie soll eines Tages das Weltgebet sein, und die drei großen Feste – Ostern, das Wesak-Fest und das Christusfest, jeweils einen Monat später – sollen künftig auf der ganzen Welt gleichzeitig gefeiert werden; ebenso die neun zwar wichtigen, aber nicht so großen Feste zu den anderen neun Vollmonden des Jahres. Die drei werden in der Neuen Reli-

94

gion eine zentrale Rolle spielen, und jedes bietet einen bedeutungsvollen Zugang zur Gottheit – die Evokation des Göttlichen Lichtes, die der Göttlichen Liebe und die des Göttlichen Willens – und so werden diese Energien auf der Erde verankert, und der Mensch wird sie nutzen können.

5/7/77

Sie sagten, die Neue Weltreligion würde «wissenschaftlich» sein – das höre ich nicht gerne.

Darunter verstehe ich nicht eine sehr strenge, eine Art klinische Religion – kalt und herzlos – keineswegs. Ich meine wissenschaftlich im Sinne von verständig, vernünftig, einsichtig, was den Zweck und die Bedeutung der Religion betrifft ebenso wie die Energien, die die Menschheit anruft. Die Invokation wird den Platz der heutigen Gebets- und Verehrungspraxis einnehmen.

Der eigentliche Kern und das Herz der Neuen Religion wird der esoterische Prozeß der Initiation sein. Die ersten beiden Einweihungen werden offen, in äußerem Rahmen in den Tempeln der Zukunft stattfinden – als die heiligsten Zeremonien der Neuen Religion. Es ist ein sehr wissenschaftlicher Vorgang, diese Initiation, deren Hüter der Christus und die Hierarchie sind. Durch sie wird die Menschheit allmählich in die Hierarchie eintreten, und am Ende dieses Zeitalters werden alle Menschen zur Hierarchie gehören – dem «Reich Gottes», das die Hierarchie darstellt und das sich offen auf der Welt manifestieren wird. Das nächsthöhere Reich der Seelen oder das Spirituelle Reich ist schon hier mit der Hierarchie. Aber Sie und die Menschheit werden langsam, infolge des Initiationsprozesses, Eins werden. Allmählich wird das Christentum, der Buddhismus und die anderen Religionen verwittern und vergehen, ihre Anhänger aussterben, während die Neue Religion ihre Gläubigerschar und Exponenten vermehren und allmählich von der ganzen Menschheit getragen wird. In der Zwischenzeit aber – und das Neue erwächst ja immer aus den wesentlichen Strukturen des Alten, wo es flexibel genug ist, sich den neuen einströmenden Energien anzupassen – also bis dahin werden Christentum und Buddhismus in lebendiger Form weiterbestehen.

Die drei Frühlingsfeste

17/5/77

Das Fest des Christus in den Zwillingen – was geschieht da?

Der Vollmond in den Zwillingen – das Fest des Christus. Bei diesem Fest feiert man die Annäherung des Menschen an Gott. In der Neuen Weltreligion wird es ein großes gemeinsames In-Verbindung-treten mit der Gottheit geben, zu allen Vollmonden, besonders aber bei den drei großen Spirituellen Festen im April, Mai und Juni – im Widder, dem Stier und den Zwillingen. In der ganzen Welt wird man diese Feste gleichzeitig feiern. Man kann sich vorstellen, wie sich damit die Wirkung dieses Auf-die-Gottheit-Zugehens steigert. Die Menschheit wird von den Jüngern die große Wissenschaft der Anrufung lernen, die die heutige Gottesverehrung und die Gebete ersetzen wird. Künftig wird die Gottheit gemeinsam angerufen, und damit eine große Annäherung zwischen Gott und den Menschen erreicht werden. Durch diesen echt wissenschaftlichen Prozeß der Invokation wird die Neue Religion die Menschen immer mehr dem Göttlichen Denken näherbringen. Die Anrufung gewährt einen Einblick in das Denken Gottes – der Eingeweihte ergründet mit der Zeit immer mehr von der göttlichen Natur.

Das Fest im Juni, im Zeichen der Zwillinge, wird zum höchsten Fest der Menschheit werden. Heute nennt man es das Christus-Fest nach Ihm, dem Ältesten in der großen Familie der Brüder; nicht nur der Christus der Hierarchie ist damit gemeint, sondern der Christus als Repräsentant der Menschheit. Es wird vor allem das Fest des guten Willens sein, des gemeinsamen Strebens in der Menschheit, das wir als guten Willen bezeichnen.

Es ist der Aspekt Gottes, der von der Menschheit als nächstes manifestiert werden soll. Der gute Wille ist eine Seite der Liebes-

natur Gottes, und unsere nächste Aufgabe bei der (eigenen) Ausformung dieser Natur. Es gehört zum Plan Gottes, daß wir diesen
guten Willen in die Tat umsetzen, diese Liebesnatur erweisen; und
wenn wir unseren eigenen kleinen, persönlichen, getrennten
Willen in Einklang bringen mit dem göttlichen Willen, ermöglicht
es diesem, sich wirklich zum ersten Mal auf der Erde zu manifestieren. Darin besteht das Wesen eines echten spirituellen Zeitalters.
Es ist die Durchführung von Gottes Willen auf der Erde.

17/5/77

Wo finden diese Feste statt?

In den geheimen Tälern der Hierarchie, aber schon jetzt beginnt
die Menschheit, sich für die Rituale der Neuen Weltreligion zu öffnen, sie in ihr Bewußtsein einzulassen. Überall treffen sich Gruppen zu den Vollmondzeiten - besonders während der großen Feste,
aber auch zu den neun anderen Vollmondfesten - um sich auf die
Energien einzustimmen, die allein zu diesen Zeiten erreichbar
sind. Bei jedem Vollmond ist eine ganz einzigartige Energie vorhanden, die alle anderen, normalerweise fließenden Energien, stimuliert und beeinflußt. Vor allem bei den drei spirituellen Festen
werden die großen göttlichen Energien verfügbar: die Energien des
Lichtes, der Liebe und des Willens. Es gibt Gruppen, die schon
heute lernen, sich durch Invokation und Meditation auf sie einzustellen, sie auf der Erde zu verankern und zu übermitteln. Diese
Energien gehen von den äußeren Galaxien und vom Tierkreis aus
und sind nur zu diesen bestimmten Zeiten nutzbar zu machen. In
vielen Teilen der Welt lernen solche Gruppen gleichsam die
Grundlagen, die ersten Ansätze beim Aufbau der Neuen Weltreligion, die eine sehr klare Religion sein wird – sie beruht auf der Wissenschaft von der Invokation und auf der Wissenschaft der Initiation und zeichnet sich durch Fähigkeit zur Integration aus. Sie wird
die Welt umspannen.
Der Christus wird in dieser Neuen Weltreligion Ost und West
zusammenbringen, die heute noch getrennt sind, scheinbar einander widersprechend, aber in Wirklichkeit einander ergänzend.
Es ist einerseits die Annäherung an Gott als den Transzendenten,

über und außerhalb Seiner Schöpfung, unnahbar von Seiner Schöpfung her; andererseits die Annäherung an Gott als dem Immanenten in der ganzen Natur, im Menschen und allem Sein.

So werden wir begreifen, daß es niemanden und nichts gibt, durch den oder das sich Gott nicht auf einer bestimmten Stufe manifestiert; daher die *Tatsache* der Brüderlichkeit. Sie ist eine Naturtatsache. Wir stammen alle von Einem Leben. Wir sind alle Kinder Gottes, jeder von uns. Wir wissen das. Theoretisch akzeptieren wir es auch - wir machen es zu einem Lippenbekenntnis - aber wir *leben* es nicht. Wir handeln nicht so, als ob alle Menschen Brüder wären.

In diesem Augenblick verhungern 450 Millionen unserer Brüder und Schwestern mitten in einer Welt der Fülle, in der es Nahrung im Überfluß gibt. Das ist das Gegenteil von Brüderlichkeit. Wenn wir Brüderlichkeit unter den Menschen wirklich zeigten, diese wahre Göttlichkeit in der Menschheit, dann gäbe es nicht diese Blasphemie (Gotteslästerung).

Das Wesakfest

8/10/76

Was spielt sich genaugenommen im Wesaktal ab?

Jetzt gerade, in diesem Augenblick? Das weiß ich wirklich nicht. Aber was sich beim Wesakfest abspielt, das kann ich Ihnen ungefähr sagen. Alle Mitglieder der Hierarchie versammeln sich, die in physischen Körpern und die außerhalb, in diesem Tal. Der Christus und die Oberhäupter der beiden anderen großen Abteilungen – der Manu und der Herr der Zivilisation – diese drei Großen Herren stehen im Dreieck um einen riesigen, flachen Stein, auf dem sich eine große Kristallschale mit klarem Wasser befindet. Wenn der Mond über den Horizont steigt, kommt Buddha – im Augenblick des Vollmondes im Stier. Gautama Buddha kommt aus Shamballa und schwebt über dem Stein, über der Kristallschale, und überträgt auf den Christus die Energie, die man die Shamballa-

Kraft nennt – den großen Ersten Strahl des Willens oder der Macht. Er tut dies jedes Jahr mit immer stärkerer Potenz, bis zum Jahr 2000. Der Christus läßt die Kraft durch die drei Herren (sich selbst, den Manu und den Herrn der Zivilisation) zirkulieren, dann wird sie von der Hierarchie gehalten und allmählich an die Welt weitergeleitet, bis zum Vollmond in der Waage; von diesem Zeitpunkt an wird sie bis zum nächsten Wesakfest zurückgezogen. Die Einwohner kommen dorthin, die Tibeter und die Pilger aus Nordindien, und versammeln sich an einem Ende des Tales, während diese große Zeremonie stattfindet. Anschließend wird das Wasser in der Kristallschale, das durch die Anwesenheit des Buddha gesegnet wurde, unter allen Teilnehmern verteilt. Es ist ein Ereignis von tiefer esoterischer Bedeutung.

24/5/77

Warum finden die Feste zur Zeit des Vollmondes statt?

Weil dann mehr Energien verfügbar sind. Zur Vollmondzeit öffnet sich ein Kanal, der sie mächtiger strömen läßt und zugänglicher macht – das heißt nicht, daß die Energien nur zu dieser Zeit stark wären, aber für uns ist es auch die Phase der größten Übereinstimmung, den Menschen fällt es bei Vollmond leichter, sich auf die Energien einzustellen und sie zu assimilieren.

Der Meister D.K. erklärte, es sei als ob sich eine Tür öffne zwischen der Sonne und dem Mond, und damit Energiegeschehen spiritueller Natur möglich werden. Der Mond ist zwar immer da, aber wo er angesichts der Erde voll und rund ist, öffnet sich der Kanal, der die Menschen leichter mit der Hierarchie verbindet als zu anderer Zeit.

Der Mond ist ein toter Planet, er hat kein eigenes Leben, kein eigenes Licht, nur reflektiertes. Aber aus ihm strömt eine Energie, sowohl mental wie astral, die sich zu der Zeit, als die Menschheit noch auf dem Mond lebte und die Erde von dort aus bevölkerte, als Gedankenform aufbaute und anreicherte. Seither ist er erloschen, und je eher er aus unserem System verschwindet, desto besser. Vom okkulten Standpunkt ist er ein unheilvolles Gerippe.

Das Turiner Grabtuch

28/3/78

Können Sie uns bitte etwas über das Turiner Grabtuch sagen, und ob es echt ist oder nicht?

Ich persönlich glaube, daß es absolut echt ist, d.h. es ist wirklich das Tuch, in welches der Leib Jesu nach der Kreuzigung gehüllt wurde. Das Bild darauf wurde absichtlich für die künftigen Generationen hinterlassen, damit an der Realität der Auferstehung festgehalten wird, denn darum geht es, auch in den Evangelien - nicht um die Kreuzigung, sondern um die Auferstehung.

Es ist äußerst interessant, daß die bedeutendste Anerkennung der Echtheit des Tuches aufgrund wissenschaftlicher Methoden erst kürzlich erfolgte, einige Monate nachdem der Christus in diese Welt zurückkehrte. Es ist eines der Zeichen. In Seiner Botschaft Nr. 10 sagte Er: «Ich komme, euch zu sagen, daß ihr Mich sehr bald sehen werdet, jeder auf seine Weise. Die Menschen, die Mich als Meinen geliebten Jünger, den Meister Jesus suchen, werden Seine Qualitäten in Mir finden. Die in Mir einen Lehrer suchen, kommen der Sache näher, aber Meine Art der Offenbarung ist einfacher». Die Ankunft des Christus im letzten Jahr hängt nicht von Zeichen ab wie dem Tuch von Turin und verschiedenen anderen, aber sie sind Hinweise darauf, daß jetzt etwas ganz Außergewöhnliches geschieht, das nicht nur den Glauben der Christenheit wiederherstellt, sondern die Hoffnung der ganzen Menschheit.

Die Hoffnung der Menschen ist im tiefsten Grunde die Hoffnung der Auferstehung; und die Evangeliengeschichte ist in Wirklichkeit die Wiederholung einer Geschichte, die der Menschheit immer wieder, durch alle Zeitalter, vor Augen gestellt wurde – die Geschichte der Initiation.

Die Geburt in Bethlehem symbolisiert die erste, die Taufe im Jordan die zweite Einweihung. Die Verklärung auf dem Berg ist das Symbol für die dritte und der Kreuzestod bedeutet die vierte Einweihung. Die fünfte Initiation, die «Auferstehung», ist der Name für die Einweihung, die einen Menschen zum Meister macht, und die Auffahrt in den Himmel ist die Initiation, die einen auferstandenen Meister auf eine noch höhere Stufe hebt. Der Christus hat Tausende von Jahren in einem auferstandenen Körper gelebt und seit 2000 Jahren lebt Er als «Aufgefahrener Meister».

Die Kreuzigung war die äußere Manifestation der inneren Erfahrung des großen Verzichtes oder der Kreuzigungs-Initiation des Jüngers Jesus, und zugleich auch die äußere Manifestation der «Himmelfahrts-Initiation» des Christus. Nach der Auferstehung erschien Er noch einmal den Jüngern in Galiläa. Thomas ließ Er die Hände in Seine Seite legen und feststellen, daß Er einen greifbaren, physischen Körper hatte. Doch Er konnte erscheinen und verschwinden, je nach Seinem Wunsch. All das war ein deutlicher Beweis, eine Vorführung des wiedererstandenen Körpers, des Lichtkörpers.

Interessant an dem Tuch von Turin ist meiner Ansicht nach die Art, wie das Abbild zustandekam. Der Christus erweckte den Körper des Jüngers Jesus. Als der Körper ins Grab gelegt war, hüllte sich am dritten Tag der Christus, Maitreya, in ihn. Sein Bewußtsein trat wieder in den Leib des Jüngers Jesus und holte ihn ins Leben zurück – wie Er es schon bei Lazarus getan hatte. Das geschieht – ich will nicht sagen oft – aber es ist seither und vorher öfter geschehen. Technisch ist eine Auferstehung eine ganz besondere Sache, ein großes okkultes Geschehen.

Was der Christus dabei tat, bestand nicht allein darin, daß Er den Leib wiederbelebte, sondern ihn «auferstehen» ließ. Er lockerte – wenn man so will – durch den Ein-Fluß enormer spiritueller Energie in den nun toten Körper des Jesus die atomaren Materiepartikel, ordnete sie wieder neu und führte in diesen Körper Materie von sub-atomarer Vibrationsgeschwindigkeit ein – eine Materie, die buchstäblich Licht ist. Dies verlieh dem Körper eine intensive Strahlung, und sie erzeugte auf dem Tuch das, was man den Ionisierungseffekt nennt, das Abbild.

Diesen sog. Ionisierungseffekt gibt es in der Photographie. Wenn ein Photograph ein Negativbild in ein positives verwandeln möchte oder umgekehrt, dann nimmt er die Platte und setzt sie sehr hoher Frequenz aus – gewöhnlich Röntgenstrahlen. Das Resultat sehr hoher Frequenz-Bombardierung ist eine Ionisierung der Platte, so daß man bei der Entwicklung das Gegenteil davon erhält, was man erwarten würde. Helles wird dunkel und Dunkles hell.

Der hohe spirituelle Ein-Fluß von Christus in den Leib des Jüngers Jesus verursachte den Ionisierungseffekt und das Negativbild auf dem Tuch – und so ist es sozusagen eingebrannt im Gewebe, aber nur an der Oberfläche. Es ist so genau wie keine Photographie sein könnte, und es erschien auch dort, wo der Körper nicht das Tuch berührte. Es war eine Ionisierung von allen Seiten, die Wunden, das Blut und alles andere. So erhielt man ein genaues Faksimile, das die Raumfahrtexperten in Amerika auf dem Computer als ein dreidimensionales Bild reproduzieren konnten. Es unterliegt genau den dreidimensionalen Gesetzen, und sein derzeitiges Erscheinen auf diese exakt wissenschaftliche Art ist eines der Zeichen, daß der Christus in der Welt ist, obgleich Sein Erscheinen nicht von diesem Zeichen abhängig ist.

5/7/77

Gibt es etwas, was Sie über den Heiligen Vater in Rom sagen möchten?

Der Meister Jesus wird den Thron von St. Peter in Rom übernehmen und die wahre apostolische Nachfolge beginnen. Dieses Ereignis steht bevor, und zwar nach der öffentlichen Erklärung (declaration) des Christus. Es könnte leicht sein, daß der jetzige Papst der letzte ist.

Anm. des Autors, Januar 1979: Der Tod von Papst Paul VI. und das plötzliche Ableben von Papst Johannes Paul nach einem Monat im Amt des Pontifex macht es umso wahrscheinlicher, daß Johannes Paul II. der letzte Papst sein wird.

Was können wir zur Zeit tun?

15/7/76

Was erwartet man von mir jetzt, da ich weiß, daß der Christus unter uns ist? Habe ich zu warten, bis Er die Dinge in Ordnung bringt, oder gibt es etwas, das ich selbst fördern kann?

Die Meister werden nicht alles in Ordnung bringen, der Christus wird nicht alles in Ordnung bringen. Sie können tun, was jeder tun kann, d.h. Ihre spirituelle Intuition einsetzen, um herauszufinden, wie Sie am besten dienen können – gemäß Ihren Talenten, dem Grad Ihrer Evolution, Ihren Vorlieben, Ihrer Persönlichkeit, Ihrem Temperament usw. Suchen Sie sich ein Gebiet für Ihren Dienst, der den Christus oder die Hierarchie unterstützt, und helfen Sie auf diese Weise mit. Das kann die Transmission von Energie sein oder ein «Zeugnisablegen» – wenn Sie wollen – indem Sie die Tatsache der Rückkehr des Christus bekräftigen. Diejenigen, die an das glauben, was ich sage, sollten von nun an die Realität des Christus, des Weltlehrers, bestätigen, ebenso die Hierarchie und die Tatsache des bevorstehenden Wieder-In-Erscheinung-tretens des Christus und der Hierarchie in der Welt. Wenn wir daran glauben, dann sollten wir das tun, denn es besteht ein sehr gedrängter Zeitplan für diese Vorbereitungsarbeit, die Zeitspanne bis zum Eintritt dessen, was wir erwarten, ist nur mehr sehr kurz. Erst unlängst ist darauf hingewiesen worden, wie bald der Christus tatsächlich in der Welt sein wird – so nah steht Sein Wiedererscheinen bevor. In diesem Jahr kommen die ersten fünf Meister in die Welt. Natürlich werden Sie sich noch nicht (vor dem Christus) öffentlich erklären, aber Ihre Arbeit in den fünf Zentren beginnt in diesem Jahr.
  Was können Sie tun? Sie können die Große Invokation lernen, wenn Sie sie nicht schon verwenden. Das ruft ungeheure Energien

103

in die Welt. Sie können sich Gruppen anschließen – mit Gruppen arbeiten, die meditieren; sich auf die Energien einstimmen; in irgendeiner Weise einen Dienst übernehmen – auf humanitärem, politischem, wirtschaftlichem oder sonst irgendeinem Gebiet. Es hängt von Ihrer allgemeinen Situation und Erfahrung ab. Wenn Sie einen Dienst leisten wollen, werden Sie einen finden. Das geschieht unweigerlich. Für mich ist es dagegen schwer, Ihnen zu sagen, was Sie genau tun sollten, weil ich Sie nicht kenne, nicht weiß, wo bei Ihnen die Linie des geringsten Widerstandes liegt. Aber wenn Sie dienen wollen, wird man Sie einsetzen. Wo ein echtes, altruistisches, drängendes Verlangen besteht, den Menschen zu dienen, da kann man sich darauf verlassen, daß die Hierarchie das erfährt und einen einsetzt. Sie hält Ausschau nach den *praktischen* Mystikern in der Welt und setzt sie alle ein. Die Betonung liegt auf dem Wort praktisch. Praktische Mystiker, welcher Herkunft oder Tradition sie auch entstammen, braucht man immer. Die Meister arbeiten mit ihren Jüngern auf jedem Feld, dem politischen, wirtschaftlichen, religiösen, im Erziehungswesen, in der Wissenschaft, im okkulten, sozialen und kulturellen Bereich. Auf allen Gebieten haben die Meister Ihre Jünger und wirken durch sie. Sie finden den Menschen guten Willens, der danach strebt, dem Plan zu dienen.

Der gute Wille ist eine dynamische Kraft. Er ist einer der mächtigsten Faktoren bei der Veränderung der Bedingungen auf der Welt. Er ist der höchste Aspekt der Energie, die wir Liebe nennen, und der höchste, den die Menschheit im allgemeinen verwirklichen kann. Wenn er vom ersten, dem Willensaspekt, dem Willen-zu-Gott, dynamisch verstärkt wird, wächst er ungemein an, und jetzt ist er dabei, die Welt zu verändern. Es ist überall der gute Wille gewöhnlicher Männer und Frauen, der die Welt neu gestalten wird. Sie werden ihre Anführer in das Neue Zeitalter führen. Betrachten Sie sich selbst als eine dynamische Einheit guten Willens in der Welt. Arbeiten Sie mit anderen zusammmen. Treten Sie in Gruppen ein und arbeiten Sie mit ihnen in diesem Sinn. *Die neue Welt muß von den Menschen selbst geformt werden.* Beteiligen Sie sich an der Umgestaltung der Welt.

4/4/78

Sie sagen, wenn wir das Gefühl haben, daß wir glauben, was Sie sagen, dann sollten wir etwas in dem Sinn tun. Können Sie irgendeinen anderen Hinweis dazu geben als im Augenblick zu versuchen, auf die richtige Art zu leben?

Das ist schwierig, weil jeder es auf seine Art und je nach der Stärke seines Glaubens tun muß. Wenn Sie ganz sicher sind, daß der Christus in der Welt ist, so wie ich es bin, dann wissen Sie, was zu tun ist – Sie wissen es wahrhaftig – und Sie werden Himmel und Erde in Bewegung setzen. Wenn Sie meinen, es ist eine sehr wahrscheinliche Möglichkeit, aber sind nicht völlig, nicht durch und durch überzeugt, dann sagen Sie es von dieser Warte aus. Wie immer Sie es akzeptieren können, in dem Maß werden Sie zur Arbeit inspiriert werden. Wenn Sie wirklich daran glauben, dann sagen Sie es jedem, den Sie treffen, jedem, der zuhören wird, daß Sie glauben, daß Christus in der Welt ist – daß Maitreya in der Welt ist. Es hängt davon ab, zu wem Sie sprechen: zu einem Juden werden Sie vom Messias, zu einem Christen von Christus reden, zu einem Hindu von Bodhisattwa, zu Buddhisten vom Herr Maitreya und zu Moslems vom Imam Mahdi.

Kleiden Sie Ihn in das Gewand, das dem Betreffenden vertraut ist, und machen Sie es so einfach wie möglich. Behaupten Sie nur, daß Sie glauben. Offenkundig beweisen können Sie es nicht. Aber wenn Sie glauben, geben Sie das weiter. Je mehr Leute, die daran glauben, dies auch weitersagen, desto mehr Menschen werden von der Hoffnung inspiriert, die dieser Glaube erzeugt. Denn das steigert die Hoffnung der ganzen Menschheit.

Heutzutage sind die Menschen so voller Furcht, so verzweifelt. Noch vor kurzem gab es keine Hoffnung. Ich denke, bis Präsident Sadat nach Jerusalem ging, gab es keine Hoffnung mehr in dieser Welt. Aber seit dieser Initiative, die von Christus direkt inspiriert und Seine erste große politische Maßnahme nach Seiner Ankunft (Juli 1977) wurde, hat sich die Welt verändert. Es ist eine andere Atmosphäre in der Welt. In Rhodesien ereignen sich außergewöhnliche Dinge. Das konnte nicht vor 20 Jahren, nicht zu Lebzeiten von Mr. Smith geschehen. Jetzt ist dort eine schwarze Regierung.

Détente (Entspannung) in den Beziehungen zwischen dem Osten und Westen findet statt – bewußte und beabsichtigte Entspannung. Nach außen richten sie immer noch die Gewehre aufeinander – um dem anderen zu zeigen, daß sie da sind und stark sind, aber im Grunde haben sie den Gedanken an Entspannung akzeptiert. Das ist neu, ganz neu. Es gibt eine junge, wachsende Hoffnung in der Welt, aber zu wissen, daß der Christus in der Welt ist, wird wie nichts sonst die Hoffnung der Menschheit aufrichten und hochhalten.

Sie können nichts Besseres tun als zu sagen: «Ich glaube es». Schreit es von den Dächern. Schreibt den Zeitungen und erklärt, daß Ihr es glaubt. Schreibt wem immer Ihr mögt und bekennt, daß Ihr glaubt. Seine Botschaften zu verbreiten und in der Welt bekannt zu machen ist das Beste, was Ihr tun könnt. Dazu sind sie uns gegeben – um die Tatsache zu verkünden, daß Er zurückgekommen ist, und um einen Umriß Seiner Lehren vorauszuschicken. Sendet sie an Freunde und Bekannte überall hin und bittet sie, das gleiche zu tun. So wird die Atmosphäre der Hoffnung und Erwartung geschaffen, in der der Christus am ehesten auftreten und lehren kann.

4/4/78

Müssen Sie nicht sehr vorsichtig sein, um nicht als unseriös und als Narr zu gelten, damit Sie Ihrer Botschaft nicht schaden?

Sehr bald werden die Narren Helden sein. Ich spreche seit drei Jahren immer wieder in der Öffentlichkeit und habe mein Bestes getan, nicht den Eindruck eines Narren zu hinterlassen. Ich habe versucht, vernünftig, rational zu sein, und ich glaube, ich bin immer noch vernünftig und rational; aber es ist unvermeidlich, daß manche Leute aus dem, was ich sage, etwas Verrücktes machen. Aber das sind die Leute, die beim Anblick des Christus ausrufen werden: «Das ist nicht der Christus. Wo ist Sein langes Gewand? Wo sind die Wundmale an Seinen Händen?» Doch wenn die Menschen offen sind, sagen sie: «Ich glaube, ich glaube es!» Bestätigt Seine Gegenwart! Sendet die «Botschaften des Christus» allen Freunden und Bekannten. Macht diese vorläufigen Lehren bekannt und bereitet den Weg für Ihn.

Der Antichrist. Die Macht des Bösen

26/4/77

Es wird viel vom Antichrist gesprochen. Können Sie etwas darüber sagen?

Es gibt so etwas wie den Antichrist, aber es herrscht ein großes Mißverständnis darüber, was der Antichrist eigentlich ist. Im Grunde handelt es sich um den Ersten oder den Willensaspekt Gottes in Seiner destruktiven Form. Es ist die Macht, die zerstört, um den Weg für das Aufbauende, den Christusaspekt vorzubereiten, Seine neue Manifestation. Das ist es, was jetzt geschieht. Diese «Anti-Christ-Kraft» hat sich während der Kriegsepoche zwischen 1914 und 1945 erschöpft. (Vom Standpunkt der Hierarchie war das *ein* Krieg.) Dieser Krieg hat sich von den astralen Ebenen, wo er sich schon seit den atlantischen Zeiten zwischen den Mächten des Lichts und der Finsternis abgespielt hatte, auf die physische Ebene «niedergeschlagen». Die evolutionären und die involutionären (zerstörerischen) Kräfte, die Hierarchie und die materialistischen Kräfte dieses Planeten kämpften gegeneinander. Das Ringen zwischen ihnen in Atlantis veranlaßte die Hierarchie (deren Mitglieder vorher offen, in der äußeren Welt als Priester-Könige und gottähnliche Wesen gewirkt hatten und den Menschen die atlantische Kultur ermöglichten) sich ins Okkulte, Esoterische zurückzuziehen und nur von den höheren mentalen Ebenen aus zu wirken. Durch die Niederlage der Achsenmächte im Krieg zwischen 1939 und 1945 wurden die Mächte des Bösen auf dem Planeten geschlagen. (Es ist das Böse der ganzen Menschheit, nicht nur der Achsenmächte.) Bestimmte Führer im Nazi-Deutschland, in Japan und in geringerem Maß in Italien sammelten, zentrierten in sich die Energie, die wir den Antichrist nennen. Aber es ist eine Energie, es ist kein Wesen, kein Individuum. Sie ist Ausdruck der destruktiven Kraft Gottes, und auch sie bereitet den Weg des Christus vor.

Wenn die involutionären Kräfte in den evolutionären Bogen überfließen (auf dem wir uns jetzt befinden), erscheint es uns als das Böse. Seine Rolle ist es, den Materie-Aspekt des Planeten aufrechtzuerhalten. Aber zu grobe Materialität hindert die Menschheit am Fortschritt auf dem evolutionären Pfad.

Die Kräfte des Bösen haben auf dem Planeten eine Niederlage erlitten. Sie sind nicht zerstört, aber geschlagen. In einem Vers der Großen Invokation heißt es: «Und siegle zu die Tür zum Übel». Das bezieht sich auf die versiegelnde Energie (die wir bei unserer Transmissionsarbeit während dieser Zusammenkunft zuvor übermittelt haben). Ihre Aufgabe ist es, jene Macht in ihre eigene Domäne zurückzuweisen (in der sie allerdings den stofflichen Aspekt aufrechterhalten muß), und die Menschheit aus dieser Einflußsphäre auf die Ebene anzuheben, von der aus sie bzw. wir die Materie vergeistigen können, denn das ist unsere eigentliche Aufgabe.

27/1/76

Wollen Sie sagen, das Böse wird aufhören zu existieren?

Nein, ich sage nicht, daß das Böse zu existieren aufhören wird, jedenfalls noch nicht. Die Kräfte des Bösen haben eine Niederlage erlitten. Der Zusammenbruch der Achsenmächte im großen Krieg zwischen 1939 und 1945 bedeutete eine Niederlage der Mächte des Bösen auf der physischen Ebene. Sie sind nicht zerstört, aber geschlagen. Seit 1966 ist die energetische Wirkung der Lichtkräfte größer als die Macht des Dunkels, die bisher immer einen Vorteil gegenüber der Hierarchie, den Repräsentanten der Lichtkräfte hatten, weil sie auf der physischen Ebene arbeiten. Die Hierarchie hat dagegen seit den atlantischen Zeiten, als Sie okkult wurde, von den Bewußtseinsebenen, d.h. von den höheren mentalen Ebenen aus gewirkt. Damit waren Ihre Hände bis zu einem gewissen Grad gebunden, was das Menschenleben auf der physischen Ebene betrifft. Aber seit 1966 ist eine Balance eingetreten, und die Kräfte des Lichtes sind nun stärker in der Welt.

Die Meister können wieder in die Öffentlichkeit treten, mit der Menschheit auf der physischen Ebene zusammenarbeiten und mit Ihrer Kraft die bestehende Kraft der Jünger und der Menschen guten Willens unterstützen.

Die Mächte des Bösen können jetzt auf ihre eigene Domäne verwiesen werden, auf die Erhaltung des materiellen Aspektes auf dem Planeten. Das wirkliche Armageddon, der Endkampf zwischen diesen beiden Mächten, wird auf den mentalen Ebenen ausgetragen werden, in der Mitte des Zeitalters des Steinbocks.

5/3/76

Sind die Kräfte des Bösen nichts anderes als ein Teil Gottes?

Ja, natürlich, die Kräfte des Bösen sind ein Teil Gottes. Sie sind nicht von Gott abgetrennt. Alles ist Gott. Es gibt in Wirklichkeit nichts außer Gott. Die Kräfte der Dunkelheit auf diesem Planeten erhalten ihre Energie von der kosmischen astralen Ebene. Sie sind eigentlich die Kräfte der Materie. Sie sind ein Teil des involutionären Prozesses der Gottheit, die sich selbst in die Materie begibt und so die Gegensatzpaare schafft – Geist (spirit) auf der einen Seite und Materie,Stoff, auf der anderen.

5/3/76

Warum versuchen die Mächte des Dunkels, die Initiation der Menschheit aufzuhalten? Wollen Sie damit sagen, daß die Mächte des Bösen das animalische Ego des Menschen sind?

Nein. Die Macht des Dunkels, des Bösen – was wir böse nennen, die involutionären Kräfte auf dem Planeten – haben ihren Platz, da sie den Materie-Aspekt des Planeten vertreten. Aber ihr Überhandnehmen, eine Grobstofflichkeit im Übermaß, ist für den spirituellen Prozeß in der menschlichen Rasse schädlich. Die Menschheit ist auf dem evolutionären Bogen. Sie bewegt sich aus der Materie heraus, und ein zu starkes Überfließen dieser materiellen, negativen Kräfte auf die emporsteigende Seite könnte den Planeten zerstören. In der Tat wäre ohne die Hilfe bestimmter großer Energien, großer Wesenheiten, die vom Herrn Shamballas selbst in die Welt gerufen werden, dieser Planet schon zugrunde gegangen durch das Treiben der Kräfte des Bösen, deren Zweck es ist, zu zerstören. Sie kämpfen gegen den evolutionären Plan, weil er ihr Schicksal besiegelt.

Dann schreiben Sie ihnen also ein separates, ein Eigenleben zu?

Gewiß. Es sind Wesenheiten mit sehr hohen Bewußtseinsgraden. Sie sind auf ihre Weise genauso bewußt und aktiv wie die Meister der Weisheit auf ihre Art.

Und doch nicht getrennt von Gott?

Und doch nicht getrennt von Gott. Natürlich nicht. Aber Gott, in die Materie involviert. Sie sind die involutionäre Kraft, Gott in Seinem involutionären Aspekt.

26/4/77

Wohin gehört der Satan und das Jüngste Gericht?

Ich kann nur aus meiner Sicht sprechen. Satan und das Jüngste Gericht ist in jedem Menschen. Jeder ist sein eigener Satan, jeder sein Richter. Jede Handlung, jeder Gedanke setzt Ursachen, deren Auswirkungen das Leben gut oder schlecht beeinflussen. Das ist das große Gesetz von Ursache und Wirkung, das der Christus wieder einmal demonstrieren wird. Er sagte früher: «Was ihr sät, das werdet ihr ernten.» Wiederum wird Er zeigen, daß unsere ganze Existenz in dieses Gesetz eingebunden ist.

Spielen Sie damit etwa auf die Reinkarnation an?

Ja. Das ist das Gesetz der Wiedergeburt, das wir Reinkarnation nennen. Durch das Gesetz von Ursache und Wirkung werden wir immer wieder als Seelen wiedergeboren, die sich auf der physischen Ebene durch Persönlichkeit ausdrücken. Die Tatsache, daß wir auf dieser Ebene bestimmte Dinge bewirken, bestimmte Ursachen setzen, bindet uns an diesen Planeten und zieht uns immer wieder hierher zurück, bis diese Bande gelöst sind. So spielt sich die ganze Entfaltung, die Evolution in unserem Leben ab, bis wir uns allmählich durch die Erfahrungen auf diesem Evolutionsweg vervollkommnen und unsere göttliche Natur immer mehr zum Vorschein kommt.

Jedesmal wenn wir sterben, sehen wir unser hohes, unser wahres Selbst. Wir kommen vor das Angesicht unserer Seele. Wir erkennen, wie unser Leben gewesen ist. Wir erfahren, welchen Zweck die Seele mit der Inkarnation verfolgte. Wir kommen immer mit drei großen Absichten auf die Welt, die das Ziel der Seele sind, die wir verkörpern. Wir sehen sie und können ermessen, wieviel wir in jeder dieser Zielrichtungen tatsächlich erreicht haben. Das ist in Wirklichkeit das Gericht. Es spielt sich nach jedem Leben ab, bis wir uns vervollkommnen und uns nicht mehr auf diesem Planeten zu inkarnieren brauchen. Dann sind wir Meister.

Das Jüngste Gericht wird gegen Ende des letzten und siebenten Erdenzyklus kommen, wenn - bis auf einen Rest - die ganze Menschheit ans Ziel gekommen und zu vollendeten Meistern geworden sein wird.

Wieso wissen Sie das?

7/3/78

Wenn es so wichtig ist, daß sich das, was Sie sagen, herumspricht, warum gibt man diese Informationen nicht an berühmtere Leute – bei allem Respekt für Sie?

Es gibt einen guten Grund, gerade jemandem, der wirklich in der Welt ganz unbekannt ist, diese Mitteilungen zukommen zu lassen. Denn es ist sehr wichtig, daß der freie Wille der Menschheit gewahrt bleibt. Wenn diese Information an Präsident Carter, den Herzog von Edinburgh, an die Queen oder sonst jemand sehr Bekanntem übermittelt worden wäre und diese Persönlichkeit würde behaupten, der Christus sei in der Welt, dann würden es Millionen glauben, weil *er* oder *sie* es sagt, und damit würde ihr freier Wille eingeschränkt. Wenn ich es dagegen sage – dann genieße ich keine andere Autorität als die meiner Überzeugung. Meine Verbindung zur Hierarchie ist meine persönliche Autorität, aber das ist für Sie ja ohne Belang, verstehen Sie. Es spricht da nur ein Unbekannter zu Gruppen und der Öffentlichkeit, und er stellt bestimmte Behauptungen über die Wiederkehr des Christus auf. Sie können die Botschaft annehmen oder nicht. Sie hören sie, Sie denken darüber nach, und wenn sie *Ihnen* glaubwürdig erscheint, dann akzeptieren Sie sie, wenn nicht, dann verwerfen Sie sie. Ihr freier Wille wird dadurch in keiner Weise verletzt. Sie haben die freie Entscheidung, anzunehmen oder abzulehnen. Wenn aber eine Berühmtheit wie der Herzog von Edinburgh, Präsident Carter oder der Papst sagen würde, daß der Christus in der Welt ist - nun, wenn der Papst es sagen würde, dann würde ihm jeder Katholik auf der Welt glauben und das Gewicht seiner Autorität würde die Freiheit der Entscheidung einschränken, ebenso bei Präsident Carter.

Es geht jedoch um Ihre eigene, intuitive, persönliche Stellung-
nahme. Sie müssen den Christus daran erkennen, was Er selbst ist,
weil Sie in sich die Qualitäten verspüren, von denen dieser Mann
sagt, daß die Welt sie braucht. Er wird sagen, wir müssen teilen,
wir müssen zusammenarbeiten, die Menschheit muß frei sein, es
muß Gerechtigkeit in der Welt geben, wir müssen die hungernden
Millionen ernähren, unsere Brüder sterben zu Millionen und wir
tun nichts. Das wird der Christus sagen. Und Sie müssen dann
sagen, das ist mein Mann - ob Sie Ihn als den Christus erkennen
oder nicht. Denn das Christusbewußtsein wirkt durch Sie hindurch.
Sie müssen das wollen, wofür Er eintritt. Das ist der Weg. Es muß
die eigene Antwort der Menschheit sein, aus freien Stücken
gegeben.

17/2/77

Sind Sie etwa die Reinkarnation von Johannes dem Täufer?

Ich bin nicht die Reinkarnation von Johannes dem Täufer.

Wieso wissen Sie, daß Sie es nicht sind?

Ich weiß es, glauben Sie mir. Johannes der Täufer ist seit langem
ein Meister und ist in Wirklichkeit nicht mehr auf der Erde.

30/8/77

Woher haben Sie Ihre Informationen?

Von einem der ältesten Mitglieder der Hierarchie. Von Einem der
Gruppe um Christus.

4/10/77

*Die Technik, über die Sie gerade gesprochen haben - mit der Sie Mit-
teilungen von dem Christus empfangen - klingt ganz so, als ob Sie
eine elektrische Antenne am Scheitelpunkt Ihres Kopfes hätten, und
wenn Sie sie auf die eine Ebene einstellen, sprechen Sie mit Ihrem*

Meister, und auf einer höheren Ebene mit dem Christus. Sind Sie tatsächlich dauernd in vollkommener Verbindung mit Ihrem Meister?

Ja, dauernd. Er hat mich in bestimmter Weise für diese Arbeit geschult, wodurch ein ständiger Kontakt mit Ihm entstand, der mich während der letzten Jahre auf die öffentliche Übermittlung der Botschaften von Christus vorbereitete.

23/6/77

Sprechen Mitglieder der Hierarchie oder die Meister jemals durch Medien in Trance?

Sehr, sehr selten. Das ist eine der Arbeitsmethoden, derer Sie sich lieber nicht bedienen. Es gibt zwar einige Ausnahmen. Eine der berühmtesten und erstaunlichsten ist die Verwendung eines Mannes, dem man den Namen «Boy» gab. Wer das Buch von Swami Omananda «The Boy and the Brothers» («Der Junge und die Brüder») gelesen hat, wird wissen, wen ich meine. Er war ein Kind aus den Slums des Londoner East End, ein großer Eingeweihter, sogar vierten Grades, und in seiner letzten Inkarnation vor der Befreiung. Er litt viel. Er war eine leere Hülle, einfach eine hohle Persönlichkeit, die von den Meistern übernommen wurde.

Aber normalerweise verwenden Sie nicht diese Methode, Sie benutzen Telepathie, die zur höheren Hellsichtigkeit gehört, mittels des Mediums der Seele. Auf diese Weise übermittelte der Meister D.K. «Die Geheimlehre» an Frau H.P.Blavatsky und «Die Lehren» an Alice Bailey. Genauso wurden die Agni Yoga-Lehren an Helena Roerich weitergegeben. Das ist der normale Modus. Gelegentlich gibt es einzelne Persönlichkeiten, die die höhere Art von Trance anwenden, in ganz speziellen Fällen. Der übliche niedere Psychismus wird jedoch nie von den Meistern benutzt, sondern von Wesenheiten der inneren Ebenen, natürlich auf irgendeiner der astralen oder mentalen Ebenen, aber nicht von den Meistern selbst. Mit Ihnen kann man nur auf den höheren mentalen Ebenen in Kontakt treten, denn Sie arbeiten nur von diesen hohen mentalen und nicht von der astralen Ebene aus.

22/3/78

Hat diese Gruppe durch ihre einzelnen Mitglieder eine besondere Rolle zu spielen?

Diese Gruppe wurde gebildet, um besonders dabei mitzuhelfen, den Weg für den Christus vorzubereiten, sowohl in diesem Land als auch in der übrigen Welt, soweit wir können. Sie hat auch andere Ziele, aber das ist ihre unmittelbare Aufgabe.

Wir bilden auch eine Brücke zwischen der Hierarchie und der Welt, indem wir die Energien und Mitteilungen, die uns von der Hierarchie erreichen, weitergeben. Die letzte Information über die Wiederkehr des Christus wurde 1949 durch Alice Bailey und ihre Lehren übermittelt. Sie hatte sie vom Meister D.K. erhalten.

Mein eigener Meister unterrichtete mich vom Fortschreiten des Planes, von der Tatsache der Gegenwart des Christus in der Welt, und natürlich weiß ich davon seit dem 6. September 1977, als Maitreya Selbst begann, Seine Botschaften durch mich zu veröffentlichen.

28/3/78

Ich wüßte gerne folgendes: Wenn Sie von dem Christus überschattet werden, sitzt Er da an dem Ort, an dem Er sich in der modernen Welt aufhält, und sendet Ihnen die Botschaft?

Er ist, wo Er ist, in einem wohlbekannten Land, und ein Teil Seines Bewußtseins – ich kann nicht sagen wieviel – wahrscheinlich ein winziger Teil Seiner mentalen und emotionalen Ausrüstung – denn es ist nicht nur mentales, sondern auch astrales Überschatten – kommt als Licht, schwebt als Licht herab. Einige von Euch haben es vielleicht gesehen, wenn Ihr hellsichtig seid. Es sinkt auf mich herab und kommt bis zum Solarplexus, es bildet sich eine Art Kegel aus Licht. Dabei strömt auch eine Gefühlswelle über mich. Das mentale Überschatten stellt einen Rapport her, so daß ich innerlich die Worte hören kann. Das astrale Überschatten ermöglicht, daß die kosmische Christusenergie, die man «The True Spirit of the Christ», den Eigentlichen Christusgeist, nennt, zu den Zuhörern und durch sie in die Welt fließt. Auf diese Art geschehen zwei Dinge. Natürlich bleibt Er, wo Er ist. Ein Teil Seines Bewußtseins ist hier, und wenn Er sagt: «Ich bin wieder bei Euch», dann meint Er das wörtlich. Ich spüre Seine Gegenwart, ich fühle einen Teil Seines Denkens in meinem Denken. Das ist schwer zu beschreiben, aber es ist da.

22/3/78

Können Sie uns eine Vorstellung davon geben, wieviele Zentren es in der Welt gibt, in denen Gespräche und Botschaften wie diese stattfinden?

Im Augenblick kein einziges. Dies hier ist der einzige Ort, an dem der Christus öffentliche Botschaften wie diese von sich gibt. Soviel ich weiß, übermittelt in jedem der fünf Zentren (London, New York, Tokio, Darjeeling und Genf) jemand wie ich Informationen über die Wiederkehr des Christus – auf unterschiedliche Art. Nicht notwendigerweise wie ich es heute abend tat, nicht unbedingt esoterisch. Sie könnten auch in mehr traditionellen, orthodoxen Lehren verpackt sein und - soweit ich weiß - nicht öffentlich. Man sagte mir, daß ein Zentrum nur halb funktioniere, so gibt es also mit uns vier und ein halbes.

22/3/78

Gibt es irgendwelche Gründe dafür, daß das nicht in andere, sehr große Zentren wie Paris oder New York weitergetragen wird?

Nun, man nahm an, daß es von den fünf Zentren hinausgehen wird. Ich höre, daß die anderen Zentren nicht so aktiv sind, nicht so organisiert, wie wir es hier glücklicherweise sind. Ich weiß nicht, warum das so ist. Ich glaube, wir sind einfach besser organisiert, das ergab sich so. Wir arbeiten öffentlicher als die anderen Zentren. Die anderen geben diese Informationen eher von Mund zu Mund weiter, privat, nicht in öffentlichen Versammlungen wie diese hier.

Nichtsdestoweniger verbreitet sich jetzt diese Nachricht unter den Menschen auf der ganzen Welt. Seit Juli letzten Jahres haben mir Leute geschrieben und mich angerufen, um mir zu sagen: «Ich glaube, was Sie sagen, weil ich während meiner Meditation eine Art Vision hatte». Es gibt so etwas wie eine innere Überzeugung oder ein inneres Versprechen, das sie glauben läßt, daß der Christus jetzt tatsächlich in der Welt ist. Ich weiß auch, daß diese Nachricht, die ich verbreitet habe, sich als sehr starke Gedankenform auf den verschiedenen astralen und mentalen Ebenen zentriert hat, so daß Sie entdecken werden, daß viele Medien in der Welt sie jetzt empfangen und durchgeben werden.

Gott

Es gibt keinen Grund zu glauben, daß der Mensch im Universum allein ist. Es besteht vielmehr jeder Grund zu der Annahme, daß hinter aller äußeren Erscheinung ein riesiges Bewußtsein steht, das wir Gott nennen. Das Zeugnis aller Weisen und Lehrer über die Zeitalter hinweg deutet darauf hin.

Jede andere Schlußfolgerung würde die Erfahrungen der begabtesten und klügsten Menschen vollkommen außer acht lassen, was ganz unsinnig wäre, da wir doch sonst gerade diese Menschen wegen ihres hohen Formates schätzen.

28/3/78

Sie verwenden das Wort Gott sehr häufig, könnten Sie uns sagen, was Sie unter Gott verstehen? Können Sie Gott definieren?

Seltsamerweise kommt diese Frage nicht oft. Als sie letzte Woche auftauchte, sagte ich, daß es wahrscheinlich diejenige Frage sei, die am schwierigsten zu beantworten ist. Wer bin ich, daß ich sagen könnte, was Gott ist. Wenn ich darüber überhaupt etwas sagen kann, dann würde ich meinen, daß es in gewissem Sinne so etwas wie Gott nicht gibt, Gott nicht existiert. Und in einem anderen Sinn, daß es außer Gott nichts gibt – daß nur Gott existiert.

Für mich ist Gott – ich spreche nun vom Verstand her, von dessen Blickwinkel man Gott nicht erkennen kann, aber da Sie mich um eine Definition gebeten haben (womit Sie um Unmögliches baten), werde ich es versuchen. – Gott ist die Endsumme aller Gesetze und aller Energien, die diesen Gesetzen gehorchen und das sichtbare und unsichtbare Universum bilden – alles was wir kennen, sehen, hören oder berühren, überall im gesamten Kosmos. Jedes erkennbare (manifested) Phänomen ist ein Teil Gottes. Und der Raum zwischen diesen erkennbaren Formen ist Gott. So gibt es in einem sehr realen Sinn nichts außer Gott. Sie sind Gott, ich bin Gott. Dieses Mikrophon ist Gott, dieser Tisch ist Gott. Alles ist Gott. Und weil alles Gott ist, gibt es keinen Gott. Gott ist nicht jemand, auf den Sie weisen und sagen können: «Das ist Gott». Gott ist alles, was Sie jemals kannten und je kennenlernen werden – und auch alles, was über Ihren Erkenntnishorizont hinausgeht.

Jener Gott, der nicht manifestiert, der unerschaffen ist, wünscht, Sich Selbst in allen Seinen Möglichkeiten, Seinen möglichen Aspekten kennenzulernen und inkarniert, verstrickt sich allmählich in seinen Gegenpol, den wir Materie nennen. Geist und Materie sind zwei Pole der Realität oder Gottes. Beide sind Teile der gleichen Gesamtheit. Aber je mehr sie als Pol auseinanderstreben – zueinander auf Distanz gehen - desto eindeutiger erhalten wir Gegensatzpaare: Gut und Böse, Tag und Nacht, Geist und Materie usw. Wir sind gefangen im Dilemma der Gegensätzlichkeiten. Durch den Meditationsprozeß, der uns mit der Zeit zur Erkenntnis und in die Einheit mit unserer Seele, unserem göttlichen Aspekt bringt, können wir diese beiden scheinbaren Gegensätze auflösen. Bei dieser Auflösung stehen wir zwischen ihnen. Dahin kommt der Wissende - er erkennt, daß es weder gut noch böse, daß es nur Eines gibt, daß es nur Gott gibt. Auf diese Art kann man Gott in gewissem Sinn erkennen - aber niemand kann darüber sprechen.

Gott läßt sich von der Stufe, auf der ich stehe und von der aus ich spreche, nicht erfassen. Es ist ausgeschlossen. Gott kann man, glaube ich, fühlen und begreifen als eine Erfahrung nur von einem Augenblick zum anderen, *als DAS, was IST, wenn wir über unsere Gedanken hinausgehen und in jenem Zustand gedankenentleerten Gewahrwerdens verharren, ohne uns selbst zu fühlen.* Dann können wir Gott erkennen. Auf der Stufe, auf der wir stehen, können die meisten von uns Ihn vielleicht für den Bruchteil einer Sekunde oder für ein paar Augenblicke erfahren, aber dieser Augenblick wird ihnen das Gefühl Seiner Unsterblichkeit und Seiner Unendlichkeit schenken. Das ist alles, was man über dieses Erlebnis nachher sagen kann. Es läßt sich beschreiben, aber sobald man es versucht, beschreibt man eine Erinnerung, ein Erlebnis, das nicht länger Gott ist. Es ist etwas, worüber man nicht sprechen kann, was nur von einem Augenblick zum andern aufleuchtet.

Bestimmte Persönlichkeiten, Christus beispielsweise, können einem sagen, wie Gott ist. Das tat Er in Palästina, und Buddha tat es seinerseits. Sie zeigen bestimmte Gottesaspekte, doch bleiben das nur Aspekte (Teilansichten), selbst der Christus vermag nicht mehr. Er kommt jetzt, um einen noch höheren als den Liebesaspekt, den Er früher veranschaulicht hat, zu zeigen. Es ist eine umfassendere Sicht Gottes, die Er nun der Menschheit offenbaren wird. Das ist die Neue Offenbarung.

30/9/76

Alles kommt doch von innen. Die Vorstellung, daß Gott so etwas wie «da draußen» ist, ist absolut falsch, nicht wahr?

Wir werden sehen, daß Gott innen ist, wie Sie sagen - in uns und um uns und auch in und um jeden anderen und alles andere. Gleichzeitig werden wir Gott als ein *transzendentes* Prinzip begreifen, die Quelle allen Seins, offenbart in der Welt der Erscheinungen und doch nicht erschaffen, nicht greifbar hinter allem.

Wir werden Gott auch im planetarischen Sinne verstehen lernen, als Sanat Kumara - als den Herrn der Welt auf Shamballa, die Reflexion unseres Planetarischen Logos oder unserer Planetarischen Gottheit. Bei der dritten Initiation werden wir vor Ihm stehen.

8/3/77

Wenn Gott allgegenwärtig wäre, so wäre das himmlisch. Warum gibt es das Leid?

Sie sind eine Seele, die sich auf der physischen Ebene in einer Persönlichkeit mit einem physischen, emotionalen und mentalen Körper oder Träger inkarnierte. Diese drei machen Ihre Persönlichkeit aus, die auf dieser Ebene eine Reflexion eines großen Gottes ist – Ihrer Seele. Ihre eigene Seele ist identisch mit dem Logos dieses Planeten, von dem wir alle ein Teil sind. Die Ursachen unseres Leides liegen im Grunde darin, daß wir meinen, abgetrennt zu sein; weil wir uns selbst als von Gott getrennt erleben und uns auch wirklich dafür halten. Könnten wir, wie die Meister der Weisheit, die höchsten Eingeweihten, uns von einem Augenblick zum anderen mit allem, was existiert, als Eins und identisch erfahren, würden wir begreifen, daß wir und Gott eine Einheit sind. Wir würden nicht mehr leiden.

Wenn Gott in der ganzen Schöpfung immanent ist, ist Er auch körperlich in uns. Das Körperliche ist Teil Gottes auf einer bestimmten Ebene. Was wir die physische Welt nennen, ist Gott, der sich damit auf dieser bestimmten Ebene offenbart, auf dieser Bewußtseinsebene. Auf der Seelenebene des Bewußtseins manifestiert sich Gott auf viel vollkommenere Weise, und wenn wir ein vollkommenes Seelenbewußtsein hätten, würden wir erkennen, daß Gott und wir Eins sind. Es gibt keine Trennung. Aber weil wir uns mit der Persönlichkeit identifizieren und mit diesem Körper, mit seinem Leid, seinen Hoffnungen, Ängsten, Ambitionen usw., deshalb leiden wir; weil das die Ebene ist, auf die wir Gott reduzieren - durch diese Identifikation. Gewiß, auch sie ist ein Teil Gottes - weil nichts außerhalb ist.

Aber der Teil kann das Ganze nicht in Seiner Gesamtheit sehen. Wenn es uns gelingt, diesen Teil - die körperliche Persönlichkeit - zu einer Verschmelzung mit der Seele zu bringen, dann werden wir Eingeweihte, dann nehmen wir Gott wahr und zeigen Gott in Seinem wahren Zustand.

Das ist der Vervollkommnungsprozeß der Evolution, in dem wir alle stehen, der Prozeß, den die Meister der Weisheit abgeschlossen haben. Sie sind an dem Punkt angekommen, Sie sind ganz mit Gott Eins. Sie erkennen Gott von einem Augenblick zum anderen, weil Sie sich mit Ihm identifizieren. Sie leiden nicht. Worauf ich Sie heute abend hinweisen wollte: Die Meister sind Vorbilder für uns, damit auch wir so weit kommen. Wir leiden jetzt nur, weil wir uns mit dem niederen Aspekt unseres Selbst identifizieren statt mit dem höheren, der Seele. Doch das ist ein Entwicklungsprozeß. Wir können nicht alles auf einmal erreichen. Deshalb ist die Reinkarnation, die Lehre von der Wiedergeburt, eine Tatsache; deshalb brauchen wir sie, um von Leben zu Leben Erlebnisse durchzumachen, Erfahrungen zu sammeln, damit wir immer mehr von unserer Seelenkraft erfüllt und vollkommen werden.

Wird das Ziel der völligen Identifikation mit der Gottheit jemals erreicht werden, oder werden sich diese Zyklen ewig wiederholen?

Das ist individuell verschieden. Im Laufe der Zeit wird jeder Mensch diese Einheit mit Gott erreichen. Sie fragen in Wirklichkeit: «Wie ist das Ende geplant?» Nun, der end-gültige Plan ist im Denken des Logos beschlossen, bis jetzt können wir nur einen Zipfel davon erahnen, den Teil, der uns durch die Indikatoren des ganzen Planes, durch Buddha, Christus, die großen Meister gezeigt wurde und der besagt, was der Wille Gottes mit uns vor hat. Ich glaube, daß letzten Endes dieser Planet sich selbst vervollkommnen muß. Wir haben das Übel, das Böse auf der Welt, weil der Planet nicht ganz, in jedem Aspekt seines Wesens, vollkommen, d.h. völlig eins ist mit dem Solaren Logos – der Selbst nicht vollkommen ist.

Im ganzen Kosmos besteht eine Hierarchie. Verglichen mit dem Sirius z.B. ist unser Sonnensystem ein Neuling, ein sehr unterentwickeltes System. Verglichen mit einem Planeten wie der Venus ist der unsere ebenfalls sehr wenig fortgeschritten. Wenn wir uns so mit den Meistern vergleichen, dann sind wir ebenfalls sehr unterentwickelt; aber gemessen an den frühen Tiermenschen sind wir recht fortgeschritten. Millionen stehen nun auf diesem Planeten an der Schwelle eines großen Schrittes auf das spirituelle Reich zu. Das bedeutet eine enorme Ausweitung des Bewußtseins für die Menschheit als Ganzes.

So meinen Sie also wirklich, daß die menschliche Evolution zur Evolution dieses Planeten beitragen kann?

Oh, unvermeidlich, ja das ist ihre Funktion.

Das Ziel unserer Evolution

27/1/76

Was wird schließlich das Ziel der Evolution unseres Planeten sein?

Eines Tages werden wir Gott erkennen. Wir werden Ihn wirklich kennen, wenn wir uns selbst auf okkulte Weise durch den Prozeß der Initiation und mit Hilfe des Christus und der Meister höher entwickelt haben. Dieser Planet wird wie ein Juwel am Himmel leuchten, und von ihm wird eine besondere Energie ausgehen, ein Strahl von großer Reinheit. Wie alle Planeten, wird der unsere von einem besonderen Strahl regiert; er empfängt Energie und sendet sie aus. Im Augenblick aber ist das Licht, das er aussendet, trüb, weil er nicht vollkommen ist. Er zählt ja nicht einmal zu den heiligen Planeten. Seine Strahlungskraft ist relativ schwach, die Qualität der Farbe gebrochen, unrein. Eines Tages wird unsere Erde durch die Einwirkung des Menschen wie ein Diamant funkeln. Das ist das Endziel dieses Planeten – in den Himmeln in seiner reinsten Form zu erstrahlen und seine besondere Energie in größter Reinheit auszusenden.

22/3/77

Inwieweit zieht es Gott vor, unmittelbar zum Menschen zu sprechen oder an ihm zu handeln, und inwiefern überläßt Er es Vermittlern wie der Hierarchie, die Sie beschreiben?

Gott wirkt immer über Vermittler. Das gilt für jede Manifestation Gottes. Sobald sich Gott inkarniert, sich auf irgendeiner Ebene manifestiert, geschieht das durch die eine oder andere Vermittlung. Er selbst ist gestaltlos und doch in allem, das Gestalt annahm. Der Christus ist ein Mittler. Der Christus ist nicht Gott. Wenn ich sage, «das Kommen des Christus». dann meine ich nicht die Ankunft Gottes, ich meine das Erscheinen des göttlichen Menschen, eines Mannes, der Seine Göttlichkeit sichtbar gemacht hat. Eine Göttlichkeit, die sich durch den gleichen Prozeß, den wir durchmachen - den Inkarnationsprozeß - allmählich vervollkom mnet hat. Die Initiation gewährt einem Menschen allmählich, Stück für Stück, Zugang zum Denken Gottes. Ihm wird immer mehr die Natur der Wirklichkeit klar, und damit wird er immer gottnäher – immer mehr scheint seine eigene Göttlichkeit durch. Die Meister sind dabei zu dem Punkt gekommen, den wir Vervollkommnung nennen, aber es ist eine relative Vollkommenheit. Für uns sind Sie vollendet, weil Sie die Erfahrung dieses Planeten durchgemacht und abgeschlossen haben. Aber Sie sehen große Reiche über sich, Seinszustände, von denen wir nichts ahnen können. Der Christus ist der Höchste unter allen Meistern, aber Er ist nicht Gott und behauptete nie, Gott zu sein. Er ist ein Sohn Gottes, aber das sind wir auch. Doch Er weiß, daß Er es ist – und offenbart es.

Für mich ist Gott die Summe all dessen, was im ganzen sichtbaren und unsichtbaren Universum existiert. Das Unsichtbare wird durch Inkarnation sichtbar, offenbar, das ist der Christus, das Christusprinzip, das große Evolutionsprinzip. Diese Energie – denn es ist eine Energie (es gibt nichts anderes) – ist nicht ein Mensch, aber sie wird durch die Menschen manifestiert, sichtbar. Maitreya, der Christus, ist die Verkörperung jenes Prinzips auf diesem Planeten.

Gott kann nur durch Mittler wirken. Der Grad der Göttlichkeit, der sich manifestiert, hängt völlig von der Evolutionsstufe des Mittlers ab, der Nähe des Mittlers zum Göttlichen Denken durch Einssein. Das ist der Ursprung der Hierarchie.

23/3/77

Was verstehen Sie unter Gott?

Es gibt drei Sonnen – die äußere physische Sonne, die wir sehen– dann das innere Herz der Sonne, aus dem die Energie fließt, die wir Liebe nennen. Das Christusprinzip, das Christusbewußtsein, strömt aus dem Herzen der Sonne, das ist der Sohn-Aspekt Gottes. Und dann gibt es eine zentrale, geistige Sonne, «Gott der Vater» in der Sprache der Christen, von dem der Höchste Spirituelle Wille ausgeht. Diese drei gemeinsam ergeben das Wesen des Logos unseres Sonnensystems. Das ist Gott im systematischen Aufbau näher und versuchte, Ihn aus planetarischer Sicht zu zeigen, weil dieser Planet in Wirklichkeit ein Ausdrucksträger für eine kosmische Wesenheit ist, einen großen Himmlischen Menschen. Er ist ein Zentrum im Gesamtkörper des Gottes unseres Sonnensystems, genauso wie unser Herz-Zentrum ein Zentrum in «unserem System» ist. Der planetarische Logos ist ein kleiner Gott im großen Gott, der der Logos des Sonnensystems ist. Er wiederum ist nur ein kleiner Gott in einem noch größeren galaktischen System – in dessen Zentrum ein anderer großer Gott ist. Das ist die Hierarchie, daher kommt sie. Es gibt Grade der Göttlichkeit, vom niedersten Kristall der Welt der Minerale bis über den galaktischen Gott hinaus, über den wir nichts, gar nichts sagen können. Das ist nicht ein Mensch, sondern eine Große Bewußtheit.

30/8/77

Können Sie etwas über den Logos dieses Planeten und den Logos des Sonnensystems sagen?

Der Logos dieses Planeten ist ein großes Himmlisches Wesen, ein Himmlischer Mensch. Vor 18 1/2 Millionen Jahren inkarnierte Er sich physisch auf diesem Planeten, auf den ätherisch-physischen Ebenen (ätherische Materie ist noch physisch). Auf den beiden höchsten dieser Ebenen ist ein Energie-Zentrum, Shamballa genannt, das Zentrum, «wo der Wille Gottes bekannt ist». Der Logos spiegelt sich als ein Wesen in Shamballa, als der Herr der Welt, der «Alte der Tage» der Bibel. Er hat viele Namen – Sanat Kumara, der Herr der Welt, der Jüngling nie endender Sommer, der König, der Eine Initiator, das Große Opfer. Er kommt von der Venus und hat sich in den 18 1/2 Millionen Jahren insofern geopfert, als Er es ermöglichte, daß sich der Plan des Logos auf diesem Planeten in viel mächtigerer Weise verwirklicht.

Sanat Kumara ist zugleich der Logos und ist es nicht. Er ist das energetische Äquivalent, die Reflexion des Logos, aber Er ist nicht die Persönlichkeit des Logos. Der Logos hat keinen Persönlichkeits-Aspekt. Auch die Meister haben keine Persönlichkeit in der Bedeutung, die wir dem Wort geben. Sie sind lebende Seelen, Sie sind nur Ausdruck der Seelen- und monadischen Natur. Ebenso verhält es sich mit Sanat Kumara, nur auf einem viel höheren Niveau. Er ist die Reflexion des Logos auf der physischen Ebene, so *ist* Er durchaus der Logos. Aber der Logos ist ein Kosmisches Wesen, das diesen Planeten beseelt, dessen körperlicher Ausdruck Er ist. Alles (im Kosmos), auf welcher Ebene auch immer, von der dichtesten körperlichen bis zur höchsten geistigen, alles, ist der Ausdruck eines Gedankens einer großen Kosmischen Wesenheit. Das ist unser unmittelbarer Planetarischer Logos.

Er selbst ist ein Zentrum im Ausdruckskörper eines noch größeren Kosmischen Wesens, des Solaren Logos, der seinerseits zum Logos des Sirius in Beziehung steht wie unsere Persönlichkeit zu unserer Seele. Unsere Persönlichkeit ist eine Reflexion der Seele auf dieser Ebene. Ebenso ist, nur auf einer kosmischen Ebene, dieses Sonnensystem die Reflexion einer noch größeren Wesenheit, die die Seele des Sirius ist. Wie unsere Seele auf ihrer Ebene eine Spiegelung eines noch größeren Wesens ist, das wir die Monade oder den Geist nennen, den Funken Gottes, so ist auch der Sirius eine Reflexion. Wir sind in Wirklichkeit eine Dreiheit – Geist, Seele, Persönlichkeit. Genauso ist es mit den Sonnensystemen. In den Himmeln besteht ein Dreieck zwischen unserem Sonnensystem, der niedersten und dichtesten Ausdrucksebene – dem Sirius, der der Seelenebene im Menschen entspricht – und dem Großen Bären, der der Monade oder dem Geist im Menschen entspricht. Das ist ein großes kosmisches Dreieck, und die Energien der Sieben Strahlen sind tatsächlich der Ausdruck des Lebens sieben großer Wesenheiten, die sieben Sterne im Großen Bären beseelen. Diese Formation wiederholt sich im gesamten Kosmos.

Der Logos dieses Systems ist auf dem Zweiten Strahl der Liebe und Weisheit, so daß für unser Sonnensystem Gott die Liebe ist. Alle anderen Strahlen drücken sich als Nebenstrahlen dieses Hauptstrahls der Liebe aus, der sie zu einer Synthese vereint.

Das große Gesetz von Ursache und Wirkung kommt vom Sirius, wird durch die kosmische Energie des Sirius geschaffen, dessen Reflexion unser Sonnensystem ist.

Gnade

22/9/77

Was entspricht im Okkulten oder Esoterischen dem, was die Kirche «Gnade» nennt?

In der Tradition des Ostens gibt es natürlich auch den Begriff der Gnade. Es gibt die Gnade des Guru – wenn der Guru seinen Segen erteilt, empfängt man Gnade. Gnade ist eigentlich die Übertragung von Energie. Wenn ein Guru oder Meister – wie immer man ihn nennt – seinen Jüngern oder Schülern den Segen gibt, überträgt er Energie auf sie. Sie leben in der Glut seiner Liebe, und das ist eine Energie - sie leben nicht nur einfach «in» seiner Zuneigung, sondern tatsächlich in dieser Glut und in ihrer Reaktion auf diese Energie seiner Liebe. Das ist Gnade.

Es ist die gleiche Art von Gnade, die Christen meinen, wenn sie davon sprechen, «im Stande der Gnade» zu sein. Man ist dann im Zustand der Reinheit des Herzens und des Denkens und kann dadurch die Liebe des Guru, in diesem Fall des Christus - empfangen. Der Christus ist der Guru der Christen, als Maitreya ist Er auch der Guru der Buddhisten. Es ist dieser Energiefluß, dieser ungebrochene Kontakt von Herz zu Herz, der die Gnade übermittelt.

Wenn ein Mensch nicht im Stande der Gnade ist, dann hat er das Gefühl, gesündigt zu haben. Leider fühlen sich schrecklich viele Leute nicht im Stande der Gnade, weil sie so erzogen wurden, Sünden zu «begehen», die eigentlich keine sind und von den meisten Menschen auch nicht so empfunden werden, aber sie umwölken das Herz. Nur wenn das Herz klar, rein, weder mit Schuld- noch mit Haßgefühlen belastet ist, kann man im Stand der Gnade sein. Wenn man sich selbst mag und dadurch allem anderen und jedem anderen Liebe entgegenbringt, dann ist man im Stand der Gnade. Dann ist das Herz rein, und von den höheren Quellen strömen die Strahlen der Liebe ein, die letztlich von Gott Selbst kommen. (Ihre Vermittler sind die Gurus – der Christus, der Buddha und viele andere Gurus von geringeren Graden.) Dann ist die Verbindung hergestellt, und man ist in einem Zustand der Gnade.

Ich denke, Ihre Formulierung «das Herz ist umwölkt», ist ein sehr eindringlicher und treffender Ausdruck. Manche Leute sagen, sie gehen im Schatten, und dann erleben sie jemanden, der tatsächlich, wenn auch nur in geringem Maß, Liebe für sie empfindet, und der Schatten verschwindet.

Ja, es hebt die Schuld auf, den Selbsthaß und dadurch den Haß auf die anderen, denn der Haß auf die anderen ist einfach die Projektion des eigenen Hasses.

Manche Menschen haben Schwierigkeiten, sich selbst zu verzeihen. Was können sie dagegen tun?

Anfangen, sich selbst zu verzeihen. Die Menschen müssen einsehen – und sie werden es unter der Anleitung des Christus und der Meister lernen – daß Göttlichkeit eine Folge von Stufen ist. Die Menschen verzeihen sich selbst nicht, weil ihnen von Kindheit an die Vorstellung vom vollkommenen Benehmen eingehämmert wurde – immer wieder, in jedem Stadium von Geburt an; und daß sie, wenn sie Christen sind, irgendwie wie Christus sein müssen, oder wenn sie Buddhisten sind, wie Buddha usw. –was natürlich unmöglich ist. Wir können nicht plötzlich wie Christus sein, aber wir können wie ein werdender, ein künftiger Christus sein. Eines der Probleme rührt daher, daß die Kirchen Christus von der Menschheit entfernt haben. Die orthodoxe Lehre predigt durch die Jahrhunderte, daß der Christus nun «da oben» im Himmel zur rechten Hand Gottes sitzt und man könne Ihn nur durch die Berichte über Sein Wirken damals in Palästina kennenlernen; wie Er starb für unsere Sünden, und folglich «du armer, kleiner Sünder, wenn du sündigst, dann verleugnest du dieses schreckliche Opfer, das Er brachte», usw. Eine ungeheure Last an Schuldgefühl wird den Menschen aufgebürdet, und deshalb können sie sich nicht verzeihen, wenn sie zwei Pflaumen gestohlen haben. Von Kindheit an wälzt man diese schwere Schuld auf uns. Dagegen hätte der Christus von den Kirchen so dargestellt werden müssen, wie Er ist – ein lebendiger, aktiver, arbeitender Mensch, gegenwärtig in der Welt, allerdings ein göttlicher Mensch, in demselben Sinn, wie auch wir göttlich sind. Nur sind wir erst auf dem Weg dorthin, wo

Er schon ist: einer, der sich vervollkommnet hat, die Göttlichkeit erreicht hat, sie offenkundig erwiesen hat. Das ist der Unterschied zwischen Ihm und uns. Aber dadurch, daß es Ihm gelang, wurde Er ein Garant dafür, daß wir es auch zustandebringen werden.

Es ist also leichter, göttlich zu sein und Christus-gleich, als die Kirchen glauben, und gleichzeitig ist es schwerer. Einfach zu sagen «Seid wie Christus» oder «Seid gut» oder dergleichen, macht es nicht möglich. Sie haben nicht den Weg gezeigt. Sie sagen «Tu, was ich dir sage», aber das zeigt nicht den Weg. Der Christus wird den Weg zeigen – was sagte Er letzte Woche: Er wird zeigen, «daß der Weg zu Gott ein einfacher Pfad ist, den alle Menschen gehen können». So ist es, ein einfacher Pfad, den alle Menschen einschlagen können – Religiöse und Areligiöse – solche, deren Weg durch die Politik führt, durch die Wirtschaft oder das Erziehungswesen etc., keineswegs allein über die Religion. Der Weg zu Gott ist breit genug für alle Menschen.

Während der Vorträge in den letzten drei Jahren über die bevorstehende Wiederkehr des Christus hat mir meine Erfahrung gezeigt, einige von Euch wissen es, daß die Menschen zwar verzweifelt wünschen, daß der Christus wieder in die Welt kommt, aber zugleich fürchten sie sich bei dem bloßen Gedanken daran. Er erfüllt sie mit einem ehrfürchtigen Schauer und mit Angst. So könnten sie zurückweisen, was sie am tiefsten wünschen, weil sie das Gefühl haben: «So wie ich weiß, daß ich bin, könnte ich nicht vor dem Christus stehen, diesem Einen, und Ihm ins Antlitz schauen» – wobei sie vergessen, daß Er, als der Herr der Liebe, zugleich auch der Herr des Vergebens ist, und nicht nur das, auch daß er nicht einmal richtet. Er weiß alles – wo war Er denn schließlich die ganze Zeit über! Sie waren nicht verborgen vor Ihm, Er sieht sie nicht zum ersten Mal.

Aber die Kirche würde sagen «Das ist Blasphemie», nicht wahr?

In der Tat. Ja, wenn es Blasphemie ist, dann ist es Blasphemie. Was soll man da noch sagen! Bald werden alle Menschen wissen, daß der Christus ein sehr schlichter Mensch ist und nicht ein Richter. Er kommt, weil Er die Menschheit liebt. Das ist der tiefste Grund für Seine Wiederkehr. – Weil es der Wille Gottes ist, und weil Er die Menschheit liebt. Er reagiert auf ihren Hilferuf, der zu Ihm drang während des großen Krieges und danach, und immerfort zu ihm aufstieg – Er folgt diesem Rufen. Aber Er kommt als ganz einfacher Mann, der, weil Er ist, der Er ist, alle unsere kleinen Schwierigkeiten durchschaut und uns trotzdem liebt – wie eine Mutter all die kleinen Stibitzereien und Schwindeleien ihrer Kinder kennt, aber sie dennoch liebt, wenn sie Vernunft und Gefühl hat. So ist es, genauso ist es wirklich.

Das Gesetz der Liebe

12/10/79

Könnten Sie das «Gesetz der Liebe» näher erläutern?

Wie die Hierarchie sagt, ist das Gesetz der Liebe das Grundgesetz unserer Existenz. Wir leben in einem Sonnensystem, dessen Wesen Liebe ist. Vor 2000 Jahren kam der Christus, um einen neuen Gottesaspekt aufzuzeigen, den wir Liebe nennen. Er stellte Gott als einen liebenden Vater dar – natürlich nicht als einen alten Mann mit weißem Bart – einen, dessen Natur im Kern Liebe ist. Liebe ist eine große kosmische Energie, die aus dem Herzen der Sonne fließt.

Es gibt drei Sonnen: die physische Sonne, die wir sehen, das innere Herz der Sonne, aus dem die Liebe strömt, und die spirituelle, geistige Sonne, aus der der Spirituelle Wille kommt. Diese drei Aspekte – der Intelligenzaspekt, der die Aktivität der äußeren Sonne ist, der Liebesaspekt der inneren und der Spirituelle Wille der Zentralen Geistigen Sonne – gehören zu Gott, wie wir Ihn in diesem Sonnensystem kennen. Wille, Liebe und Intelligenz gemeinsam bilden die Manifestation Gottes.

Jedes Individuum, jeder Planet und jedes Sonnensystem wird von bestimmten großen kosmischen Kraftströmen, die wir Strahlen nennen, gelenkt. Es gibt deren sieben. Unsere Seele, unsere Persönlichkeit, unsere verschiedenen Körper – die physischen, der emotionale und mentale – sind einem dieser Strahlen zugeordnet, die ganz verschieden voneinander sein können. Die Natur der Gottheit, die unser Sonnensystem beseelt, ist in ihrem ganzen Wesen Liebe. Sie verkörpert den Zweiten Strahl der Liebe/Weisheit. Sie ist vollkommene Liebe, die alles durchdringt und alle Aspekte verbindet. Sogar der Willensaspekt ist in diesem Sonnensystem dem Zweiten Strahl untergeordnet.

Liebe ist wahrhaftig eine große magnetische, bindende Kraft. Sie hält die Atomteilchen zusammen, ihre magnetische Anziehung bindet im ganzen Universum diese Teilchen als Bausteine der Natur aneinander. Die Energie der Liebe erhält alles am Leben und verbindet alles untereinander, auch die Atome unseres Körpers, die sie in gesetzmäßiger Weise vereint, wie es dem Bauplan unseres Logos, der uns erschaffen hat, entspricht. Wir sind als Gedanken dem Denken des schöpferischen Logos unseres Planeten entsprungen.

Diese gewaltige Energie der Liebe durchströmt alles, angefangen bei der kosmischen, magnetischen Kraft, bis zu dem, was wir Gefühl, Freundschaft, gutes Einvernehmen, Zuneigung oder Liebe nennen. Allerdings ist «Liebe», wie wir sie verstehen, etwas ganz anderes als die Liebe, die die Meister kennen. Sie nennen Liebe «reine Vernunft» oder Buddhi. Es ist lebendiges Verstehen, Liebe mit Weisheit vereint, eine völlig unpersönliche, aber *alles einschließende*, zusammenhaltende, bindende Kraft, die alle Menschen und alles umfaßt und verbindet. Es ist die Energie, die aus der Menschheit eine Einheit macht. Die Menschheit ist nicht nur eine «Vereinigung» (unity), sie ist eine «Einheit» (unit), ein aneinander geschweißtes Ganzes, und jeder Teil dieses Körpers wird mit den anderen in einer dynamischen Beziehung durch die Energie der Liebe zusammengehalten. Das bedeutet, daß sie ein Wesensbestandteil unserer Natur ist. Wenn wir Haß oder anderes als Liebe zur Schau tragen, dann ist das nur Liebe in verzerrter Form. Guter Wille ist Liebe auf der niedrigsten Stufe, Haß ist Liebe auf der Kehrseite der Medaille. Liebe ist im Universum allgegenwärtig, ja, es könnte ohne sie überhaupt nicht existieren. Es gibt andere, höhere Aspekte als Liebe – und der Christus kommt, einen solchen uns zu erschließen, der die Liebe überhöht. Das ist die Neue Offenbarung.

Es war das große Werk des Christus vor 2000 Jahren, daß Er den Menschen zeigte, daß die Liebe ihre wahre Natur ist. Da sie zur Natur Gottes gehört und der Mensch nach Seinem Ebenbild geschaffen ist, muß sie ja auch zum Menschen gehören. Er, der Christus, macht auch klar, daß der Mensch dadurch, daß er die Liebe lebt, zu Gott findet und so Gott erkennt, und zwar nicht als alten Mann, der im Himmel sitzt, sondern in sich selbst, in seinen

Mitmenschen und in allem, was ihn umgibt. Er beginnt zu erfassen, daß es in Wirklichkeit nichts als Gott gibt, dessen Wesen Liebe ist, und daß es ohne die Liebe nichts gibt, auch keine Welt geben kann. Wenn wir daher diese Liebe nicht wahrmachen, deren Ausdruck Brüderlichkeit ist, werden wir uns selbst zerstören. Das ist es, was der Christus jetzt lehrt und weiter lehren wird. Liebe ist *das* Fundament unseres Wesen, und wenn wir sie nicht wirklich leben, können wir nicht weiterleben. Sie drückt sich in *rechten Beziehungen* aus, die durch Teilen und Gerechtigkeit gegenüber allen entstehen.

Seele und Reinkarnation

14/2/78

Bei einer früheren Zusammenkunft erwähnten Sie, daß jeder Mensch mit drei Hauptzielen inkarniert. Können Sie uns sagen, wie man diese Ziele herausfinden soll?

Durch Meditation. Um den Zweck der eigenen Inkarnation herauszufinden, muß man sich seiner Seele bewußt werden, und der Weg dazu ist die Meditation. Das Streben, der Dienst und die Meditation öffnen den Kanal zwischen dem physischen Gehirn und der Seele. Man nennt ihn (indisch) Antahkarana. Durch diesen Lichtkanal fließt die Energie der Seele in ihren Träger, d.h. in uns selbst, als inkarnierter Mann oder inkarnierte Frau. So strömt das Wissen, die Erkenntnis des Ziels und die Liebesnatur der Seele in uns ein. Da sich das in uneigennützigem Dienst auswirkt, kann man den Zweck jedes gegebenen Lebens erkennen. Ich möchte nicht behaupten, daß jeder, der meditiert, mit Sicherheit das Ziel seiner Seele erkennt, aber wenn es geschieht, dann auf diesem Weg.

In der Praxis werden Sie finden, daß dann, wenn sich der seelische Impuls stark in der Persönlichkeit ausdrückt, der Betreffende sich instinktiv einem Bereich zuwendet, in dem er den Zweck oder die Absicht seiner Seele verwirklichen kann. Das seelische Ziel aller Inkarnationen ist natürlich immer die Herstellung der rechten menschlichen Beziehungen untereinander.

Dienst

28/3/78

Warum ist der Dienst so wichtig?

Der Dienst ist der Hebel, der die Evolution in Gang setzt. Durch
ihn lernen wir, uns mit dem zu identifizieren, dem wir dienen, und
damit vollzieht sich eine Verschiebung unseres Zentrierungs-
punktes vom Persönlichen, Egozentrischen, zum Unpersönlichen,
Selbstlosen. Dadurch identifizieren wir uns zunehmend mit immer
mehr. Der Weg ist der Dienst. Deshalb wurde er von Christus in
Palästina so betont, weil er Ansatzpunkt für den Evolutionsprozeß
ist. Denn wenn wir zu dienen beginnen, werden wir immer mehr
dezentralisiert, und wenn wir uns mit immer mehr identifizieren,
tun wir dies schließlich mit allem, was existiert, und wenn wir *das*
können, *sind* wir alles, was es gibt. Dann befreien wir unsere Göttlichkeit, dann sind wir göttlich.

19/3/76

*Man sagt, daß sich in diesen Übergangsepochen zwischen Zeitaltern
zwei Arten von Seelen inkarnieren, die des endenden und die des
anbrechenden Zeitalters – voneinander vollkommen verschiedene
Gruppen.*

Die Mehrheit der Seelen, die zur Zeit inkarniert sind, gehören zum
Zeitalter der Fische. Sie sind von der Fische-Erfahrung geprägt.
Aber in jedem Jahr kommen immer mehr Seelen zur Welt, deren
Einstellung im wesentlichen, in der Strahlenqualität, dem Wasser-
mann entspricht. Im Zeitalter der Fische herrschte der große
Sechste Strahl vor, der Strahl des Abstrakten Idealismus oder der
Devotion. Dieser Einfluß verschwindet jetzt rasch, aber er prägt
noch völlig unsere Institutionen und Vorstellungen. Noch ist es der
beherrschende Strahleneinfluß; alles ist so stark von ihm gefärbt,
daß man sagen kann, wir befinden uns noch im Zeitalter der
Fische. Aber mit jedem Tag nehmen die Wassermann-Energien
und der Siebente Strahl der Ordnung oder des Rituals an Gestal

tungskraft mächtig zu. Das bewirkt Synthese. Der Siebente Strahl verbindet die beiden, Geist und Materie, in einer Synthese. Dieser vermittelnde, in Beziehung setzende Strahl verschwindet nie für lange Zeit, höchstens für etwa 1500 Jahre. Seine Aufgabe ist es, das Spirituelle und Idealistische herunter auf die physische Ebene zu bringen und es hier Gestalt annehmen zu lassen. Im Neuen Zeitalter wird durch die mächtige Dominanz dieser Energie der Gedanke und das Ideal der Brüderlichkeit, des Teilens, der Rechtschaffenheit, des guten Willens – alles Ideale, die wir längst haben, aber nicht verwirklichen – in die Tat umgesetzt werden.

Immer mehr Egos auf diesem Strahl werden sich im Laufe der nächsten 2000 Jahre inkarnieren. (Jedes Zeitalter dauert ungefähr 2000 Jahre und überschneidet sich mit dem nächsten; wir sind in der Überschneidungsphase.)

Es ist eine Tatsache, daß in jeder Generation Seelen inkarniert werden, die mit dem Wissen, der Energie und dem «Know-how» ausgerüstet sind, die sie brauchen, um die Probleme anzupacken, die sie erwarten. Aufgrund des Gesetzes werden wir gruppenweise inkarniert, und jetzt kommen wieder, zum ersten Mal seit Jahrhunderten, bestimmte Gruppen von relativ hoch entwickelten Seelen in die Welt. Ihr Ziel ist es, die Rehabilitation, die Rettung der Welt zu übernehmen, was notwendig ist, bevor wir in das Wassermann-Zeitalter in einer Weise eintreten können, die der geistigen Natur dieses Zeitalters entspricht.

19/3/76

Sie sagen, es inkarnieren sich derzeit Seelen gruppenweise, um verschiedene Vorarbeiten usw. zu leisten. Wahrscheinlich haben wir eine Menge Leute hier, die diese Aufgaben nicht übernehmen können, weil sie noch gar nicht die Ebene erreicht haben, um zu erkennen, daß etwas geschehen muß. Werden diese Menschen auch in Gruppen inkarniert?

Ja, es ist in der Tat eine Frage der Entwicklungsstufe (wie Sie sagen). Den Durchschnittsmenschen zieht es magnetisch zur Erde, weil seine irdischen Wünsche dazu drängen und ihn an die Welt binden. Die Verstrickungen des Karma, Ursachen und Wirkungen, die wir auslösten, schaffen Gruppen, Familien-bande und noch weitreichendere Bindungen, die gemeinsame Inkarnationen nach sich ziehen, um die Auswirkungen und Auflösungen zu ermöglichen.

Die Erfahrungen der Seele

12/4/77

Stehen demjenigen, der sich inkarniert, in jedem einzelnen Leben immer alle Erfahrungen der Seele, die sie in vergangenen Leben gesammelt hat, zur Verfügung oder jeweils nur ein Teil davon?

Auf der Seelenebene ist natürlich die gesamte Erfahrung gespeichert. Nichts, das je geschah, kein Gedanke, kein Gefühl, keine Empfindung, keine Erfahrung irgendeiner Art, die nicht ihre Spiegelung, ihren «Widerhall» im Kausalkörper hinterlassen, in dem Ausdrucksträger der Seele auf der Kausalebene, der höchsten der vier mentalen Ebenen. Als Persönlichkeiten sind wir Träger der Seele ebenso wie sie die Reflexion des übergeordneten Wesens, des Geistes oder der Monade ist. Aber in uns, dem Träger, zeigt sich immer nur ein winziger Bruchteil der Erfahrung und geistigen Größe, der Kraft, Weisheit und Liebe der Seele. Deshalb sind wir noch hier. Die Natur der Seele ist Liebe. Das Wesen und das Ziel der Seele ist es, zu dienen. Nicht nur, um Erfahrungen zu sammeln, kommen wir auf diese Welt, sondern auch, um zu einem großen Opfer unseren Teil beizutragen. Der Wille zu dienen treibt uns zur Inkarnation. Denn die Seele bringt ein Opfer, wenn sie sich in der niederen Ebene dichter physischer Materie widerspiegelt. Es ist eine Begrenzung und Behinderung für sie, sich auf diese Ebene zu begeben, und so stellen wir auf dieser Stufe immer nur einen Bruchteil unseres wirklichen Potentials dar. Doch durch den Evolutions- und Initiationsprozeß können wir allmählich immer mehr unser eigentliches seelisches Potential manifestieren: die Liebesnatur, die Intelligenz, und mit der Zeit auch die Willensnatur der Seele. Langsam werden wir zu dem, was man eine von der Seele durchdrungene Persönlichkeit nennt – ein vergeistigtes Wesen, wie wir es alle immer sehr bewundern, wenn wir einem begegnen. Aber das bedeutet für uns einen langsamen Evolutionsprozeß, der nie vollendet ist, bevor man nicht die dritte Initiation erreicht hat. Dann wird man verwandelt. Deshalb heißt diese Initiation die «Transfiguration». Damit wird man wirklich und tatsächlich ein geistiges Wesen und von da an göttlich.

19/3/76

Stimmt es, daß alle Menschenseelen wirklich alle Erfahrungen machen dürfen – die des Widderzeitalters, des Fische- und Wassermann-Zeitalters, – oder sind jeweils dazu bestimmte Seelen ausersehen?

Das hängt vom Evolutionsgrad der Seele ab. Wenn sie sehr fortgeschritten ist, braucht sie nur selten auf die Erde zurückzukommen. Aber die große Mehrheit geht durch sehr rasche Inkarnationszyklen, denn sie benötigt die Erfahrungen und muß daher immer und immer wiederkehren. Aber die sehr alten und entwickelten Seelen können auch mehrere hundert Jahre warten, bis die Situation, ihnen angemessene Manifestationskörper zu schaffen, günstig ist. Jetzt inkarnieren sich Seelen, die wirklich sehr lange nicht auf der Erde waren. Sie kommen nun gemäß dem Gesetz, dem Plan, und werden in der Menschheit in der vordersten Linie stehen. Die meisten von uns inkarnieren sich jedoch sehr häufig.

14/2/78

Als Sie die vorhergehende Frage beantworteten, erwähnten Sie die Seelen, die zur Zeit darauf warten, inkarniert zu werden. Ist die Menschheit etwas Einzigartiges im Universum, oder gibt es noch irgendeine andere Menschheit im All?

Menschen sind überall im Universum. Der Mensch ist ein Prinzip. Er ist das, was entsteht, wenn sich Geist und Materie verbinden – und Geist und Materie sind überall. Wenn das Ungeschaffene in die Schöpfung eintritt, die ersten Schritte in der Erscheinungswelt macht, wenn die beiden Pole Seines Wesens – die wir einerseits

Geist und auf der weitest entgegengesetzten Seite Materie nennen, die aber natürlich Teile des einen Ganzen sind – wenn diese beiden zusammentreffen am Ort ihrer Begegnung, dann wird der Mensch geboren. Die Ursprünge, männlicher Geist und weibliche Materie, zeugen den Menschen, der überall ist und nicht allein auf diesem Planeten oder in diesem Sonnensystem. Er ist unendlich im All.

Wie steht es dabei mit seinem chemischen Aufbau – ist der verschieden?

Er ist von Planet zu Planet verschieden, denn er hängt von der besonderen planetarischen Erscheinungsform ab. Die Venus und der Mars sind bewohnt, aber wenn Sie dorthin gingen, würden Sie niemanden sehen, weil man dort ätherische Körper hat. Nur wenn Sie die ätherische Schau hätten, könnten Sie sie sehen.

Sind sie immer auf dieser ätherisch-physischen Ebene gewesen?

Nein, das ist eine Entwicklung. Eines Tages wird auch unser Planet sich – physikalisch gesehen – verfeinern, da sein materieller Aspekt durch den Evolutionsprozeß, und vor allem unter der Einwirkung des Menschen, angehoben und auf okkulte Weise erhöht wird und sich so vergeistigt. Die Erde wird langsam das werden, was sie einmal war, ätherische Natur. Zuvor werden natürlich die Menschen und die niederen Reiche in Formen von immer feinerer Substanz existieren. Mit der Zeit wird unser Planet ein Stadium erreichen, in dem der heutige physische Körper des Menschen zu grobstofflich sein und nur noch auf der ätherischen Ebene funktionieren wird, wie es einmal war. Es spielt sich zuerst ein Involutionsprozeß «abwärts» ab und dann die Rückkehr durch Evolution, zurück zur Quelle. Vor der lemurischen Rasse, der ersten wirklichen Menschenrasse, gab es zwei noch ältere, ätherische und nicht eigentlich menschliche Rassen. Nun wird die Rückreise angetreten, befrachtet mit all der Erfahrung und der Seelen-Infusion, die inzwischen stattgefunden hat – gemäß dem Plan.

Damit sind wir eigentlich sich vergeistigende Materie, die sich auf geheimnisvolle Weise emporhebt. Durch die Inkarnation in der Physis dienen wir dem Plan des Logos. Die Seele begrenzt sich selbst durch ihr Eintauchen in die Materie und bringt sie zurück zum Geist, bereichert um all die Erfahrung bei der Verbindung mit ihr.

Meditation

14/6/77

Sind Sie der Meinung, man sollte eine bestimmte Form der Meditation anwenden?

Nein. Es gibt für jeden Menschentyp eine ihm gemäße Meditation. Ich meine das wörtlich, denn es gibt ja Hunderte von Arten der Meditation: für jeden einzelnen, auf jeder Entwicklungsstufe, für jeden Strahlentyp, für jede Denkart, Tradition und jeden individuellen Hintergrund. Sie weichen alle voneinander ab, und man kann nicht sagen, daß es an einem bestimmten Punkt der Entfaltung nur *einen* Weg gibt für Sie, bei Ihrer Strahlenstruktur, Ihrem Hintergrund, Ihrer Schulung, Ihren Lebenserfahrungen etc..
Meditation ist in Wirklichkeit eine mehr oder weniger wissenschaftliche Methode, um allmählich den Kontakt mit seiner Seele zu erreichen und schließlich die Führung durch sie, d.h. daß die Seele ihren Träger, den inkarnierten Menschen, unter Kontrolle hat. Was immer die Meditation sonst sein mag, immer ist sie der Anfang eines Prozesses in dieser Richtung oder ein sehr dynamisches Ergebnis von Kontakt mit der Seele und Beherrschung durch sie.

14/6/77

Halten Sie es für nötig, darin Unterweisung zu haben?

Ich würde sagen – das ist schwer zu beantworten – probieren Sie einige, vielleicht ein halbes Dutzend Wege aus. Wählen Sie dann, was Ihnen richtig erscheint – was Ihrem Gefühl entspricht und was Sie meinen, daß Sie es brauchen. (Damit meine ich nicht, was

Ihnen zu Erlebnissen verhilft. Die meisten Leute glauben, man meditiert, um innere Erlebnisse zu haben. Das ist es nicht. Sie mögen innere Erfahrungen haben, aber die sind Nebensache.) Der wahre Zweck besteht darin, daß Sie mit Ihrer Seele in Kontakt kommen und sich mit ihr auf eine Linie bringen. Durch Meditation bilden Sie eine Brücke, einen Lichtkanal zwischen dem physischen Gehirn und der eigenen Seele. Der Sanskrit-Ausdruck ist dafür Antahkarana. Durch diesen Kanal strömt die seelische Energie in den Träger. Die Meditation hat mit der allmählichen seelischen Durchdringung des Individuums zu tun, d.h. mit der zielgerichteten Energie der Liebesqualität und dem Intelligenzaspekt der Seele.

Das sind Aspekte der Seele, weil es göttliche Aspekte sind. Die Seele und Gott sind identisch. Die Seele ist Teil einer großen Überseele, die mit Gott gleich ist. In der individuellen Seele findet sich das Potential aller Göttlichkeit. Die Seele ergießt ihre Energie in ihren (physischen) Träger und allmählich, Stufe für Stufe (das kann viele Leben erfordern, aber irgendwann muß es dann geschehen), ist die Persönlichkeit völlig von der Seele durchdrungen. Sie wird göttlich, verwandelt. Von da an ist dieser Mensch ein Göttliches Wesen.

8/3/77

Ist es notwendig, in Gruppen zu meditieren?

Nein, es ist nicht notwendig, aber es ist eine äußerst wirksame Form der Meditation.

Die Meditation heute abend hier ist natürlich eine Transmission von Energie, und die Teilnehmerzahl verbürgt Sicherheit. Heute Abend wurde z.B. eine ungeheure Energie in diesen Raum entsandt, aber gefahrlos, weil sie sich auf viele Teilnehmer aufteilt. Es können weit größere Energiemengen durch gemeinsam Meditierende strömen als es der Fall wäre, wenn die gleichen Personen irgendwo allein säßen. Ihre Energien könnten zwar zusammentreffen, aber dann hätte man wieder eine Gruppe.

Man ist entweder eine Gruppe auf der physischen oder auf der inneren Ebene. Seelen existieren in Gruppen. So etwas wie verein-

141

zelte Seelen gibt es nicht – immer gehören sie zu einer Gruppe. Das ist etwas, was wir im kommenden Zeitalter begreifen werden: daß die Hierarchie eine Gruppe ist und die Menschheit ebenfalls. Es gibt nur Seelengruppen, jeder gehört einer davon an.

8/3/77

Sicher kommen Menschen, wenn sie meditieren können, trotzdem auch allein auf die Seelen-Ebene, ohne einer Gruppe anzugehören?

Sie müssen nicht alle in einem kleinen Zimmer beisammen sein, aber es gibt keine bessere Art der Meditation als Gruppenmeditation, denn nur bei der Gruppenformation können die Erfordernisse des Neuen Zeitalters sicher erfühlt und erfüllt werden. Wir bewegen uns auf ein Zeitalter der Synthese zu, auf Gruppenmanifestation. Die Lehren und die Werte, die in die Welt getragen oder von der Menschheit erahnt werden, treten in Gruppenbildungen auf und nicht durch Individuen wie in der Vergangenheit. Damals haben sich hochentwickelte oder sensitive Einzelne in die Gedankenformen, die im Gedankengürtel der Welt liegen, eingeschaltet und erspürt, was von den Meistern eingespeichert und mit Energie versorgt worden war. Diese Einzelpersonen förderten die Ideen zutage. Von Gruppen und einzelnen ausgestreut, verbreiteten sie sich dann über die ganze Welt. Die «Erfinder» wurden zu Idealfiguren jeder beliebigen Epoche. In Zukunft wird sich das ändern, ja, es beginnt schon, sich zu ändern.

Das Wiedererscheinen des Christus in Palästina wurde von dem Jünger vorbereitet, den man Johannes den Täufer nennt. Heute ist die Wiederkehr des Christus in einem weiteren Sinn von vielen Menschen vorbereitet worden, von einigen Millionen in der Welt. Die Neue Gruppe der Weltdiener ist der heutige Johannes der Täufer.

Die Hierarchie arbeitet in Gruppenformation. Das ist der zukünftige Weg der Menschheit. Ebenso ist es mit der Meditation. Es ist weder möglich noch richtig und konstruktiv, sich in der Stille zu entfalten, ohne zugleich die Herausforderung, die Pflicht und den Dienst auf sich zu nehmen. Für die gegenwärtigen Adepten und Jünger ist die Norm die Gruppenbildung, die Gruppenmeditation und der Dienst in der Gruppe. Von Christus wird jeder Dienst vertausendfacht. Für jeden Schritt, den wir der Hierarchie entgegengehen, kommt sie zwanzig Schritte auf uns zu. Daher gibt es kein wirksameres Mittel, sich zu entfalten, als Meditation innerhalb der Gruppe. Nicht, daß es anders nicht auch möglich wäre, aber es ist einfach besser in einer Gruppe.

10/2/77

Ist es wirklich nötig, daß wir bei dieser Transmission von Energien die Augen schließen?

Es ist besser, die Augen zu schließen, aber es ist nicht nötig. Wenn Sie darin wirklich Übung haben, können Sie sprechen, ein Buch schreiben oder lesen – was immer Sie am besten können – singen, Briefe schreiben, irgendetwas tun. Aber wenn Sie darin nicht erfahren sind, brauchen Sie Konzentration, und diese Energien werden wirklich auf sehr hoher Ebene übertragen, sie kommen und gehen – es gibt Höhen und Tiefen. Auf den Höhepunkten braucht man unbedingt Konzentration.

Wenn Sie sich auf das Zentrum konzentrieren, folgen die Energien ihrem Gedanken. Das ist ein ausgesprochener Grundsatz im Okkultismus – daß alles überall in der Welt Energie ist und daß die Energie dem Gedanken folgt, sich ihm anpaßt. Wenn Sie im Ajna-Zentrum anwesend sind, lenken Sie die Energie dorthin; es ist die «Schaltzentrale» oder auch das Herzzentrum im Kopf. Einige Leute sagen: «Ich transmittiere über das Herzzentrum». Das ist gut so. Man kann nicht durch das Ajna-Zentrum ohne Beteiligung des Herzzentrums Energie übertragen. Das «Schaltzentrum» ist die Ebene, auf die wir uns konzentrieren sollten. Die meisten Leute konzentrieren sich dagegen auf den Solarplexus. Das sind in ihrem Bewußtsein buchstäblich Atlanter, und ihre Aufmerksamkeit ist auf der astralen Ebene zentriert. Die modernen Menschen sollten sich auf der mentalen Ebene zentrieren, denn das sie beherrschende Zentrum ist das Ajna-Zentrum zwischen den Augenbrauen.

Wenn man sich danach richtet, dann merkt man, wie sich alles emporhebt. Das ist der Prozeß der Transmutation, der Verwand-

143

lung. Emotionen werden beherrschbar und können ohne Verdrängung umgewandelt werden. Verdrängung schmerzt, aber Verwandlung entspricht dem Wesen. Die Transmutation der niederen
Emotionen und die Steigerung der Energie geschieht durch Meditation, indem man seine Aufmerksamkeit auf bestimmte Zentren
fixiert.

Ich schlage vor, daß Sie sich auf das Ajna-Zentrum konzentrieren. (Das ist ungefährlich, glauben Sie mir, ich würde es nicht
sagen, wenn es nicht so wäre. Es gibt andere Zentren, auf die sich
zu konzentrieren nicht ungefährlich ist). Wir fixieren also unsere
Aufmerksamkeit besser auf das Ajna-Zentrum und erreichen so
eine mentale Zentrierung.

Wir werden einmal mental zentriert sein, da das zum Evolutionsweg gehört. Die Menschen beginnen zu denken, allmählich vollzieht sich ein Bewußtseinswandel in der ganzen Menschheit - es
liegt auf der Hand, daß er am deutlichsten bei den Intellektuellen
zu bemerken ist, unter den Gebildeten der Welt, der fortgeschrittenen Menschheit sozusagen, die beginnt, mehr oder weniger mental
polarisiert zu sein. Nur über das Ajna-Zentrum kann man dirigieren, nicht über den Solarplexus, er kann nur reagieren. Er verkörpert das atlantische Bewußtsein, während das heutige arische
Bewußtsein im Ajna-Zentrum sitzt. Wir sind im Begriff, als Teil
der arischen Rasse unseren mentalen Träger zu vervollkommnen.

19/3/76

*Als Sie betonten, daß die Transmission ohne Vorbedingung sein
sollte, nicht zu irgendeinem Zweck bestimmt, war da der Grund
dafür, daß der Zweck, den Gott verfolgt, unbekannt ist und wir uns
deshalb einfach zur Verfügung stellen sollten, ohne nach dem Zweck
zu fragen?*

Es ist einfach so, daß die Energien von der Hierarchie, dem
Christus und den Meistern schon durch gewisse Faktoren vorbe-
stimmt sind, durch die ihnen innewohnenden Qualitäten selbst und
durch die zentrierten Gedanken der Meister, die sie senden. Sie
wissen, wo sie am nötigsten gebraucht werden, in welcher genauen
Ausgewogenheit und Mächtigkeit, um den gewünschten Effekt zu

erzielen. So sollten wir sie nicht irgendeiner Person, Gruppe oder einem Land schicken, von der oder dem wir meinen, daß sie oder es diese Energien besonders brauchen würde. Energietransmission auf dieser Ebene ist ein sehr präziser wissenschaftlicher Vorgang. Nur die Hierarchie ist mit der Wissenschaft der Energieverteilung vertraut. Es genügt, wenn wir uns als Kanal zur Verfügung stellen.

26/9/76

Könnten Sie uns mehr über den Zweck der Meditation für gewöhnliche Menschen wie mich sagen, die erst zu meditieren beginnen?

Zweck der Meditation ist, sich selbst in Kontakt und allmählich zur Einheit mit der Seele zu bringen, die im Grunde unser wahres Wesen ist. Die Persönlichkeit auf dem physischen Plan, die wir alle sehen, wenn wir in den Spiegel schauen, ist der Träger der Seele auf dieser physischen Ebene. Aber im wesentlichen sind wir eine Seele, ein intelligentes spirituelles Wesen auf den höheren, den seelischen Ebenen. Ziel der Meditation ist, das körperliche Gehirn und die physische Persönlichkeit in Einklang zu bringen, so daß mit der Zeit der Persönlichkeitsträger von der Energie und Qualität der Seele durchdrungen wird.

Das Gebet

23/6/76

Ich möchte Sie gerne etwas über das Beten fragen. Wir praktizieren es im täglichen Leben, wir beten um Hilfe usw. Zu wem sollen wir beten?

Es kommt darauf an, wer Sie sind, was Sie sind und was Sie glauben. Wenn Sie Christ sind, dann richten Sie Ihr Gebet an den Gott der Christen. Das kann ein transzendenter Gott sein, außerhalb der Schöpfung, oder, da Er das ebenfalls ist, in Ihnen selbst. Gott ist beides, und das ist etwas, das die Menschheit im kommenden Zeitalter lernen muß. Eine der wichtigsten Lehren des Christus wird die Tatsache sein, daß Gott immanent ist; immanent in der ganzen Schöpfung und in der Menschheit; daß es nichts außerhalb Gottes gibt, daß wir alle teilhaben an diesem Großen Wesen. Die Menschheit: ein Aspekt Gottes mit Eigenbewußtsein, scheinbar getrennt, in Wirklichkeit aber eng mit jedem anderen Seiner Teile verbunden. Und dieses Wesen wohnt in allem, überall, im ganzen Weltraum. Der Raum selbst ist eine Wesenheit.

Der Aspekt Gottes, nach dem wir uns sehnen und nach dem wir streben können, ist der Logos unseres Planeten, der sich für uns als Sanat Kumara auf Shamballa verkörpert. Er ist unser «Vater». Gott ist beides, in uns und außerhalb von uns, so daß wir Ihm auch begegnen können – man kann Gott schauen. In diesem kommenden Zeitalter werden viele Gott als Sanat Kumara erblicken, ja vor Ihn treten und die dritte Initiation erreichen. (Mehr noch werden vor den Christus treten und die erste oder zweite Einweihung erhalten.) Bei der dritten Initiation sieht man Gott als Sanat Kumara, als den Herrn der Welt, der sich als echt physisches Wesen in ätherischem Körper auf Shamballa befindet.

Wenn man Buddhist ist, kann man sich um Fürsprache an Buddha wenden.

Aber wir Christen, warum sollen wir nicht zu Christus beten?

Ja, warum nicht? Derjenige, zu dem Sie beten, ist das Zentrum für Sie. Aber Christus ist nicht Gott. Er kommt nicht als Gott. Er ist die Verkörperung eines Gottesaspektes, des Aspektes der Liebe Gottes. Er ist die verkörperte Seele der ganzen Schöpfung, die Körper gewordene Energie, die der Bewußtseinsaspekt des Wesens ist, das wir Gott nennen.

Aber Er steht doch so hoch über uns, daß wir uns vor Ihm nur niederwerfen können und zu Ihm beten, nicht wahr?

Sie können zu Ihm beten. Er würde es aber vorziehen - ich weiß nicht – ich glaube, es wäre Ihm lieber, Sie würden nicht zu Ihm beten, sondern zu dem Gott in Ihnen selbst, der auch in Ihm ist. Er ist einfach eine bessere oder reinere Verkörperung von Ihm als

Sie oder ich es sind. Aber wenn Sie zu dem Gott in Ihnen beten und diesen Gott erkennen, dann ist es derselbe Gott wie der in Ihm.

Das scheint mir ehrfurchtslos.

Keineswegs, das ist eine Tatsache. Er sagte es selbst: «Das Reich Gottes ist in dir».
Ich sage in «dir», aber ich meine nicht dein «kleines Ich». Ich meine jenes Wesen, das deine wahre Natur ist. Es ist Gott gleich, mit Ihm identisch. Der Mensch ist buchstäblich nach dem Ebenbild Gottes geschaffen. So muß es sein, denn es gibt sonst nichts.

Aber man kann doch nicht zu sich selbst beten!

Man betet nicht zu sich selbst, man betet zum Gott im Inneren. Es geht darum zu lernen, diese Energie anzurufen, die Göttliche Energie ist. Das Gebet und die Anbetungsweise, wie wir sie heute kennen, werden allmählich aussterben, und die Menschen werden lernen, die Kraft der Gottheit anzurufen. Das ist ein Grund, warum uns die Große Invokation gegeben wurde – damit wir die Technik der Anrufung lernen und sie in unseren zyklisch wiederkehrenden Annäherungen an Gott bei den drei großen Festen und auch bei den neuen kleineren Vollmond-Feiern während des Jahres anwenden.

19/3/76

Gibt es einen Zusammenhang zwischen der Meditation und der Initiation?

Das Ziel der Evolution ist, mit der Quelle vereint zu werden, dem Logos oder Gott, dem Geist, dessen Reflexion die Seele auf ihrer Ebene ist. Das *unmittelbare* Ziel der Evolution ist die Identifikation oder das Einswerden mit der Seele; und dazu dient die Meditation. Durch sie erreicht man diese Einswerdung, die zur Initiation führt.

Durch Initiation erlangt man Befreiung. An kritischen Punkten seiner Lebensreise erfährt der Mensch die eine oder andere der fünf Einweihungen. Viele tausend stehen nun an der Schwelle der ersten großen Initiation, und die Ankunft der Hierarchie auf der Welt fällt mit diesem einzigartigen Augenblick in der Entwicklung des Menschen zusammen. Schon in den nächsten 50 Jahren werden Millionen von Menschen in der ganzen Welt die erste Initiation erfahren.

Streben danach, Meditation und Dienst (am Menschen) sind die Faktoren, die den Menschen auf den Pfad der Initiation führen.

Die Initiation

18/3/77

Können Sie uns einen Hinweis auf die fünf Stufen der Initiation geben?

Die Evangeliengeschichte symbolisiert sie sehr eindeutig für uns. Sie zeigt natürlich nicht genau, was dafür erforderlich ist, aber sie konfrontiert uns wiederholte Male mit einer Geschichte, die der Menschheit immer wieder auf verschiedene Weise seit Urzeiten vor Augen geführt wurde. Sie ist so alt wie der Mensch und geht auf die Mitte der atlantischen Epoche zurück, als der Initiationsprozeß eingeführt wurde, um die Evolution zu beschleunigen. Die Geburt Jesu in Bethlehem bedeutet für uns die Geburt des Christusprinzips, das Christusbewußtsein am Grunde des Herzens. Wenn das Christusbewußtsein (die Energie des Kosmischen Christus, die der Christ, Maitreya, verkörpert und auf unserem Planeten verankert) sozusagen im menschlichen Herzen entfacht wird, kann der Mensch für die Initiation vorbereitet werden. Das geschieht heutzutage in der Menschheit. Das Christusbewußtsein wird in Hunderttausenden von Männern und Frauen auf der Welt entzündet; es zeigt sich in unzähligen Menschen. Diese Tatsache ist es, die das In-Erscheinung-treten der Hierarchie zum ersten Mal seit atlantischen Zeiten zur Wirklichkeit werden ließ. Sie können in der Welt auftreten, weil die Menschheit bereit ist. Durch Schmerz und Leid wird der Christus im menschlichen Herzen geboren. Das ist der erste Schritt in die Initiation.

Der Christus ist der Hierophant bei den ersten beiden Einweihungen, und bis dahin wird Er in der Welt sein. Er wird Männer und Frauen offen und in Gruppen in den Tempeln der Zukunft zu diesen beiden Einweihungen führen.

Einige Millionen Menschen stehen nun direkt an der Schwelle dieser Erfahrung. Das ist der enorme Schritt nach vorne, den die Menschheit als Ganzes in ihrer Entwicklung gemacht hat; und er bietet Christus die Möglichkeit, mit der Hierarchie der Meister wieder zu erscheinen.

Jede Initiation zeigt an, daß der Betreffende die Herrschaft über eine bestimmte Bewußtseinsebene erreicht hat – immer sind es Stufen des Gewahrwerdens. Eine Ebene ist eigentlich ein Bewußtseinszustand; wenn jemand von der «physischen Ebene» spricht, so ist das in Wirklichkeit ein Bewußtseinszustand. Wenn er von der «solaren oder kosmischen Ebene» spricht, so bezieht er sich wieder auf einen Bewußtseinszustand.

Die erste Initiation zeigt, daß man die Kontrolle über die physische Ebene gewonnen hat. Der Mensch braucht Äonen, um dies zu erreichen, und wer ihn allmählich dahin führt, ist seine eigene Seele im Fortschreiten der Meditation. Dabei bringt sie ihren Träger, den Inkarnierten, in Einklang mit sich, auf die gleiche Linie; der Christus ist in ihm geboren, und die Seele wirkt mit dieser Energie auf ihn ein, bis der Mensch immer mehr von der Seelenkraft durchdrungen ist und schließlich die Initiation erreicht.

Die zweite Initiation heißt «die Taufe». Das Symbol für sie ist die Taufe Jesu im Jordan. Der Eingeweihte zeigt damit seine Beherrschung der Astralebene, seiner eigenen emotionalen Natur, die durch die vierte Wurzelrasse, die Atlanter, vervollkommnet wurde und seither in der Menschheit so mächtig ist. Die meisten sind heute noch in ihrem Bewußtsein richtige Atlanter, zentriert auf der astralen Stufe, d.h. ihre Energien arbeiten hauptsächlich durch den Solarplexus. Diese starke astrale Gefühlsnatur des Menschen, die natürlich auch eine seiner großen Leistungen ist, erschwert es ihm andererseits sehr, über diese Spähre die Herrschaft zu erringen. Er wird von der astralen Energie mitgerissen –

daher die Verblendung, in der die Menschheit lebt.

Durch das gemeinsame Leid, das die großen Kriege über viele brachten, hob sich vielfach der Schleier der Verblendung, der den Menschen wie Nebel die Sicht trübt, und der Logos, der diesen Planeten verkörpert, konnte in den vergangenen Jahren eine große kosmische Initiation erfahren, der im menschlichen Bereich die zweite Initiation entspricht. Daher wird dieser Planet allmählich weitgehend von Verblendung befreit. Die astrale Ebene selbst wird aufgehellt und entläßt die Menschheit aus ihrem Bann. Durch diese Weiterentwicklung der Menschheit, die Befreiung vom totalen Ausgeliefertsein an die emotionale Natur, ist es dem Logos möglich geworden, diese Initiation zu erlangen.

Sobald man die zweite Initiation hat, beschleunigt sich der ganze Prozeß. Bis zur ersten dauert es Äonen. Um von ihr zur zweiten zu gelangen, braucht es mehrere Leben. Von ihr heißt es, daß sie der schwerste von allen Initiationsschritten sei. Wenn dieses Stadium erreicht ist und der Mensch seine astrale Natur beherrscht, verfällt er nicht mehr der Verblendung, aber der Illusion, die sich seiner Gedanken bemächtigt. Der Weg von der zweiten zur dritten Initiation erfordert praktisch, daß man lernt, seine Gedanken zu beherrschen und sich von der Illusion zu befreien. Wenn der Mensch das durch die Bemühungen seiner Seele und seines Meisters erreicht, ist er für die dritte Einweihung reif – «Die Verklärung». Damit wird er göttlich. Die «Verklärung am Berge» ist dafür das biblische Symbol.

Der Meister Jesus (damals noch Jünger) kam als Eingeweihter dritten Grades in die Welt; so brauchte Er nicht mehr die ersten drei Einweihungen zu empfangen. Er durchschritt diese Stadien nur symbolhaft, um sie für uns zu veranschaulichen. Er selbst stand vor der vierten Initiation, Er mußte durch die Einweihung, die wir im Westen «die Kreuzigung» nennen. Im Osten ist sie unter dem Begriff «der große Verzicht» bekannt, und Er durchschritt sie in voller physischer Realität. Alle Einweihungen sind Ereignisse auf den inneren Ebenen, sind innere Erfahrungen; die Menschen werden normalerweise nicht gekreuzigt – außer symbolisch – wenn sie sich der vierten Initiation unterziehen. Der Jünger Jesus brachte zwei große Opfer: Er stellte Seinen Körper dem Christus, Maitreya, zur Verfügung, und Er unterzog sich dieser Initiation physisch, indem Er die körperliche Kreuzigung in Fleisch und Blut auf sich nahm, um für uns diesen großen Verzicht zu veranschaulichen. Der Eingeweihte muß folgendes zeigen: daß die Welt der Materie für ihn überhaupt keine Verlockung mehr bietet; er steht über allem und kann alles aufgeben – Familie, Ruf, Talente und selbst das Leben – und er muß den Tod seiner niederen Natur sterben. Alles wird zurückgewiesen, gekreuzigt, um den höheren spirituellen Seinszustand zu erreichen.

Dann kommt der große Augenblick der Auferstehung, das Symbol für die fünfte Initiation, die einen zum Meister macht. Ein Meister ist ein auferstandenes Wesen, Einer, der Sich selbst, Seine niedere Natur, überwunden hat. Er ging durch alle diese fünf Initiationen und ist nun frei. Er hat über die Materie gesiegt. Jede Einweihung ist das Ergebnis – und führt zugleich zu – einer großen Bewußtseinserweiterung. Das Bewußtsein des Meisters schließt das Bewußtsein der spirituellen Ebene mit ein. Er hat Seinen Manifestationskörper vergeistigt und braucht sich nicht mehr auf dieser Erde inkarnieren, es sei denn, auf eigenen Wunsch, um dem Plan zu dienen. Es kann sein, daß Sanat Kumara, der Herr der Welt, ihn darum bittet im Rahmen des Planes.

Die Evangeliengeschichte dreht sich im wesentlichen um die Auferstehung. Ostern wird eines der drei großen spirituellen Feste sein, doch Weihnachten und Karfreitag werden langsam in Vergessenheit geraten. Die Auferstehung wird das erklärte Ziel der Menschheit sein, das Aufsteigen aus der materiellen in die spirituelle Späre, wodurch man zu einem befreiten Meister wird.

Telepathie

7/12/76

Wie unterscheiden Sie zwischen Intuition und Telepathie?

Es besteht ein realer Unterschied zwischen Telepathie und der intuitiven Wahrnehmung. Es gibt sehr viele Stufen von Telepathie. Auf der normalen menschlichen Ebene tritt sie zwischen allen

Menschen spontan auf, gewöhnlich über den Solarplexus, übrigens auch bei Tieren. Sie ist ein instinktives, natürliches Verständigungsmittel, aber dem Zufall überlassen. Das ist der astrale Typ der Telepathie. Dann gibt es eine mentale Art der Telepathie, an der wir wiederum alle teilhaben. Jeder von uns wird von den Gedanken seiner Umgebung bombardiert, ist ihnen ausgeliefert. Wir verfügen allerdings über ein Auswahlverfahren, das uns gestattet, nur einen gewissen Teil aufzunehmen, aber wenn man genügend empfindsam ist, kann man sich in allen möglichen Unsinn einschalten, der die ganze Zeit getrieben wird. Die meisten von uns kennen die Erfahrung, daß plötzlich eine Stimme da ist, wie bei einem Telephongespräch, aber sie gehört jemand anderem und man spürt auch die Entfernung dabei.

Die Telepathie, die die Hierarchie anwendet, ist anderer Art. Auch sie wird auf verschiedenen Ebenen benutzt. Wo sie einen Jünger erreichen soll, der an sich «ansprechbar», aber sich keines persönlichen Kontaktes bewußt ist, wirkt der Meister über dessen Seele auf das Gehirn ein. Ein solcher Jünger hat durch seine Seelen-Gruppe Kontakt zur Hierarchie; er steht dann entweder am Rande oder mehr im Zentrum eines Ashrams eines Meisters auf den inneren Ebenen. Gewöhnlich hat er schon einen gewissen Kontakt zu einem Meister, und durch seine Seele und seine Beziehung zur Gruppe ist er auf den mentalen Ebenen für Eindrücke empfänglich. Die Quelle der Mitteilungen kann ihm dabei völlig verborgen bleiben. Er tut dann einfach Dinge, ohne zu wissen, daß er Mitteilungen empfängt. Das ist möglich, es geschieht andauernd. Ferner gibt es eine bewußtere Stufe, auf der der Jünger bereits eine sehr bewußte Beziehung zu seiner eigenen Seele hat. Er kann die Energie von der Seele auf die physische Ebene – in sein Gehirn bringen. Damit besteht eine Gleichschaltung zwischen Gehirn und Seele. Dieser Kanal ist es, durch den die Meister absichtlich «fern-sprechen», eine Mitteilung machen, die der Jünger bewußt empfängt.

Es muß eine Vibrationsähnlichkeit bestehen, um Kontakt herzustellen. Wenn eine gewisse analoge Schwingung herrscht und die Notwendigkeit – auch die muß vorhanden sein – kann der Meister den Kontakt so stimulieren, daß der Jünger sich dessen ganz klar bewußt ist, daß er eine besondere Nachricht erhält; er kann dann eventuell noch weitergehen und sich selbst speziell einsetzen lassen, z.B. für die Überschattung durch den Meister. Überschattung ist eine normale Art des Kontaktes, der auch mit der Wissenschaft der Impression zusammenhängt. Das ist eine große Wissenschaft, und sie reicht von der bloßen astralen «Impression» über den Solarplexus bis zur höchsten buddhischen Ebene und totalen Überschattung wie im Falle des Jüngers Jesus durch den Christus.

Intuitive Wahrnehmung andererseits kommt direkt von der buddhischen Ebene des Menschen selbst auf dem Weg über die eigene Seele. Dazu braucht es keinerlei Einwirkung eines Meisters. Die Energie kann fließen, so daß Wahrnehmung und intuitive Wahrheiten etc. deutlich ermittelt werden, aber meistens sind sie ihrer Art nach umfassend und allgemein, nicht spezifisch und detailliert wie diejenigen in Zusammenhang mit dem Plan. Verschiedene breite, generelle Ausblicke informativer Art, über die Erneuerung der Menschheit und dergleichen, empfangen Medien und Sensitive überall auf der Welt, ja sie werden zur Zeit geradezu überschwemmt mit solchen Informationen; einige stammen von den höchsten, den intuitiven,einige von den niederen psychischen Ebenen. Man hat zwischen ihnen und ihrer Herkunft zu unterscheiden. Die Inspiration steht an höchster Stelle.

24/5/77

Ist es möglich, diese höhere Telepathie zu entwickeln, oder ist sie einfach eine Gabe?

Gewiß ist es möglich; zweifellos wird das in der kommenden Zeit die übliche Art der Kommunikation zwischen Menschen einer bestimmten Entwicklungsstufe sein. Allmählich wird dies das Sprechen als Verständigungsmittel ersetzen; wir werden uns telepathisch verständigen, es wird die Norm zwischen Menschen der gleichen Evolutionsstufe werden.

In der Natur ist Telepathie ein Faktum, für die Menschheit eine normale Entwicklung. Alle Tiere verkehren telepathisch miteinander, instinktiv, über den Solarplexus. Aber die Telepathie, von der ich spreche, ist eine Entwicklung des höheren Denkens. Sie erfolgt durch die Seele, und dann ist sie nicht unbewußt. Diese

Telepathie unterliegt der Kontrolle zweier Denker und ist eine bewußte, beherrschte Verständigung zwischen zweien, die tausend Kilometer voneinander entfernt sein können.

Es vollzieht sich (ganz allgemein) eine Verschiebung des Bewußtseins von der astralen auf die mentale Ebene. Das bringt die Menschheit nahe an die Schwelle des Initiationsbewußtseins. Wenn wir mental polarisiert werden, kann sich die Fähigkeit zur Telepathie entfalten. Das geschieht spontan, so wie wir eine magnetische Aura entwickeln.

Alle Gruppen sollten von nun an trachten, die Telepathie zu üben, denn wenngleich die Meister auf der Erde sein werden, so werden Sie sich dennoch weiter der Telepathie als Ihres hauptsächlichen Kontaktmodus bedienen, besonders gegenüber Jüngern und Adepten.

5/3/76

Spielt sich diese höhere Form der Telepathie in einem bewußten oder einem Trancezustand ab?

Nicht im Trancezustand, nein. Es geht dabei darum, das Denken auf einem höheren Zentrum zu sammeln und es dort zu halten. Es ist ein völlig bewußter, kontrollierter Prozeß.

Psychische Kräfte

4/4/78

Erwarten Sie, daß als Folgerung aus dieser Tatsache die großen Weltreligionen wie der Buddhismus und das Christentum dann mit größerer Sympathie und mehr Verständnis der Entfaltung psychischer Fähigkeiten und dem ganzen Psychismus gegenüberstehen werden, weil sie deren Bedeutung erkennen? Soweit ich von dem wenigen, was ich über Buddhismus und Christentum weiß, schließen darf, scheinen mir beide gegenüber dem psychischen Bereich wenig aufgeschlossen. Würden Sie dem zustimmen?

Ja, ich bin durchaus Ihrer Meinung. Sobald die Meister öffentlich in der Welt auftreten, wenn sich der Christus erklärt hat – und die Menschheit darauf in der richtigen Weise reagiert – wird der ganze Transformationsprozeß, der stattfindet, beschleunigt werden. Dann werden die Weltreligionen wie Christentum und Buddhismus beginnen, die Realität der psychischen Energie anzuerkennen. Es ist ja die Urkraft, die Schöpferkraft selbst. Unter der Regie des Denkens erschafft und zerstört sie. Ganze Welten werden durch die psychischen Kräfte ins Dasein gerufen, und Welten werden durch sie vernichtet. Die Tatsache, daß wir hier sitzen, Sie mir und ich Ihnen zuhöre an diesem Abend, geht auf die Wirkung psychischer Energien zurück von seiten jenes Wesens, das diesen Planeten beseelt und das wir den Logos nennen. *Sein* konzentrierter Einsatz von psychischer Energie läßt uns überhaupt erst entstehen. Wir sind Gedanken in Seinem Denken. Würde Er beschließen, diese Gedankenform durch die Manifestation einer anderen psychischen Energie zu zerstören, dann wären wir automatisch und augenblicklich zerstört. Das ist die Macht psychischer Energie.

Je mehr sich das Neue Zeitalter auswirkt, sich die inneren Fähigkeiten des Menschen entfalten, desto mehr werden wir die ungeheure Kraft der psychischen Energie erkennen. Was wir davon heutzutage verwirklichen, das ist so viel wie nichts. In dem Neuen Zeitalter wird die Menschheit durch einen Willensakt und die mentale Beherrschung der psychischen Energien Maschinen schaffen und so programmieren, daß sie die Erzeugnisse zur Deckung der Bedürfnisse unserer Zivilisation herstellen und dem Menschen die Zeit und Energie lassen, sich gründlich mit sich auseinanderzusetzen und die eigene Natur zu erforschen, zu erkennen und zu erkennen geben, was er als ein großer Sohn Gottes ist. Die Meister sind dazu imstande, weil Sie die Erkenntnis bereits haben, die die Macht über die psychische Energie verleiht. Es ist eine Frage der Erkenntnis, einer Erweiterung des bewußten «Gewahrwerdens», um sich im Weiterschreiten immer höhere Bereiche energetischer Erscheinungsformen zu erschließen.

Tut mir leid, aber ich verstehe nicht, wieso die Meister das können.

Sie können es, weil Ihr Bewußtseinshorizont das Wissen und die Herrschaft über alle Ebenen, die uns auf diesem Planeten offenstehen, umfaßt, auch über die spirituellen.

5/4/77

Haben die Eingeweihten das «Zweite Gesicht» – gewisse Fähigkeiten – und wodurch wissen sie, daß sie Eingeweihte sind?

Es gibt viele Eingeweihte des ersten Grades, die es nicht wissen. Wenn man z.B. schon in einem vorangegangenen Leben eingeweiht wurde, so ist es sehr wohl möglich, daß man es nicht weiß. Man muß sich nicht unbedingt daran erinnern. Aber wenn Sie in dieser Inkarnation die Initiation erlebt hätten, dann wäre es eine Erfahrung, über die für Sie kein Zweifel bestünde. Sie wäre so etwas Außergewöhnliches, so überwältigend, daß Sie sie gar nicht erleben könnten, ohne es zu wissen.

Eingeweihte verfügen nicht unbedingt über das «Zweite Gesicht». Diese psychischen Gaben, psychischen Entfaltungen, können, müssen aber nicht mit spiritueller Entwicklung verbunden sein. Man kann sie «ersitzen». Ich will damit sagen, Sie können psychische Fähigkeiten entwickeln, ohne daß das etwas mit geistiger Entfaltung zu tun hat. Manche, die sich psychischer Kräfte bedienen und besonders niedrigere psychische Kräfte recht aktiv einsetzen, können relativ wenig geistig entwickelt sein. Sie tragen dabei in Wirklichkeit uralte atlantische Bewußtseinsformen zur Schau. Diese Kräfte können mit geistiger Entwicklung Hand in Hand gehen, manchmal tun sie es, manchmal nicht. So ist die Tatsache der Einweihung bei niemandem eine Garantie dafür, daß er oder sie das «Zweite Gesicht» hat, hellsichtig ist, ätherische Visionen hat, hellhörig ist oder telepathische Fähigkeiten besitzt. Umgekehrt sind das alles keine Anzeichen dafür, daß jemand ein Eingeweihter ist.

4/4/78

Ist die Aura ein Teil des Ätherkörpers?

Alle Energien wirken über den ätherischen Bereich, sowohl die von der mentalen Ebene – es gibt ihrer vier – wie die Energien der sieben Strahlen und der vier ätherischen Ebenen, alle manifestieren sie sich durch und in dem Ätherkörper. Es ist der Vitalkörper, durch ihn fließen die Energien von allen Ebenen – so daß die Aura aus allen besteht. Wenn jemand sehr intensive Verbindung mit seiner Seele hat, wird er in sich Energien von der Seelenebene haben; er wird Energien von denjenigen mentalen Ebenen anziehen, mit denen er in Verbindung steht, und unvermeidlich auch von den astralen Ebenen. Und all dies fließt natürlich durch den Ozean der ätherischen Energie, in dem wir leben. Unser Ätherkörper ist nur ein individualisierter Teil dieses Meeres ätherischer Energie, die über den ganzen Planeten verbreitet ist.

Unsere Seele hat daran teil und erschafft den ätherischen Menschen. Wo sich die Energieströme kreuzen, bilden sich Wirbel oder Zentren, die mit dem endokrinen System verbunden sind und damit den physischen Körper regieren. Er ist eine Verdichtung seines ätherischen Gegenstücks, und dadurch mit allem anderen verbunden. Wir sind ganz eingebettet in die ätherische Ebene dieser Welt. Die Vibrationen ihrer Zentren sind es, aus denen die Aura eines Menschen hervorgeht, und vom Ätherkörper hängt sie ab.

4/4/78

Was ist das ätherische Schauen?

Wenn jemand das ätherische Schauen hat, dann kann er zumindest eine der vier ätherisch-physischen Ebenen sehen, d.h. jener physischen Ebenen, die über der dichten körperlichen Ebene liegen. Es gibt im ganzen sieben physische Ebenen, vier davon feiner strukturiert als die gasförmig physischen. Ihre Form der Materie verfeinert sich stufenweise und ist für die meisten Menschen unsichtbar, außer sie verfügen über die ätherische Schau. – Es ist in Wirklichkeit ein doppelter Brennpunkt – wir sehen sie nicht eigentlich, aber unter gewissen Umständen, z.B. in einem verdunkelten Raum, können wir vielleicht die Energie von einer Person wegströmen sehen, oder wir sehen ein Feld strahlenden grau-blauen Lichts um die Gestalt – den Ätherkörper. Er ist das genaue Gegenstück zum physischen Körper.

Im Mutterschoß entsteht der Ätherkörper vor dem körperlichen Embryo, der eine genaue Verdichtung davon wird. Wenn wir die ätherische Sicht haben, können wir also eine oder mehrere dieser vier ätherischen Ebenen der Materie sehen.

Heilmethoden der Zukunft

28/2/78

Wenn der Christus in der Welt arbeitet, wird Er dabei auf irgendeine Art heilen wie Jesus es tat?

Ja, aber nur als Privatmann. Nicht auf die öffentliche, magische Art wie damals, um sich als der Christus auszuweisen. Er wird keine Wunder vollbringen. Diese Wunder wirken heute ständig viele Männer und Frauen in der ganzen Welt. Er sagte damals: «Diese Dinge, die ich tue, werdet ihr auch tun, und noch größere, denn ich gehe zum Vater». Zum Vater gehen heißt, nach Shamballa gehen. Er ist inzwischen noch enger mit dem Willensaspekt Gottes eins geworden und nicht nur, wie vorher, mit dessen Liebesaspekt.

Er ist ein großer Avatar, und es gelang Ihm als der Christus der letzten 2000 Jahre, die Energie in die Welt zu tragen, die es der Menschheit ermöglichte, das Christusbewußtsein zu entwickeln. Dadurch kann sie vollbringen, was man zu jener Zeit Wunder nannte, was man heute als Geistheilung oder esoterisches Heilen bezeichnet. Täglich werden auf der ganzen Welt Wunderheilungen vollzogen.

Die Meister werden Heilzentren einrichten und Eingeweihte und Jünger schulen, die als Ärzte aller Fachrichtungen in Gruppen wirken werden. Ärzte der orthodoxen Schule werden dazugehören, Chirurgen, Homöopathen, Akupunkteure, Radionik-Heiler. Aber auch Farb- und Ton-Therapie wird man einsetzen, und auch Geistheiler und Leute mit der ätherischen Schau. Sie werden über den Zustand des Ätherkörpers und der Zentren Auskunft geben und insofern beraten können. Es wird Teamarbeit sein.

22/3/77

Könnten Sie etwas über die neue Form sagen, in der die Heilkunst praktiziert werden wird?

Die Gesundheit jedes einzelnen hängt vom richtigen und freien Fluß der Energien im ätherischen System ab (seiner ätherischen Hülle oder seinem Doppel), dessen Verdichtung der physische Körper ist. Der Ätherkörper kommt zuerst. Die Seele stellt auf magische Weise eine ätherische Struktur her, die sich im Mutterschoß verdichtet und zum Baby wird. Die Energien des Ätherkörpers stammen aus allen Quellen – von der Seele und von jeder der energetischen Ebenen. So ist das ätherische Körpergebilde mit den ätherischen Spären des Planeten verbunden.

Wir sind alle miteinander verbunden, alle Teile der Erde durch unseren dichten und unseren ätherisch-physischen Körper. Durch ihn strömen alle Energien, aus denen wir entstanden sind. Er hat sieben große Zentren, die mit der Wirbelsäule und den sieben großen endokrinen Drüsen (der Entsprechung der ätherischen Zentren auf physischer Ebene) verbunden sind. Die Gesundheit des Körpers hängt völlig von der einwandfreien Funktion und dem Zusammenspiel dieser Drüsen ab, die wir nun (auch offiziell) zu entdecken beginnen. Die richtige Funktion der Drüsen beruht auf dem ungestörten Fluß der Energien aus den ätherischen Zentren in den Ätherkörper, aus welcher speziellen Quelle sie auch immer stammen. Die Hauptursache der meisten Erkrankungen ist der falsche Gebrauch oder Mißbrauch seelischer Energie. Das hängt vom Entwicklungsstand der Persönlichkeit ab. Entweder wird die Seelenenergie falsch eingesetzt oder zu viel astrale Energie von der astralen Ebene angezapft, oder es fließen vielleicht Seelenenergien, die nicht eigentlich im Sinn eines Dienstes angewendet werden.

Die Seele fordert Dienst von ihrem Träger, denn sie inkarniert ihn als Teil ihres Opferdienstes. Das ist der tiefste Grund für unsere Inkarnation; nicht nur um zu lernen sind wir hier, sondern weil wir ein Opfer gebracht haben. Als große spirituelle Wesen haben wir uns durch einen spirituellen Willensakt das Opfer der Verdichtung auferlegt. Das ist der eigentliche Grund für die Wiedergeburt oder Reinkarnation. Auf diese Art dienen wir dem Plan. Und zu diesem Zweck müssen wir zyklisch wiederkehren; die Seele stellt immer wieder einen neuen Körper her und gibt ihm bestimmte günstige Gelegenheiten und Möglichkeiten der Erfahrung. Der falsche Gebrauch irgendeiner Energie, das falsche Fließen oder ein Aufstauen der Energien an ätherischen Punkten wirkt sich allmählich auf der physischen Ebene als Krankheit aus. Da entwickelt sich eine Entzündung durch zu großen Energiefluß, dort ist ein Stau oder ein Mangel, nicht genügend Energie der richtigen Art strömt vom Zentrum zur Drüse. Das behindert sie bei ihrer Arbeit, und das Resultat ist Krankheit.

Alles Heilen, alles Geistheilen, spielt sich auf der ätherischen Ebene ab. Jede esoterische Heilung wird durch die ätherische Hülle bewirkt und greift dann auf den physischen Körper über. Wahre esoterische Heilung erreicht man durch die Verwandlung des Menschen, nicht des Körpers. Man verändert den Menschen und dadurch den Energiefluß; das Ergebnis ist Balance, Ausgeglichenheit, Gesundheit. Wie George Oshava, der die Makrobiotik in den Westen brachte, sagt: «Es ist leicht, die Krankheit zu heilen. Schwer ist es, den Menschen zu heilen». Um bei der Krankheit eine Änderung zu bewirken, muß man den Menschen ändern, sonst geht eine Krankheit nur in eine andere über. Was der Heiler tun kann, ist die Veränderung des Energieflusses im Körpersystem. Das kann vorübergehend wirken – oder aber anhalten, je nachdem, ob man den Menschen verändern kann.

In der kommenden Zeit wird sich die Menschheitsevolution der Evolution der Devas oder der Engel annähern (und der Christus wird einige sehr hohe Devas in die Welt mitbringen). Außerdem arbeiten die Meister natürlich alle mit bei der Deva-Evolution.

Ein Meister ruft bestimmte Devas an, die in der Heilkunst tätig sind – z.B. die violetten Devas – sie schicken ihre Energie, ihre Vitalität, durch den Ätherkörper des Patienten, und die Heilung erfolgt. Diese Devas werden uns näherkommen (sie tun es bereits), mit uns eng zusammenarbeiten und uns lehren, wie man den ätherischen Vitalkörper im Gleichgewicht hält; die Kunst, sich auf

Prana der Luft einzustimmen und davon zu leben, direkt von der Sonne, so daß wir tatsächlich weniger Nahrung brauchen werden. Ich will nicht sagen, daß das auf alle zutreffen wird, aber auf die fortgeschritteneren Menschen.

Durch die Verbindung mit dem Deva-Reich und die Zusammenarbeit mit den höheren Devas wird es uns gelingen, mit der Zeit alle Krankheiten auf diesem Planeten loszuwerden. Sie sprechen auf Klang an: Um einen Deva zu rufen, äußert man ein bestimmtes Mantram, und der Deva kommt auf den Anruf. Deshalb muß natürlich der Gebrauch von Mantrams sorgfältig überwacht werden, denn man kann Devas aus Reichen unterhalb des menschlichen Reiches holen, die äußerst gefährlich sind, Mißbrauch oder lückenhafte Kenntnisse haben auf diesem Gebiet schon Verheerendes angerichtet.

Selbst in der kurzen Zeit, in der die Menschen die Energien, die durch die ätherische Hülle fließen, durch die veränderten Bedingungen auf der Erde besser nützen, zeigen sich schon gewisse Erfolge Reduzierung von Spannung und Furcht, mehr Muße, ein neuer Lebenssinn und -Impuls; die Gesundheit der Menschheit wird sich enorm verbessern.

Furcht vor dem Tod

28/2/78

Warum fürchtet sich der Mensch so vor dem Tod? Wird sich diese Haltung in Zukunft ändern?

Der Mensch nähert sich dem Tod mit dem Gedanken, eine Niederlage zu erleiden, für immer verloren zu sein, und mit dem Gefühl, daß seine Identität vernichtet wird; all das jagt ihm Angst und Schrecken ein. Würde er begreifen, daß diese Identität, dieses Bewußtsein, ein unsterbliches Wesen ist und daß er jenseits des Tores, durch das wir alle im Tode gehen, in einem neuen und helleren Licht stehen wird, seiner selbst in viel stärkerem Maße bewußt, mehr noch: Wenn er wüßte, daß er die treffen wird, die ihm im irdischen Leben nahestanden, und daß er allmählich weitere und höhere Aspekte seines Wesens erkennen wird, die ihm bisher verborgen geblieben sind, dann wäre seine Einstellung zum Tod eine ganz andere.

Verglichen mit der Erfahrung der Geburt kann und sollte der Abgang des Menschen von dieser Welt schmerzlos sein. Aber nur wenige wissen das und daher die Furcht. In Zukunft werden die Meister und Ihre Jünger die Wahrheit über diese Erfahrung, die wir Tod nennen, erläutern, und der Mensch wird heiter und hoffnungsvoll auf seinen Ruf warten. Wenn dieses Wissen ein Allgemeingut wird, steht den Menschen eine große neue Freiheit offen. Sie werden das Leben als das ansehen, was es ist, ein Abschnitt einer schier endlosen Reise, und den Tod selbst als eine weitere und nicht begrenzende Erfahrung auf diesem Weg. Dadurch wird der Mensch die Furcht vor dem Tod überwinden. Wenn sein physischer Körper zu nichts mehr taugt, wird er ihn gerne der Erde zurückgeben. Im Grunde ist der Tod eine Wiederherstellung. Und im Rahmen des Gesetzes über die Wiedergeburt kehrt der Mensch später auf diese Ebene zurück, um das Ziel seiner Seele weiter zu verfolgen.

Was geschieht beim Sterben? Wie sehen die einzelnen Stadien oder Stufen aus?

Zuerst tritt der ätherische, der Vitalkörper durch das Zentrum ab, in dem man normalerweise zentriert ist, je nach innerem Entwicklungsstand. Das kann sehr schnell gehen, aber normalerweise dauert es eine Weile. Volle drei Tage sollten vergehen, bevor der Leichnam beerdigt oder verbrannt wird. Letzteres ist die einzig hygienische Art der Bestattung und wird die Norm werden.

Wenn sich die ätherische Hülle auflöst, geht sie allmählich in den ätherischen Ozean ein, in dem wir existieren, und der Mensch bleibt in seinen feineren astralen und mentalen Hüllen, bis auch diese langsam zu ihrem Ursprung zurückkehren.

Die tibetanische Lehre im «*Totenbuch*» besagt, daß der Mensch vierzig Tage im sogenannten Bardo verbringt und es das Ziel ist, diese Periode so schnell wie möglich hinter sich zu bringen. Es gibt genaue Anweisungen, Lichtern verschiedener Intensität zu folgen, um der magnetischen Anziehung zurück in die Inkarnation zu widerstehen. Man sollte sich bemühen, dem hellsten Licht nachzufolgen. In der Praxis sollte der letzte Nervenreflex im Moment des Todes dazu genützt werden, um das Bewußtsein auf die höchste Ebene zu tragen; das hängt von der Anspannung des zielenden Willens ab. Man sollte den Sterbenden in Ruhe lassen, damit er diese Anspannung mit der Unterstützung liebevoller Freunde oder der geschulten Hilfe eines Priesters bzw. Pastors, der diese Riten versteht, zustandebringt; das ist natürlich nicht immer der Fall.

Wenn der Mensch auf der anderen Seite erwacht, sieht er beide Wege: das Leben und seine Formen auf der Ebene, auf der er sich nun befindet, und auf der eben verlassenen. Er ist weniger allein, weniger isoliert als je bei der Geburt. Freunde und Helfer sind zur Stelle, um ihn zu begleiten und seine Reise aufwärts durch die Ebenen zu erleichtern, wenn das sein Schicksal sein soll.

Leiden

6/1/77

Als Sie von dem tiefen Leid auf der ganzen Welt sprachen, meinten Sie da, daß der Christus kommt, um dieses Leid zu mildern und zu verhindern, daß viele Menschen sterben?

Ich sage nicht, Er muß jetzt kommen, *nur* um dem Leiden ein Ende zu bereiten. Seine Entscheidung, *jetzt* zu kommen, hat zum Ziel, durch Seine Gegenwart in der Welt zu helfen, damit sich der Umwandlungsprozeß beschleunigt und auch der Leidensdruck zurückgeht. Aber diese Veränderungen müssen *wir* herbeiführen.

Was ich jetzt sage, könnte sehr herzlos klingen, ist aber nicht so gemeint: Ist es nicht vielleicht so, daß das Leid jetzt größer erscheint als in der Vergangenheit, einfach weil mehr Menschen da sind und leiden. Also kein schlimmeres Leid, nur mehr Betroffene. Und sicher wird ihr Leid enden, wenn sie sterben und vielleicht in andere

*Verhältnisse hineingeboren werden. Warum ist es so wichtig, daß ihr
Leid beendet wird?*

Der Grund ist die Schaffung *einer* Menschheit, der Gedanke, daß
die Menschheit eine Einheit ist. Das ist vor allem anderen das Ziel
des Christus. Die Menschheit selbst beginnt, sich als Einheit zu
fühlen. In der kommenden Zeit wird sie eins werden. Das ist unser
allernächster Schritt in der Evolution. Brüderlichkeit ist nicht bloß
ein Ideal, das wir annehmen oder ablehnen können. Sie ist eine
natürliche Sache, nur haben wir sie noch nicht verwirklicht. In
Zukunft wird diese Brüderlichkeit unsere Bestimmung; es ist der
Wille Gottes, daß wir sie nun in die Tat umsetzen. Alle Aktivi -
täten und Führungshilfen der Hierarchie haben dies zum Ziel. Wir
können es nur durch *fairen, gerechten Umgang miteinander* erreichen, und das ist das erste, was die Ankunft des Christus bewirken
soll: die *rechten Beziehungen* zu Gott und untereinander. Wenn ein
Mensch in einer Welt des Überflusses vor Hunger stirbt, dann sind
die Beziehungen nicht in Ordnung. Wenn 500 Millionen in einer
solchen Welt verhungern, dann sind sie sicher nicht in Ordnung.
Es ist keine spirituelle Tat, jemanden Hungers sterben zu lassen,
wenn man selbst mehr als genug zu essen hat. Den Planeten von
dieser Krankheit des Sich-Abgrenzens zu säubern, den rechten
Umgang unter den Menschen herzustellen, dazu kommt der Christus.

Ein Großteil der Leiden der Menschheit ist völlig unnötig, die
Menschen fügen sie einander zu. Er, der Christus, wird zeigen, daß
es darauf ankommt, dieses millionenfache Elend zu beseitigen. Es
muß ein Ende damit haben, daß der Mensch seinen Bruder ausbeutet; nur dann kann die Welt wieder ins Gleichgewicht kommen und
aus der Verirrung zu geistiger Gesundheit finden.

Erziehung in der Zukunft

30/8/77

Inwiefern wird sich die Erziehung in der Zukunft wandeln?

164

Das Bildungswesen, das wir für die Menschheit brauchen, muß auf der inneren Wahrheit beruhen, daß der Mensch eine Seele ist, die sich auf dieser Ebene als Persönlichkeit manifestiert. Von dieser Tatsache muß das künftige Erziehungswesen ausgehen, anstatt die Köpfe der Kinder mit Wissen vollzustopfen, das sie zu Zahnrädern einer veralteten Maschine macht. Ich sage nicht, daß wir keine Geräte oder Hilfsmittel herstellen sollen, aber wir müssen lernen, viel einfacher zu leben.

In den Kindern wird man inkarnierte Seelen sehen, die von bestimmten Strahlen oder Energieströmen regiert werden – auf fünf Ebenen: es sind die Seele, mit einem Strahl, der sich nicht verändert, die Persönlichkeit, deren Strahl-Energie sich von Leben zu Leben wandelt, und die drei Träger der Persönlichkeit, der mentale, astral/emotionale und physische Körper, von denen jeder auf einem anderen Strahl sein kann. Vor allem wird das Wissen um den evolutionären Entwicklungsgrad des Kindes wesentlich sein. Das kann man im Zusammenhang mit der mehr oder weniger fortgeschrittenen Entwicklung der Chakras oder Kraftzentren im Ätherkörper wissenschaftlich feststellen.

Große Aufmerksamkeit wird man der Bildung des Lichtkanals (durch Meditation), der Antahkarana, schenken, jener Verbindung zwischen Gehirn und Seele,und ebenso der intensiven Entfaltung und Abrundung der niederen, konkreten Denkfähigkeit des Kindes. Auf diese Art wird man eine Einstellung zum Leben erreichen, bei der der subjektive und objektive Ansatz einander die Waage halten. Eine Unterrichtung über die universalen Ideen und die Weltgeschichte wird die internationale Identifikation und das Weltbürgertum stärken. Ein Gefühl der persönlichen Verantwortung für das Wohl der anderen und eine entschiedene Verstärkung der Liebesnatur werden ebenso im Vordergrund der neuen erzieherischen Richtlinien stehen.

Die gegenwärtige Zweigleisigkeit von Religion und Wissenschaft wird man überbrücken, und die Anerkennung und das Studium der psychischen Energien und ihrer Auswirkungen werden eine effizientere Anwendung der Wissenschaft ermöglichen, einer Wissenschaft, die verschiedenartigeren Menschentypen zugänglich sein wird. Die gegenwärtig extreme Spezialisierung wird bis zu einem gewissen Grad verschwinden.

Die Wirkung auf die niederen Naturreiche

27/1/76

Sie sprechen viel darüber, daß die Meister den Menschen zur Seite stehen werden, was mich auf eine ganz einfache Frage bringt: Meinen Sie, daß der Mensch für den Planeten da ist oder der Planet für den Menschen?

Ich denke, daß der Mensch als Teil eines Ganzen da ist, das alle Naturreiche umfaßt. Die Rolle des Menschen, seine wirkliche Aufgabe auf dem Erdball besteht darin, als eine «Schaltstelle» für Energien zu wirken und sie auf wissenschaftliche, korrekte Weise an die niederen Naturreiche weiterzugeben. Auf diese Art wird er zum Mitarbeiter des Logos. Das ist die eigentliche Schicksalsaufgabe des Menschen – wenn er sich als das göttliche Wesen erkennt, das er ist, und die göttlichen Energien nützen kann, die durch Shamballa vom Sonnensystem und von noch weiter her zu uns fließen. Er kann bewußt diese Kräfte beherrschen und dirigieren. Er kann damit die niederen Naturreiche anheben und auf okkulte Weise erhöhen. Damit hat der Mensch eine sehr wichtige Rolle auf dem Planeten zu spielen, aber er gehört nur zu einem Aspekt, einem Reich – aber zu einem sehr bedeutungsvollen, weil er die Funktion der Vermittlung zwischen Geist und Materie hat. Beide treffen im Menschen zusammen. Er ist auch der Makrokosmos der subhumanen Reiche.

30/8/77

Ich möchte gerne wissen, wie sich die Ankunft des Christus auf die anderen Reiche auswirken wird – auf die Tiere, die Pflanzen und die Mineralien?

Enorm. Nicht so sehr der Christus – oder besser gesagt, nicht nur der Christus – aber Er wird allmählich in der Menschheit die Erkenntnis wecken, daß sie sich künftig als ein Teil des Ganzen sehen und damit auch die Verantwortung für die niederen Reiche wahrnehmen wird.

Für jedes Naturreich gibt es einen Plan, und es gibt Meister, die mit dem menschlichen Reich überhaupt nichts zu tun haben, deren ganze Sorge den anderen Reichen gilt oder der Evolution der Devas oder Engel. Nur eine bestimmte Anzahl von Meistern beschäftigt sich mit der Evolution der Menschheit. Wir meinen immer, wir wären die einzigen, die zählen. Die Evolution der niederen Reiche wird stark durch die menschliche Evolution angeregt und beschleunigt werden; und ebenso durch die Rückkehr der Hierarchie in die Welt des Alltags.

28/6/77

Was ist mit den anderen Lebensformen auf diesem Planeten?

Wie die Meister uns helfen, unser Selbst-Bewußtsein zu entfalten, so helfen Sie den niederen Reichen, Bewußtsein zu entwickeln. Jedes Reich hängt von dem nächsthöheren insofern ab, als seine Evolution von daher stimuliert wird. Das Tierreich braucht zu seiner Weiterentwicklung den Anreiz für seine Intelligenznatur vom menschlichen Denkvermögen.

Allmählich, vor allem durch die Haustiere, die eng mit dem Menschen zusammen leben und arbeiten, wird das ganze Tierreich mental durch das menschliche Denken angeregt. Durch das Tierreich wird das Pflanzenreich vervollkommnet – indem es den Tieren als Futter dient und damit in dieses höhere Reich eingeht.

Das Mineralreich erhält seine Energie von der Sonne, von den verschiedenen Planeten durch Shamballa, durch die Hierarchie, durch das Menschenreich. Wieder fungiert letzteres als Schaltstelle, durch die die höheren Energien fließen, um die niederen Reiche zu vervollkommnen. So besteht eine ganz reale gegenseitige Abhängigkeit zwischen der Menschheit und den niederen Reichen. Im kommenden Zeitalter – es beginnt bereits, wie man an der wachsenden Bewußtheit sehen kann – wird die Menschheit allmählich ihre Beziehung zu den niederen Reichen und deren Abhängigkeit von ihr selbst durchschauen. Daraus wird eine neue Beziehung zwischen den Menschen und den anderen Reichen erwachsen.

Darf ich Sie fragen, welche Rolle die Tiere in diesem Evolutionsprozeß spielen?

Sie spielen natürlich eine sehr wichtige Rolle, wie auch alle anderen Reiche in der Natur, von denen eines aus dem anderen erwächst. Das erste war das Mineralreich. Daraus entstand die Pflanzenwelt, aus ihr die Tierwelt und aus dieser die menschliche. Aus der Menschenwelt erwächst das Reich des Geistes – «das Reich der Seelen» oder «das Reich Gottes» – das ist die Hierarchie.

Vor achtzehneinhalb Millionen Jahren etwa, in der Mitte des lemurischen Zeitalters, hatte der frühe Tiermensch eine relativ hohe Entwicklungsstufe erreicht: einen kräftigen Körper, einen koordinierten Astral- oder Emotionalkörper und den Keim des Denkens, ein im Entstehen begriffenes Denkvermögen, das den Kern für den Mentalkörper bilden konnte. Zu diesem Zeitpunkt manifestierte sich der Logos unseres Planeten körperlich als Sanat Kumara, als der Herr der Welt auf Shamballa. Dieses Zentrum entstand damals.

Mit Sanat Kumara kamen die Herren der Flamme von der Venus, die jene Kraft brachten, die wir das Denkvermögen nennen. Diese Energie stimulierte das im Werden begriffene Denken des frühen Tiermenschen, und damit vollzog sich die Individuation des Menschen.

Die menschlichen Egos oder Seelen, die auf ihrer Ebene, der höchsten mentalen, auf diesen Zeitpunkt gewartet hatten, inkarnierten sich und brachten damit ein großes, wirkliches Opfer. Die Reise des Menschen durch die Evolutionsstufen nahm damit ihren Anfang.

30/9/76

Was geschieht mit den Tieren? Entfalten sie sich?

Im Augenblick entfalten sich die Tiere in Abhängigkeit von der Tätigkeit des Menschen. Sie sprechen auf die Denk-Energie an – das fünfte Denkprinzip, das der Mensch auf sie ausstrahlt. Auf diese Weise wird ihre beginnende Intelligenz allmählich aktiviert.

Wie sich das auswirkt, kann man an den Haustieren beobachten, die mit Menschen zusammenleben. Langsam sterben die alten Wildtiere wie das Rhinozeros etc. aus. Die domestizierten Tiere werden immer intelligenter, angeregt durch den menschlichen Intellekt. Gelegentlich kann man Experimente sehen, bei denen Tiere gewisse mediale Fähigkeiten unter dem Einfluß menschlicher Gedanken zeigen.

Später, aber erst in mehreren Millionen Jahren, wird für sie das Tor zur Individuation, das in der Mitte der atlantischen Zeit geschlossen wurde (seither können Tiere nicht mehr zu Menschen werden), sich wieder öffnen und Tiere werden zu Individuen werden. Zur Zeit haben Tiere keine selbstbewußte Seele. Wenn eine Katze stirbt, geht sie in einer Seele auf. Sie verliert jede Identität, die sie auf physischer Ebene hatte, an die Gruppenseele «Katze». Bis zu einem gewissen Grad trifft das auch auf den Menschen zu, aber er hat auch Individualität. Diese Individuation fand für ihn in der lemurischen Zeit statt.

5/3/76

Ein Teil des Weltgewissens drückt sich bei manchen Leuten darin aus, daß sie an Tier- und Pflanzenformen hängen und zu ihrer Erhaltung in den letzten Jahren verschiedene Gesellschaften gegründet haben. Es ist doch sicher eine Anmaßung des Menschen, an einer Lebensform festzuhalten, die nicht länger nützlich ist. Die Seelen, die diese Körper bewohnen, müssen doch klarerweise längst zu besser für die Reinkarnation geeigneten Gestaltformen übergegangen sein. Oder ist das etwa ein Erziehungsprozeß? Paßt das wirklich in den Plan?

Wenn eine Tierart ausstirbt – und viele sterben aus, wie wir wissen – geschieht es durch die Einwirkung bestimmter großer Energien. Die große zestörerische Kraft des ersten Strahls des Willens und der Macht richtet große Verheerungen in der Tierwelt an.

Ist das destruktiv?

Es ist destruktiv und Absicht. Die alten Formen werden zerstört, um den neuen, besseren Formen Platz zu machen. Das Leben kann man nicht zerstören, nur die Form, die auf höherer Ebene erneuert werden kann. Das Leben ist unzerstörbar. Es spielt keine Rolle, außer für jemand Sentimentalen, daß das Rhinozeros oder sonst eine Art ausstirbt. Ich persönlich neige zu der Ansicht, daß es keine üble Idee ist, einige Exemplare zur Erinnerung an unsere prähistorische Vergangenheit in Tiergärten zu erhalten. Aber im Grunde sind es prähistorische Tiere und im Aussterben begriffen. Viele Tierarten sind bereits ausgestorben und werden es immer wieder durch die Einwirkung des ersten Strahls unter seinem Zerstöreraspekt.

Richtig ist, daß der Mensch diesen Prozeß durch seine gierige Jagd nach diesen Tieren in unnatürlicher Weise beschleunigt. Im Falle des Rhinozerosses wegen eines vermeintlichen Aphrodisiakums, das man in seinem Horn fälschlich vermutet.

Der freie Wille

24/1/78

Wenn jemand wie Christus erscheinen und unter diesem Namen sprechen würde, dann würden die Menschen handeln, weil Er es sagt, und nicht aus eigenem freien Willen, nicht wahr?

Ja, obleich Er dabei ist, in dem Land, in dem Er jetzt lebt, allmählich öffentlich aufzutreten – und das sehr bald – wird Er sich nicht sofort zu erkennen geben.

Sie sprechen vom freien Willen. Die Hierarchie und der Christus verletzen nicht, unter keinen Umständen, unseren freien Willen. Einer der Gründe, warum der Christus, auch wenn Er jetzt in der Welt ist, im Augenblick nicht über Radio und Fernsehen zur Welt oder zu den Vereinten Nationen spricht, liegt eben darin, daß Er sich über unseren freien Willen nicht hinwegsetzen möchte. Seine Ansicht stimmt völlig mit dem überein, was Sie sagen. Er ist sich der Gefahr bewußt, daß viele Ihm nur folgen würden, weil Er der Christus ist. Wenn Er bekannter wird, ohne sich aber schon «erklärt» zu haben, werden viele Menschen auf Ihn hören, ohne unbedingt zu wissen, daß Er der Christus ist. Die Menschen, die wissen, was sie suchen, können Ihn auch erkennen.

Die nicht wissen, was sie suchen oder nicht darauf vorbereitet sind, daß Er in die Welt kommt – das hängt vom Erfolg der Vorbereitungsarbeit für Ihn jetzt ab – werden Ihn nicht unbedingt gleich mit dem Christus in Verbindung bringen. Sie folgen Ihm dann vielleicht einfach, weil sie das akzeptieren, wofür Er eintritt. Das ist es, worauf es ankommt. Wer Ihm aus sachlicher Überzeugung folgt, ob man Ihn erkennt oder nicht, wird sich automatisch – sobald man Seine Ideen in die Wirklichkeit des eigenen Lebens umsetzt – von Seiner Energie, der Kraft des Kosmischen Christus, dem Wahren Geist des Christus durchströmt fühlen. Sie wird Ihm

171

zufließen und durch Ihn wirken. So kann Er die Welt durch diese Menschen verändern.

Stünde Er heute oder morgen auf und würde sagen: «Ich bin der Christus», würden Ihm viele glauben. Er ist ein so außergewöhnlicher Mensch, daß viele überzeugt wären, daß Er der Christus ist; und sie würden Ihm in einer Gemütsaufwallung ihr Treueversprechen geben. Dabei würden sie Ihm aber folgen, weil sie Ihn für den Christus halten, aber nicht, weil sie zu dem Verzicht bereit sind, den Er verlangen wird. Er wird zu Opfern aufrufen, die gebracht werden müssen, damit alle Menschen an den Früchten dieser Erde teilhaben können. Die dazu nicht bereit sind, werden nicht auf Seiner Seite sein – selbst wenn sie in Ihm den Christus erkennen. Aber die, die dazu bereit sind, werden Ihm folgen, selbst wenn sie Ihn nicht als den Christus erkennen. Sie müssen nämlich aus sich heraus an das glauben, das für richtig halten, was Er sagt, nicht nur, weil Er der Christus ist. So wird eine Zeit verstreichen zwischen Seinem Auftreten und Seiner öffentlichen Erklärung Seines wahren Status, um der Menschheit die Möglichkeit zu geben, ihre Wahl zu treffen und die ersten Schritte auf dem Weg zum Teilen selbst zu tun.

Andere werden Ihn völlig ignorieren und in ihrer alten selbstsüchtigen Weise fortfahren. Das Auftreten des Christus bedeutet nicht, daß die Menschen plötzlich, über Nacht, selbstlos sein werden. Die Ichbezogenheit ist etwas, aus demder Mensch erst herauswachsen muß. Sie ist ein Stadium im Entwicklungsprozeß. Es gibt heutzutage Millionen *selbstloser* Männer und Frauen in der Welt, die für den Wandel bereit sind, bereit zu teilen und die Opfer zu bringen, die es erfordern wird.

24/1/78

Schränkt die Vorstellung von einem Plan nicht unseren freien Willen ein?

Der Christus und die Meister werden nichts anderes tun als den Weg zeigen. Sie erbauen nicht das Neue Zeitalter, das müssen wir selbst tun. Wir müssen erst die inneren Wandlungen vollziehen. Wir müssen erst die Entscheidung für die *Annahme* des Planes treffen. Der Christus und die Meister werden zeigen, daß ein Plan existiert – ein Konzept, das von Gott kommt, vom Zentrum, das wir Shamballa nennen, in dem der Wille Gottes bekannt ist. Sie sind die Hüter, die Mittler des Planes. Aber der Mensch muß ihn auf der physischen Ebene verwirklichen. Es wird kein Zwang bestehen. Man darf nicht vergessen, daß die Hierarachie ein Kontinuum ist. Da gibt es den Christus und die Meister; aber auch die Eingeweihten 4., 3., 2., 1. Grades und alle die Jünger und Adepten am Rande der Hierarchie, und *sie sind die Menschheit*. Die Hierarchie hört nicht bei den Meistern auf. (Wenn man so will, hört Sie im technischen Sinn bei den Eingeweihten ersten Grades auf.)

Die Eingeweihten und Jünger sind es, die den Plan verwirklichen; mit ihnen zusammen arbeiten der Christus und die Meister und werden es weiter tun. Sie sind die Baumeister des Neuen Zeitalters, nicht nur der Christus und die Meister. Sie können nur den Weg weisen, aber die tatsächlichen politischen, wirtschaftlichen, finanziellen, sozialen und anderen Strukturen der Neuen Zeit werden alle von den geschulten Eingeweihten und Jüngern, Männern und Frauen hier auf der Welt, erarbeitet und verwirklicht werden müssen. Nicht gegen den freien Willen der Menschen, denn sie gehören ja zur Menschheit.

24/1/78

Was ich meinte, war etwas Subtileres.

Ich verstehe und fühle, glaube ich, Ihren Zweifel, Ihr Problem, Ihre Sorge; aber ich kann Ihnen versichern, daß niemand sorgfältiger über die Wahrung des freien Willens der Menschheit wacht als die Hierarchie. Nie, unter keinem Vorwand, verletzt Sie unseren freien Willen. So angenehm und verlockend es für uns wäre, wenn Sie sich einmischte, Sie tut es nie. Alles muß der Mensch erarbeiten. Wenn Sie irgendwie einwirken kann – in einer Art Beeinflussung, wenn Sie so wollen -dann ist es durch ein Beeindrucken des Denkens Ihrer Jünger. Aber das sind Männer und Frauen auf dieser Welt und auch in der Hierarachie, also bedeutet das keine Verletzung ihres Willens. Diese Jünger werden den Plan in die Tat umsetzen.

173

Das Christentum wurde eigentlich durch den Apostel Paulus begründet. Der Christus, der durch Jesus wirkte, leitete das Fische-Zeitalter ein und gleichzeitig die christliche Religion, aber die äußere Form des Christentums, der Kirche, stammt von Paulus – und Er machte eine Reihe von Fehlern. Er verdrehte das Christentum ganz beträchtlich.Er ist jetzt einer der Meister der Weisheit, der Meister Hilarion (und er gehört zu denen, die nun bald in der Welt sein werden), aber Er beging Fehler, und niemand hinderte Ihn daran.

Niemand hat einen Jünger je daran gehindert, Fehler zu machen. Er macht sie, die Menschheit leidet darunter, und damit auch der Plan. Aber mit der Zeit setzt sich der Plan in Realität um. Er ist das Ideal. Er stammt von Shamballa in seiner Idealform. Der Hierarchie wird er vor allem durch Buddha übermittelt, der in Shamballa wohnt, und durch die drei großen Herren – den Christus,den Manu und den Herrn der Zivilisation – die an der Spitze der drei Abteilungen innerhalb der Hierarchie stehen. Sie beschließen z.B., welcher Teilbereich des Planes in den kommenden 100 oder 1000 Jahren verwirklicht werden kann. Die Aufgabe des Herrn der Zivilisation ist in gewisser Weise die eines geschäftsführenden Direktors – nämlich den Plan mit den gegebenen Möglichkeiten abzustimmen, die Energien freizusetzen und die Ideen in den Gedankengürtel der Menschheit einzuschleusen. Wenn die Menschheit auch darauf reagiert, so wird doch immer nur eine Annäherung an das Ideal erreicht, und wenn es etwa eine Verletzung des freien Willens bedeuten sollte, den Plan zu verwirklichen, dann würde es nicht geschehen.

Das verstehe ich.

Es liegt immer an uns – und wird immer an uns liegen.

Es wäre also am besten, auch die Ideale zu erkennen.

Natürlich. Auf diese Art wirken sie. Aber woher kommen diese Ideale, was meinen Sie? Woher kommt das Ideal der Brüderlichkeit? Woher kommen denn Ihrer Meinung nach die Ideen, diejetzt beginnen, das Denken der Menschen zu beherrschen? Glauben

Sie, die fallen vom Himmel oder tauchen plötzlich auf im Denken der Menschen? Nein. Sie werden von der Hierarchie in den Gedankengürtel *gesandt,* als Gedankenform eingespeichert.

Darauf sprechen die feinfühligen Denker der Menschenrasse an. Sie haben dann eine großartige Idee, sie entdecken z.b. die Atomenergie, oder daß die Welt rund ist oder was auch immer. Das sind «Er-findungen», die Eingeweihte machen, indem sie auf Gedankenformen reagieren, die die Hierarchie bereits in den Gedankengürtel eingegeben hat.

24/5/77

Was geschieht mit unserem freien Willen?

Der Mensch hat einen freien Willen. Er hat begrenzten freien Willen, und der wird nicht geschmälert. Bisher hat er ihm völlig die Zügel überlassen, und die Menschheit hat viele Fehler begangen und hatte zu leiden unter der Ungehemmtheit des freien Willens. Der Mensch hat einen freien Willen und kann damit eine Zeitlang, also begrenzt, der evolutionären Kraft Widerstand leisten – diesem großen kosmischen Schwung zu weiterer Entfaltung. Dieser Planet ist Teil eines Sonnensystems, einer größeren Wesenheit, des Logos dieses Sonnensystems. Unser Erdball ist ein Zentrum im Körper dieser Wesenheit, und seine Entfaltung steht mit der Entfaltung des ganzen Systems in Zusammenhang. Unser freier Wille ist insofern begrenzt, als wir uns der evolutionären Kraft für eine begrenzte Zeit, aber nicht auf Dauer, widersetzen dürfen. Früher oder später werden wir, ob wir wollen oder nicht, vom evolutionären Schwung mitgerissen, vom großen kosmischen Magneten, und müssen dorthin, wo es der Wille Gottes für uns vorgesehen hat.

Heute, zum ersten Mal seit den Tagen von Atlantis, kommt der freie Wille der Menschheit wieder in Einklang mit dem Willen Gottes, wie er in Shamballa bekannt ist. Die drei großen Zentren, Shamballa, die Hierarchie und die Menschheit, sind nun besser aufeinander abgestimmt als sie es je waren, denn zum ersten Mal seit unzähligen Jahrtausenden wandelt sich der menschliche freie Wille und gleicht sich dem Willen Gottes an. Wenn er abweicht, hat der Mensch Schwierigkeiten, Probleme, Leiden. Aber wenn sein freier Wille, der frei bleibt, *durch seine eigene freie Wahl* mit dem Göttlichen Willen in Einklang ist, dann wird alles gut. Wir hatten immer die Möglichkeit, ein göttliches Leben zu führen, in einer schönen Welt, ohne Leid, indem wir nur unseren freien Willen mit unseren persönlichen Vorlieben, unseren eigenen persönlichen Wünschen, in Harmonie mit dem Ziel der Seele bringen, dem ein göttlicher Zweck innewohnt.

Durch unser allmähliches Reifen werden wir immer mehr zu Persönlichkeiten, die von ihrer Seele durchdrungen sind und immer mehr den wahren Zweck der Seele erkennen lassen. Dadurch gleicht sich unser menschlicher Wille, der immer noch frei ist, dem Göttlichen Willen an – dem Plan und der Absicht, die der Logos dieses Planeten mit uns verfolgt. Wir sind in Wirklichkeit Gedanken im Denken des schöpferischen Logos. Sobald wir unser äußeres Leben mit Seinen Absichten, die Er mit uns als Seinen Geschöpfen hat, in Übereinstimmung bringen, ist alles in Ordnung. Dann leidet der Mensch nicht, wir verhalten uns richtig zueinander – von Mensch zu Mensch und von Mensch zu Gott. Wo wir aber unseren separatistischen freien Willen einsetzen, uns als getrennte Wesen fühlen und egozentrisch handeln, da beginnen die Unannehmlichkeiten. Immer sind Menschensöhne zu Gottessöhnen geworden und brachten ihren kleinen eigenen Willen mit dem Göttlichen in Einklang. Sie wurden Eingeweihte und mit der Zeit Meister. Das ist in allen Jahrhunderten geschehen. Heutzutage kann die Menschheit *als Ganzes* zum ersten Mal in der Geschichte das gleiche tun.

Politische Wirkungen

Die drei Katastrophen

21/12/76

Informationen, die uns über frühere Übergänge von einem in das nächste Zeitalter zugänglich wurden, scheinen nicht nur zu bezeugen, daß es ungeheure Umwälzungen gab, sondern auch enorme geophysische Umbrüche auf dem Planeten selbst. Ist das wahr?

Die Erdbebentätigkeit hat, wie man sehen wird, innerhalb der letzten 150 Jahre sowohl an Heftigkeit als auch an Häufigkeit zugenommen und erreicht jetzt einen Höhepunkt. Es vergeht kaum ein Monat ohne ein Erdbeben irgendwo auf der Welt. Ihr Auftreten und andere unheilvolle Aktivitäten – Katastrophen – sind zurückgegangen seit der Anrufung des Avatars der Synthese in die Welt, da Er Synthese und Fusion bewirkt; und durch die Energien des Geistes des Friedens, der die Transformation und Transmutation zwischen dem Höheren und Niederen zuwege bringt. Ohne dieses Dazwischentreten wären diese Katastrophen von einer Wucht, wie wir sie noch nie erlebt haben.

Die Menschheit ist in diesem Jahrhundert von einer der größten Verheerungen in ihrer Geschichte heimgesucht worden, dem großen Krieg zwischen 1914 und 1945, der vom Standpunkt der Hierarchie ein einziger Krieg war. Viele Millionen Menschen kamen um, und wir leiden immer noch unter den Nachwirkungen. Weite Teile der Erde wurden verwüstet, und das soziale Leben in höchstem Maß geschädigt. Es hatte sich auf der irdischen Ebene ein Krieg niedergeschlagen, der auf den inneren Ebenen, der astralen und mentalen, schon seit den atlantischen Zeiten herrschte, als er den atlantischen Kontinent zerstörte. Es war ein großes Unglück und eine große Erfahrung für die Menschheit.

Wir stehen heute, obwohl sich viele dessen nicht bewußt sind, wieder vor einer großen Katastrophe, und zwar vor einer Hungerkatastrophe. Zur Zeit droht 460 bis 500 Millionen Menschen buchstäblich der Hungertod in einer Welt des Überflusses. Wenn das keine große Katastrophe ist, dann weiß ich nicht, was es ist!

Aber weil sich das nicht in unserer unmittelbaren Umgebung abspielt, ignorieren wir die Tatsache. Das Unglaubliche an der Menschheit ist, daß sie Millionen Artgenossen – Angehörige ihrer eigenen gemeinsamen Menschheit – an Hunger leiden,an Hunger sterben, an Hunger und Krankheit zugrunde gehen lassen kann, ohne es als große Katastrophe zu empfinden. Diese beiden großen Katastrophen haben uns also, neben den Erdbeben, in der jetzigen Zeit heimgesucht.

Der Christus kommt nun sehr bald in die Welt zurück, um als Vermittler göttlicher Intervention zu wirken, so daß Er deren Auswirkungen bis zu einem gewissen Grad mildern kann – da sie sonst noch weit größere Not und mehr Leid verursachen würden. Der Hauptgrund für die jetzige Wiederkehr des Christus ist es, zu verhindern, daß die Hungerkatastrophe noch mehr Millionen Menschen verschlingt. Ein Großteil der Welt steht heute vor dem Verhungern; Hunderte Millionen Menschen werden verhungern und sterben in den kommenden Jahren, wenn wir nicht den Prozeß des Teilens in Gang setzen. Dies hat mehr als alles andere den Ausschlag gegeben, Seine Rückkehr zu beschleunigen. Noch einen Grund gibt es – die gegenwärtige Empfänglichkeit der Menschheit für dieses Überfließen spiritueller Energien ist, wie alles, zyklischer Natur. Wir sind nun in einer ansteigenden Empfänglichkeitsphase, und deshalb hofft der Christus, daß Er durch Sein jetziges Kommen diese anschwellende Woge nützen kann, solange sie dauert, um das Zeitalter des Guten Willens, des Teilens und des rechten Umgangs miteinander einzuleiten, bevor sich dieser Trend wieder umkehrt und wir ins Wellental zurücksinken. Das sind die Hauptgründe für die bevorstehende Wiederkehr des Christus.

Im Mai 1976 ereignete sich etwas ungemein Bedeutsames für die Welt. Diese Energien des Christus und der Hierarchie stammen fast ausschließlich von der buddhischen Ebene und müssen daher herabgestuft werden – wobei sie in jeder niederen Stufe an Kraft verlieren. Seit Mai 1976 sendet der Christus einen großen Segen in die Welt.

Er hat das Datum seiner Rückkehr so vorgezogen, daß keine Zeit mehr bleibt, den Weg für Ihn vorzubereiten, die Gemüter der Menschen in eine Erwartungshaltung zu versetzen. So muß Er es selbst tun. Er sendet nun die Energie des Avatars der Synthese und des Geistes des Friedens, des Buddha, und Seinen eigenen Strahl der Liebe nicht länger einfach von der buddhischen Ebene herab durch die vier mentalen, die sieben astralen, bis zur tiefsten der vier ätherischen Ebenen.

Die Wirkung ist jetzt so, *als wäre* der Christus physisch in der Welt anwesend. Die Energien werden in der höchstmöglichen Intensität freigesetzt. Das ist etwas ganz Neues und bedeutet, daß diese Energien, die bisher nur zum Teil wirksam waren, und daher in ihrer Wirkung auch verlangsamt, jetzt direkt und stark eingreifen und dadurch Veränderungen hervorrufen, die bisher unmöglich erschienen.

Auch in den kommenden Monaten und Jahren wird man außergewöhnliche Ereignisse in der Welt beobachten. Sie werden nicht mehr länger zweifeln, daß der Christus auf dem Weg ist. Menschen werden zueinander finden, Staaten werden zu neuen Übereinstimmungen kommen. Gruppen, die bisher im Ringkampf miteinander lagen, werden auf einmal entdecken, daß sie Freunde sind, und Kompromisse eingehen. Gewisse Gebiete wie der Mittlere Osten, wie Belfast, Südamerika und Afrika werden sich in einer neuen Art von friedfertiger Ordnung beruhigen. Die chaotischen Tumulte werden allmählich nachlassen und die Menschen ihre Gedanken der Errichtung der neuen Ordnung, einer neuen Verteilung, neuen Strukturen zuwenden können und sie unter dem Einfluß des Christus rasch in die Tat umsetzen. *Er wird buchstäblich innerhalb der nächsten Monate in der Welt sein.* Die Energien arbeiten für Ihn schon vor Seiner Anwesenheit. Das ist einzigartig und ein großer Segen, der die Menschen vorbereiten und ihnen zeigen soll, daß Er tatsächlich auf dem Weg ist. Die Erlaubnis zu diesem Segen gab der Herr der Welt, Sanat Kumara auf Shamballa.

Man braucht nicht das Datum Seiner Ankunft zu wissen. Bald

wird jeder selbst spüren, daß der Christus gekommen ist. Die Veränderungen werden so verblüffend sein, daß man merken wird, daß etwas vor sich geht, daß der Christus da ist. Andere werden vielleicht nicht genau wissen, was sich ereignet, aber auch sie werden erkennen, daß etwas Besonderes im Gange ist. Und wenn man diesen Mann in bestimmter Weise arbeiten sieht, wie Er Seine Energie freisetzt, dann muß man einfach fühlen, daß das der Christus ist.

Versprecht Ihm Eure Hilfe. Gestattet Ihm, durch Euch zu wirken.

«Der Katastrophenkomplex»

Anmerkung des Autors

Es herrscht heutzutage etwas, das ich «Katastrophenkomplex» nennen möchte. Von allen Seiten strömen Katastrophenmeldungen auf uns ein. Ich bin der Meinung, daß man diesem zerstörerischen Angstsyndrom entgegenwirken muß – denn darum handelt es sich dabei zum Großteil. Es *gibt* heute Katastrophen – Millionen sterben vor Hunger in einer satten Welt. Die Erdbeben lassen nach durch die Anwesenheit des Christus. – Er wirkt als Mittler göttlicher Intervention, um ihre Folgen abzumildern – aber sie ereignen sich immer noch. Die ganze Welt ist in Gärung, in Umwandlung, bei der viele alte, liebgewordene Formen hinweggefegt werden. Aber die Voraussagen von Überschwemmungen und Zerstörungen ganzer Kontinente beruhen auf nichts als Angst – die von den Kräften des Bösen geschürt und aufrechterhalten werden in ihrem Kampf «mit dem Rücken zur Wand» gegen ihre unvermeidliche Niederlage – und auch auf einem Mißverständnis, was den Zeitpunkt betrifft.

Die kontinentalen Verschiebungen und Zerstörungen von Landmassen, auf die sich die meisten Voraussagen beziehen, sind erst in etwa 800 Jahren fällig. Zu jener Zeit wird eine stärker mental polarisierte Menschheit mit Hilfe der dann physisch anwesenden Hierarchie imstande sein, damit fertigzuwerden. Alles geschieht nach dem Gesetz. Dieses falsche Verstehen von Offenbarungen und Nostradamus führt zu einer ungesunden Aufbauschung der Unglücksfälle – es erzeugt Furcht – der ich für meine Person, so gut ich kann, entgegensteuere. Wir leben in einer Zeit der größten Hoffnung und Verheißung für die Menschheit.

Gewalt heutzutage

5/3/76

Ist die Gewalt in der heutigen Welt – in Afrika, Irland und ähnlichen Brennpunkten – die letzte Auswirkung der Gewalt der Weltkriege oder ist sie etwas anderes, und wird sie sich erschöpfen?

Sie wird unweigerlich zu Ende gehen, aber die Ursachen sind verschieden.

5/3/76

Es scheint sehr viel bevorzustehen … besonders in Afrika.

Ja, und das hat mehrere Ursachen. Die heutige Gewalt ist vielfach darauf zurückzuführen, daß der Mensch seine wahre Natur nicht begreift, daß er im Grunde, in Wirklichkeit, eine Seele ist – eine inkarnierte Seele; daß seine jetzige Persönlichkeit der Träger für ein großes Wesen ist, eben diese Seele. Die heutige Gewalt innerhalb der Welt rührt vom Ungleichgewicht zwischen seinem inneren Wissen um seine Seele und der Unfähigkeit des Menschen, ihr in der Welt Ausdruck zu verleihen – durch die gesellschaftlichen Zustände, den Mangel an entsprechender Erziehung und wegen der (wenig fortgeschrittenen) Evolutionsstufe, über die die Mehrheit noch nicht hinausgekommen ist. Es entsteht eine Situation, in der der Mensch mit sich selbst kämpft und deshalb auch mit der Gesellschaft, deren Teil er ist. Darin liegt die Ursache für einen großen Teil der Gewalt in der Welt.

In Afrika und anderswo ist die Gewalt oft auf das Erwachen der Völker zurückzuführen, die nun ihre Nationalität suchen und für sie kämpfen, während sie gleichzeitig das Joch des Kolonialismus abwerfen. Die verschiedenen Parteien innerhalb dieser sich entfaltenden Völker suchen natürlich unter den gegebenen wirtschaftlichen Bedingungn ihre eigene Lösung und Ideologie durchzusetzen. Unterstützt werden sie dabei naheliegenderweise von der einen oder anderen Großmacht, die damit eine weitere Einflußsphäre zu gewinnen trachtet. Die einzige Lösung für diesen ganzen gewalttätigen Kampf ist das Teilen.

Die Wiederkehr und die Regierungen

15/7/76

Ich würde gerne Näheres über die Zusammenarbeit zwischen den Meistern der Weisheit und den Regierungen erfahren. Der Wandel kann nicht eintreten, solange man einfach innerhalb der gegebenen politischen Strukturen weiterarbeitet. Er kann nur kommen, wenn man sich einfach von diesen Strukturen zurückzieht.

Notwendig ist eine völlige Änderung der sozialen Strukturen in der ganzen Welt. Das bedeutet, daß man zunächst innerhalb der bestehenden Regierungsformen weiterarbeiten muß, um sie zu ändern. Die Einbeziehung aller Teile der Gesellschaft in den Aufbau einer neuen Sozialordnung wird ein rasches Annehmen der nötigen Maßnahmen gewährleisten, so daß sich bei diesem Prozeß die Art der Regierung, wie wir sie heute vor Augen haben, in ihrer Grundstruktur ändern wird. Es ist Ihrerseits eine unrichtige Annahme, wenn Sie meinen, ich sähe eine Fortsetzung der bestehenden Regierungssysteme voraus; persönlich tue ich das keineswegs.

Neue Regierungsformen könnten sich ohne direkte Konflikte mit den alten entwickeln. Es ist wie auf einer Karikatur, die ich sah. Ein Priester steht in einer Kirche, und die Kirche ist völlig leer. Und er sagt: «Ich bin hier versammelt...». Es gab keinen wirklichen Zusam-

menstoß, alle haben sich einfach zurückgezogen von der überholten Form, und der Anführer hat nun niemanden, den er anführen kann.

Aber es gibt Situationen, in denen der Anführer tatsächlich führt, und die ihm folgen, nehmen Anteil. Ich stelle mir keineswegs eine autoritäre Regierungsform vor. Überhaupt nicht. Das wäre völlig unvereinbar mit den Erfordernissen der aktiven Mitwirkung aller Teile der Gesellschaft und der richtigen Art von Beziehung, die sich zwischen freien Menschen entwickeln muß.

Ich stellte jede Art von Regierung in Frage. Mit anderen Worten, ich machte keinen Unterschied zwischen Demokratie und autoritärem Regime.

Ja, aber egal, in welcher Organisationsform wir unser soziales Leben gestalten, es braucht irgendeine Art von Regierung - ob wir ihren Sitz Westminster oder Kreml oder sonstwie nennen; oder ob sie mit Workshops oder Gemeindeversammlungen arbeitet. Eine Regierung ist eine Organisation von Beziehungen untereinander. Es muß irgendeine Struktur oder Organisation geben, in der Entscheidungen getroffen werden, um zu bestimmten Resultaten zu führen. Das ist Regierung, ob auf kommunaler Basis, individueller oder internationaler, es müßte immer eine formale Struktur vorhanden sein. Ich würde vorschlagen, daß das Regierungssystem sich dadurch wandelt, daß alle Teile der Gesellschaft am Wandlungsprozeß teilhaben. Was wir heute demokratische, kommunistische oder faschistische Systeme nennen - sie alle sind in einer Übergangsperiode zu etwas anderem. Sie sind alle mehr oder weniger in einem Durchgangsstadium, und niemand kann im Augenblick genau voraussagen, wie die Regierungsform irgendeines Landes in 10 Jahren aussehen wird. Das, wovon ich spreche, wird sich innerhalb der nächsten Jahre abzuspielen beginnen. Es ist etwas sehr unmittelbar Bevorstehendes, und wir werden in diesem Land in der kommenden Zeit große Veränderungen der Gesellschaftsstruktur erleben.

Was Sie da angedeutet haben, läuft das auf irgendeine Art von Welt-regierung hinaus?

Unweigerlich wird das zu einer Weltregierung *führen*. Sie wird der Menschheit nicht aufoktroyiert werden, sondern sich aus der Verwirklichung der Brüderlichkeit ergeben. Das Teilen und die Zusammenarbeit der ganzen Menschheit, die Umverteilung der Weltproduktion werden zu einer Weltregierung führen. Jeder Versuch, eine «Weltherrschaft» aufzuzwingen ohne die Annahme des Prinzips des Teilens, ist zum Scheitern verurteilt.

7/2/78

Welche Position würde der Christus in einer solchen Weltregierung einnehmen?

Wie ich es im Augenblick verstehe – ich spreche nicht aus einem absoluten Wissen heraus – wird Er an der Regierung überhaupt nicht beteiligt sein. An der Spitze einer Weltregierung und in den großen Weltorganisationen wie der UN usw. werden entweder ein Meister oder zumindest ein Eingeweihter dritten Grades mitarbeiten. Damit werden die großen internationalen Gremien (agencies) unter der direkten Kontrolle eines hohen Mitglieds der Hierarchie stehen. Der Christus wird nicht von der Menschheit getrennt, nicht weit entfernt, ihr Lenker sein. Er wird den Weg weisen, die Möglichkeiten, den Plan umreißen, Er wird der Weltlehrer sein. Die Meister werden mit der Zeit gemeinsam mit Ihren hohen Eingeweihten hervortreten und die Aufsicht über die administrativen und technischen Details übernehmen. Christus selbst wird viel zu tun haben – mit der Freisetzung der Energien, mit der Aufgabe der Initiation als der «Initiator», der Hierophant, bei den ersten zwei Einweihungen; und Er wird die Bildung der Neuen Weltreligion anregen und inspirieren.

26/7/77

Wird es mit der Zeit eine Weltsprache geben?

Die internationale Sprache wird in Zukunft englisch sein. Ein vereinfachtes Englisch. Das heißt nicht, daß nicht jede Nation ihre eigene Sprache weiter behalten wird. Aber es wird eine internationale Sprache auf der Basis eines Basic English geben.

7/2/78

Die Hierarchie muß sich bestimmt immer mehr auf die Vereinten Nationen konzentrieren – sie waren ja lange Zeit ziemlich unwirksam – wenn sie die Treuhänder aller Hilfsgüter werden sollen?

Ja. Die Energie des Avatars der Synthese arbeitet praktisch durch die Versammlung der Vereinten Nationen und bringt sie langsam, aber sicher einander näher. Sie sind eine der wichtigen Gruppierungen, durch die diese Energie fließt. Wir sehen die Schwächen der UNO, aber ihre Vertretungen haben seit ihrer Gründung ungeheuer viel auf der ganzen Welt geleistet, auf allen Gebieten – auf dem wirtschaftlichen, ökologischen, medizinischen und sozialen Sektor – eine riesige Aufbau-und reorganisatorische Arbeit. Man sollte die Beiträge, die von einzelnen Nationen und gemeinsam zur Linderung der Not in der Welt geleistet werden, nicht unterschätzen. Dieses Gefühl der Sorge für die anderen ist ein völlig neuer Zug in den Weltbeziehungen und ein sicheres Zeichen, daß der Plan sich verwirklicht.

7/2/78

Welche Arten von Opfern wird man von uns erwarten?

Nun, man wird von uns erwarten, daß wir viel einfacher leben als wir es jetzt tun. Die Menschheit – ich spreche nicht von den unterentwickelten zwei Dritteln der Welt – werden eine sogenannte «Wildniserfahrung» durchmachen. Man wird lernen müssen, bescheidener zu leben, zu teilen und alles, was damit verbunden

185

ist: die Weltproduktion z.B. als der ganzen Welt zustehend anzusehen – nicht amerikanischer Weizen, russisches Öl oder britische Erzeugnisse etc., sondern, daß jede Nation Vorzüge, Vorteile hat, auf die alle Menschen, alle Völker Anspruch haben. Jede Nation wird man auffordern, ein Inventar ihres Besitzes und ihres Bedarfs aufzustellen und an die Vereinten Nationen weiterzuleiten. Alle Güter und Erzeugnisse werden übereignet werden müssen. Ich sage «müssen»; es liegt an uns, das zu akzeptieren. Nichts wird uns aufgezwungen werden. Aber die Hierarchie und der Christus werden dazu raten, die Weltproduktion zu treuen Händen den UNO-Organisationen zu übergeben, so daß kein Land etwas besitzt. Dann wird alles, je nach Bedarf, unter der ganzen Menschheit verteilt. Das wird für das «entwickelte» Weltdrittel eine völlig neue und bescheidenere Lebensweise bedeuten, die, wie man sehen wird, viel glücklicher machen wird, denn es ist nichts leichter zu tragen als was man teilt. Ich meine, wenn man nicht viel hat, so ist das leichter zu ertragen, wenn niemand sehr viel hat.

Das ist alles relativ. Ich behaupte nicht, daß wir in erschreckender Armut leben werden, keineswegs. Es gibt mehr als genug Nahrung auf der Welt; auch Rohmaterialien und Energiequellen, wenn man sie richtig einsetzt.

Die Meister verwalten wissenschaftliche Erkenntnisse, von denen wir derzeit noch nicht einmal träumen. Sie kennen Energiequellen nuklearer Art, die einfach und sicher sind und den Energiebedarf der ganzen Menscheit decken können. Das ist die Crux der heutigen Situation. Alles hat mit Energie zu tun. Wer heute die Energie in der Hand hat, hat die Macht. Doch an der Energie, von der ich spreche, wird die ganze Menschheit teilhaben.

28/3/78

Viele Länder möchten heutzutage die Demokratie praktizieren. Wie werden sie sich zu einer Hierarchie verhalten?

Ich habe besonders unter den jungen und politisch gestimmten, demokratisch orientierten Leuten einen großen Widerstand gegen die Vorstellung einer Hierarchie, gegen den Gedanken an Meister der Weisheit wegen des Wortes «Hierarchie» angetroffen. Sogar gegen das Wort «Meister». Natürlich bedeuten die Wörter Hierarchie und Meister nicht (im üblichen Sinn) eine Art Autorität und das, wogegen die Jugend derzeit besonders allergisch ist. Sie wurde in eine Welt mit den Ideen von Freiheit, Gleichheit und Brüderlichkeit geboren. Das ist in Ordnung, das ist genau das, was die Hierarchie lehrt und der Christus lehren wird. Aber Hierarchie ist eine Tatsache in der Natur. Es ist durchaus möglich, an Gleichheit, Brüderlichkeit und Freiheit zu glauben und gleichzeitig zu erkennen, daß man selbst und alle anderen auf der einen oder anderen Sprosse der Leiter der Evolution stehen. Wir sind vor Gott alle gleich. Aber wir sind alle auf einer langen, endlos erscheinenden evolutionären Reise, und jeder von uns steht da auf einem bestimmten Punkt. Einige sind weit voran, und einige haben noch weit zu gehen. Die Meister haben die Reise beendet. Sie sind an der Spitze der Leiter angekommen. Sie stehen dort oben und beugen sich herunter und strecken Ihre Hand aus, um den Nachkommenden zu helfen. Und auch der etwas unterhalb Stehende hilft dem Nächsten unter ihm usw., immer tiefer die Leiter hinab, bis zum Anfänger. Von dem Primitivsten der menschlichen Rasse bis zum Christus und darüber hinaus besteht eine Hierarchie. Es gibt immer Menschen, die weiter in ihrer Entwicklung sind, fortgeschrittener – sie sind nicht besser, sie sind nur einfach weiter auf dem Evolutionspfad. Sie zeigen schon mehr von dem, was an Göttlichem in ihnen steckt.

Als Seelen sind wir alle Eins. Auf der Seelenebene gibt es eigentlich nicht so etwas wie eine individuelle Seele. Es gibt nur einen individuellen Aspekt einer großen Überseele (Oversoul). Im Augenblick, da sich diese Seele inkarniert, mit der Materie «einläßt», hat sie bereits die Rückreise zu dem Zustand der Vollkommenheit angetreten, aus dem sie stammt. Die Seele ist vollkommen. Sie ist eine Spiegelung einer Vollkommmenheit, eine Reflexion des Geistes, des Funken Gottes. Wir hier auf der physischen Ebene sind eine Widerspiegelung unserer Seele. In Wirklichkeit sind wir dreifältige Geschöpfe. Wenn sich die Seele inkarniert, beginnt ihre Evolutionsreise, und eine ganze Reihe von Ereignissen wird ausgelöst, die unsere aufeinanderfolgenden Leben bewirken seit weit, weit zurückliegenden Zeiten. Immer und immer wieder inkarnieren und reinkarnieren wir uns in Gruppen, und allmählich entfalten wir uns und lassen immer mehr von unserer wahren menschlichen Natur erkennen, die auch göttliche Natur ist, bis wir vollkommen werden wie die Meister. Dann stehen wir auf dem höchsten Punkt der Leiter, und wir sind frei, in höhere Welten aufzusteigen oder zurückzustehen und den Nachkommenden zu helfen. Die Meister, die hier bleiben, haben sich dafür entschieden. Es ist ein Teil Ihres Dienstes.

Seelen sind zu verschiedenen Zeiten inkarniert worden. Die Meister der Weisheit sind dort angelangt, wo Sie jetzt sind, weil Sie sich vor uns auf den Weg begeben haben. Die fortgeschritteneren Gruppen innerhalb der Menschheit sind alle deshalb so weit, weil sie vor den anderen «angetreten» sind. Eine Hierarchie ist unvermeidlich.

Auch im Sonnensystem besteht eine Hierarchie. Die Planeten selbst befinden sich in verschiedenen Stadien der Evolution. Im ganzen Kosmos ist eine Hierarchie, ja, in gewissem Sinn gibt es gar nichts anderes. Gleichzeitig besteht keine Hierarchie, weil es keinen trennenden Bruch gibt. Alles ist ein Kontinuum, ein Ganzes. Nur bei der Manifestation tritt Hierarchie ein, außerhalb von ihr ist alles Eins. Im Bezug auf das Ganze ist jeder ein Teil, und zwar ein gleichwertiger Teil.

Die Eichel besitzt alle Entfaltungsmöglichkeiten des ganzen Baumes, und jeder kleine Sämling ist (wesens)gleich, aber es gibt große Eichen und kleine. Die schon weiter entwickelten Menschen haben, weil sie weiter sind, sowohl das Recht als auch die Verantwortung, mehr zu dienen. Sie haben das Potential dazu. Das ist es, was es im Grunde bedeutet, weiter zu sein.

Wer die in ihrem Wesen geistige Natur der hierarchischen Ordnung erkennt, der wird entdecken, daß es nicht unmöglich ist, eine echt demokratische Regierungsform zu schaffen (heute gibt es keine echte Demokratie), die gleichzeitig etwas vom hierarchischen Modus der Beziehungen an sich hat.

Wenn die Menschen die Notwendigkeit der Führung auf dem Pfad des Lebens bis hin zur Vollendung einsehen, und wenn der freie Wille des Menschen nie verletzt wird (was die Hierarchie der Meister nie tut), dann werden sie gerne ein gewisses Maß an hierarchischer Führung, die auf Erfahrung und Leistung gründet, akzeptieren – wenn das auch jetzt noch unwahrscheinlich klingen mag.

Arbeit in der Zukunft

6/9/77

Da es so viele Arbeitslose in der Welt gibt, deutet das darauf hin, daß sich die Vorstellung von der Arbeit ändern wird? Ich meine, die meisten Menschen arbeiten für ihren Lebensunterhalt; wird sich diese Einstellung ändern?

Ja, in der nahen Zukunft wird das Problem der Freizeit die größten Sorgen bereiten: Wie werden die Menschen die Muße verwenden, die auf sie zukommt? Viele Leute haben heutzutage wegen der Arbeitslage in der Welt schier endlose Freizeit. Sie wollen sie nicht, sie wollen nicht arbeitslos sein, aber sie haben Freizeit. Doch in den meisten Fällen sind sie nicht dazu vorgebildet, diese Muße sinnvoll zu nützen. In der kommenden Zeit (ich spreche nicht von etwas, das über Nacht, sondern allmählich geschehen wird), werden die Menschen (noch mehr) Maschinen bauen, die die Arbeit verrichten, die heute das Gros der Menschheit beschäftigt. Der Mensch wird in eine Freizeit entlassen werden, die ihm Gelegenheit gibt, das eigene Innere, seine wahre Natur zu erforschen, zu erkennen, wer er wirklich ist, das große göttliche Wesen, und die ihm freistellt, diese Qualität zu verwirklichen.

Heute kennen nur relativ wenige Menschen die Freiheit von aufgezwungener Tätigkeit, von Bedürfnissen, die Freiheit von Hunger, die Freiheit, die Natur des eigenen Wesens zu erforschen, und die schöpferische Freiheit. Es sind die wenigen Privilegierten, die sich dieser Freiheit erfreuen. Die meisten arbeiten, um für sich und ihre Familien genug zu verdienen, und die große Mehrheit der Erdbevölkerung muß eine tödlich mechanische Arbeit verrichten, die nicht den geringsten Bezug zur wahren menschlichen Natur und ihren schöpferischen Fähigkeiten hat. Es ist keine kreative Arbeit. Natürlich haben manche Menschen große Freude an ihrem Beruf und ziehen großen gefühlmäßigen, gedanklichen und geistigen Gewinn in Form von Energie daraus, weil sie sich schöpferisch intensiv engagieren können. Ihre Kreativität ist angesprochen, gefordert. Aber bei der großen Mehrheit ist das nicht der Fall.

189

In Zukunft wird das anders sein. Die Natur der Arbeit wird sich ändern. Wir werden lernen müssen, viel einfacher zu leben, nicht eingespannt in diese große mechanisierte Zivilisation, die wir um uns herum aufgebaut haben, besonders in der industriellen Welt. Der Christus und die Meister werden zeigen, daß wir völlig glücklich, ja glücklicher sein können auf schlichtere Art, mit weniger Dingen. Aber diese Dinge werden schön sein. Sie werden geschaffen werden, weil man sie braucht, und aus ihnen wird die Schöpferkraft des Menschen uns ansprechen, ob sie in Handarbeit oder maschinell gefertigt sein werden. Eine völlig neue Einstellung zur Arbeit wird herrschen. Durch die Kraft des Klanges wird der Mensch bauen und schaffen, was er für seine Zivilisation braucht, und um seine Umgebung in Ordnung zu halten, gemäß seinen echten Bedürfnissen.

Wenn er einmal zu seinen Brüdern und zu seiner Quelle in einem richtigen Verhältnis steht, wird er jene Göttliche Wissenschaft erben, die sein Geburtsrecht ist, die heute aber erst die Meister der Weisheit kennen.

China und der Plan

21/12/76

Es gibt einen großen Bereich in der Welt, in dem die wirtschaftlichen Veränderungen, von denen Sie sprechen, schon stattgefunden haben, wie etwa bei den Völkern der Volksrepublik China. Wie fügt sich das in den Plan?

Es paßt sehr gut in den Plan. Was immer an Bedeutungsvollem in irgendeinem Land geschieht, ist von der Hierarchie inspiriert. Es gibt eine große Abteilung innerhalb der Hierarchie unter der Leitung des Manu, die sich mit der Weltpolitik befaßt: mit den großen Bewegungen der Rassen, mit dem Entstehen von Arten, von Nationen und ihrem Schicksal, und der Aufteilung der Menschheit unter bestimmten Aspekten – der Politik und der Rasse.

190

Große Experimente gehen in China und Rußland, in Amerika und Großbritannien vor sich. Eines der interessantesten ist das, was sich heute in China abspielt. Es ist noch im Fluß. Die Hierarchie beobachtet es mit äußerstem Interesse, und dabei sind noch viele Seiten offen, günstige und weniger günstige·Entwicklungen. Die Veränderungen, die bereits stattfanden, haben traumatische, chaotische Wirkungen in China gezeitigt, wie z.B. die Große Kulturrevolution. Die Art der Veränderungen, die ich im Auge habe, die sich zuerst in den fünf Zentren abspielen werden, finden ohne solche traumatischen Wirkungen künftig statt, auf normale, demokratische Weise, durch logische Gesetzgebung und unter allgemeiner Zustimmung. Alle Teile der Gesellschaft werden daran teilnehmen, wodurch die Annahme der verschiedenen Veränderungen gesichert sein wird, während in China und Rußland viele Neuerungen aufgezwungen wurden. In Amerika und England werden viele soziale Veränderungen mehr durch die Finanzwelt als durch Gesetze verhindert, aber das Resultat ist das gleiche. Wir haben heute keine echte Demokratie in der Welt – nicht in China, Rußland oder England. Wir bewegen uns alle auf eine vollkommenere Regierungsform, auf – im Vergleich zu den bestehenden – bessere Systeme zu.

In Zukunft, in nicht allzu ferner Zukunft, werden wir begreifen lernen, daß alle politischen Systeme Ausdrucksformen des Göttlichen sind. Zwischen *echter* Demokratie und *echtem* Kommunismus herrscht mehr Gemeinsamkeit als es heutzutage scheint. Was derzeit in Rußland, China und der kommunistischen Welt «Kommunismus» genannt wird, ist kein *echter* Kommunismus, aber eine sich weiter entwickelnde Struktur, die sich auf einen vollkommeneren Ausdruck der Gedankenform zubewegt, die als Gedanke Gottes existiert; das gleiche gilt von der Demokratie.

Rußland, China und die Prophezeiungen

19/10/76

In den Prophezeiungen des Nostradamus ist von Krieg zwischen Rußland und China die Rede. Bedeutet das, daß durch die Wiederkehr des Christus jetzt ein Krieg abgewendet wird?

Wenn Sie meine persönliche Meinung wissen wollen: Es wird keinen Dritten Weltkrieg geben, weder zwischen Rußland und China noch anderen Ländern. Nichts kann die Ankunft des Christus und der Meister verhindern. Ich würde sagen, Rußland hat mit sich selbst mehr als genug zu tun, und auch China hat viele innere Probleme und Spannungen, ohne daß die beiden gegeneinander Krieg führen. Ich sehe wirklich keinen Krieg zwischen Rußland und China kommen.

Aber diese politischen Systeme scheinen doch nicht recht zu funktionieren. Es gibt so viele Konflikte. Wie meinen Sie, wird eine Lösung gefunden werden?

Sehr bald wird uns klar werden, daß alle politischen Systeme ausnahmslos in einem Durchgangsstadium sind, die einen mehr, die anderen weniger. Alle verändern sich, alle sind auf dem Weg zu einem reineren Ausdruck der Hierarchischen Energie und der Göttlichen Absicht, die hinter ihnen stehen.

Alle politischen Systeme sind das Ergebnis eines Göttlichen Gedankens, eines Göttlichen Willens in Bezug auf eine gewisse Qualität der Form, die die Menschheit verwirklichen kann. Bald wird man alle in einem Entwicklungsstadium begriffen sehen und daher nicht mehr einander so ausschließend wie bisher. Dadurch wird sich eine viel größere Harmonie auf der Welt verbreiten. Wir werden sehr bald erleben, daß die Wunden heilen, die sich die Nationen geschlagen haben. Innerhalb des kommenden Jahres werden Dinge geschehen, die Sie nicht für möglich gehalten haben. Es wird eine größere «Détente», größere Synthese geben.

Hinter dem Christus steht ein großer Avatar, den man den Avatar der Synthese nennt. Es war größtenteils Seine Energie, die

wir zu Anfang unseres Treffens heute übermittelten. Er ist ein großes Kosmisches Wesen. Seine Energie hat vier Aspekte, alle
Aspekte oder Energien Gottes, die wir kennen – den des Willens,
der Liebe und der Intelligenz – und dazu noch eine andere Energie,
deren Qualität, deren Namen wir noch nicht einmal kennen. Diese
vierfache Energie ergießt sich in die Welt durch die Vermittlung
des Christus und weiter durch die Gruppen und Jünger in der Welt,
und bringt sie einander näher. Sie wirkt nur durch Gruppen, durch
die Versammlung der Vereinten Nationen, durch die Hierarchie,
durch die ganze Menschheit als Gruppe, und vor allem durch die
neue Gruppe der Weltdiener. Sie bringt die ganze Menschheit einander näher, formt aus ihr eine Einheit auf der physischen Ebene,
so wie sie auf der inneren Ebene bereits besteht.

Eine andere große Wesenheit, die hinter dem Christus steht, ist
der Geist des Friedens oder des Gleichgewichts. Er überschattet
den Christus in ganz ähnlicher Weise wie dieser den Jünger Jesus
in Palästina überschattete und durch Ihn wirkte. Er arbeitet
besonders mit dem Gesetz von Aktion und Reaktion; Er hat die
Funktion, die in der Welt herrschende Zwietracht, Verwirrung,
das Chaos und die Unruhen in ihr Gegenteil umzuwandeln, so daß
wir in ein Zeitalter des Friedens und der Ruhe eintreten werden –
in genau das Gegenteil von der jetzigen Uneinigkeit. Gewalt und
Haß von heute werden sich in guten Willen verwandeln – wieder
genau proportional zur gegenwärtigen Intensität von Haß und
Gewalt. So wirkt das große Gesetz von Aktion und Reaktion. Es
beruht darauf, daß Aktion und Reaktion einander als Opponenten
die Waage halten, und diese große Kosmische Wesenheit, der
Geist des Gleichgewichts, wirkt nun durch den Christus und
bewirkt die Verwandlung der Welt.

27/1/76

*Sehen Sie für die Zunkunft einen Zusammenstoß zwischen Rußland
und China voraus?*

Die kurze Antwort ist «nein». Rußland liegt im Grunde das Wohl
der Menschheit am Herzen, und seine Lebenseinstellung beruht
auf der Vorstellung, daß die Menschen Brüder sind. Das ist richtig,

trotz des rauhen und grausamen Zwangssystems, in dem es an der freien Meinungsäußerung, der Bewegungsfreiheit und der freien Religionsausübung fehlt. Nichtsdestoweniger glaubt das Sowjetvolk, daß die Menschen eine Einheit sind. Und auch der chinesischen Revolution liegt derselbe Gedanke zugrunde. Es gibt in ihren jeweiligen Ideologien keinen Grund, sich zu bekriegen. Spannungen entstehen in Wirklichkeit nur durch den Anspruch, ihre jeweilige Art des Kommunismus der Dritten Welt aufzuprägen. Dafür kämpfen sie politisch und ideologisch. Sehr bald werden die Völker der Welt einsehen, daß alle politischen Systeme viel gemeinsam haben.

Es gibt ähnliche Absichten in Amerika, Rußland und England z.B. (wobei Großbritannien das Commonwealth of Nations repräsentiert; in Europa vertritt England eine große Gruppe, deren Gedanken in die gleiche Richtung gehen.) Sie sind nicht identisch, aber es gibt weitreichende Gemeinsamkeiten, und das wird dazu führen, daß jedes der politischen Systeme Wandlungsprozesse durchmacht, die zwar nicht zu einer Identität führen werden – es besteht auch nicht der geringste Grund dafür, daß verschiedene Staaten genau das gleiche politische System haben sollten – aber sie werden in eine Art Verwandtschaft hineinwachsen, die die Koexistenz nicht nur ermöglichen, sondern unvermeidlich und ganz natürlich zur Folge haben wird. Die Annahme des *Prinzips des Teilens* wird dies unerläßlich werden lassen.

28/2/79

Zur Zeit herrscht Krieg zwischen Vietnam und China. Halten Sie das nicht für den Beginn der Kriege, die viele Seher in der Vergangenheit vorausgesagt haben?

So wie ich es verstehe, hält die Hierarchie nichts davon, daß es zu dem prophezeiten Krieg zwischen Rußland und China kommt. Was Medien, Seher und diejenigen, die Voraussagen machen, praktisch tun, ist das Aufnehmen von Gedankenformen, gewöhnlich auf der astralen Ebene, und ihre Weitergabe als Information. Es besteht eine gewaltige Gedankenform der Zerstörung. Sie geht hauptsächlich auf das Lesen der Offenbarungen (in der Bibel)

194

zurück, auf Nostradamus und verschiedene andere Weissagungen, die seit Jahrhunderten existieren, und was die Offenbarungen anlangt, schon seit fast 2000 Jahren. Doch Gedankenformen von Katastrophen und Zerstörung am Ende des Zeitalters sind im Denken der Menschen entstanden.

Es gibt zwei Arten von Gedankenformen: mentale und solche, die der Angst der Menschen entspringen – sie sind irreal. Aber sie sind real, weil jeder Gedanke eine Wirklichkeit ist. Selbst wenn er eine astrale Gedankenform ist, hat er immer noch eine erhebliche Kraft, obgleich er keine wesensmäßige Wirklichkeit ist. Was sich jetzt abspielt, ist ein letzter Stellungskrieg aus den Schützengräben der Kräfte des Bösen, weil sie wissen, daß sie durch die Anwesenheit des Christus und der Hierarchie in der Welt verloren haben. Sie werden dann 3000 Jahre in ihrer eigenen Domäne eingesperrt und daher die Menschheit nicht mehr in gleicher Weise beeinflussen können. Deshalb ihr gegenwärtig verzweifelter Kampf und ihr Bemühen, diese Angst in der Menschheit so kräftig wie möglich zu schüren. Sie arbeiten mit Hilfe der Furcht, vorwiegend auf den physischen und astralen, aber auch auf den niederen mentalen Ebenen. Sie bewirken Angst, tiefe Sorge und Chaos.

Das erreichen sie, indem sie ihre Aufmerksamkeit auf diese Gedankenformen von Zerstörung und Katastrophen konzentrieren, sie dadurch stimulieren, damit sie sich tatsächlich verwirklichen. Wenn sich die Menschheit stark genug mit einer Gedankenform umgibt, schafft sie früher oder später eine Situation, in der diese Gedankenform physische Realität wird. So kommt es zu unseren Handlungen. Wir schaffen von Augenblick zu Augenblick unser eigenes Leben, in dem wir – Gedanken formen. Sie sind aktive, wirkungsvolle, starke Kräfte und fallen auf uns zurück, im Guten wie im Bösen. Wir setzen immerzu lebendige, schöpferische Prozesse in Gang, die sich positiv oder negativ auswirken können. Die Vorstellung einer Katastrophe ist auf der Astralebene sehr mächtig geworden und wird in diesem Sinn von den Kräften des Bösen ausgenutzt. Dadurch ereignen sich Dinge auf der materiellen Ebene, die tatsächlich das bewirken, wovor wir uns fürchten, als eine Art Reflex.

Ich kann im Augenblick nicht mehr sagen, als daß die Hierarchie nicht besorgt ist über die Situation in China. Sicher wäre Ihnen lieber, einiges wäre nicht geschehen. Aber es gibt eben so etwas wie eine teilweise Materialisation der Gedankenformen. Wenn man nämlich eine Gedankenform sich zum Teil «ausleben» läßt, fällt der Anreiz zu ihrer totalen Auswirkung weg. Viele Jünger haben z.B. zu einem gewissen Zeitpunkt irgendeine Krankheit oder einen Unfall zu erleiden aufgrund des karmischen Gesetzes. Wenn es ihre karmische Situation und ihre Beziehung zu ihrem Meister erlauben, kann Er eingreifen und der Sache den Stachel nehmen. Der Betreffende wird dann erkranken oder einen kleinen Unfall haben, aber es wird nicht so schlimm kommen, wie es bei der vollen Auswirkung des karmischen Gesetzes gewesen wäre. Nun kann es sein, daß das, was sich jetzt in China abspielt, unter diesem Gesichtspunkt zu sehen ist.

Es ist denkbar, daß die Hierarchie den Giftzähnen des Bösen das Gift genommen hat und außerdem durch die Anwesenheit des Christus in der Welt dies milder ausfällt, als es sonst der Fall gewesen wäre. Das ist der Transmutationsprozeß, dessen sich die Hierarchie immer wieder bedient. Damit bekämpfen die Meister die Mächte des Bösen. Daher sind sie zur Zeit nicht besorgt.

Karl Marx

14/12/78

Sie erwähnten, daß Marx für die Hierarchie arbeitete, was mich überrascht. Ich hätte gedacht, daß er auf der Seite des Bösen wirkte.

Marx war in der Tat ein Mitglied der Hierarchie von gewissem Rang. Wenn man die Wirkung seines Werkes über die Jahre hinweg betrachtet – so konnte es nur die Arbeit eines Jüngers mehrerer Grade sein, eines Eingeweihten höherer Stufe: erst einmal die Vision zu haben und zweitens die Fähigkeit, dieser Vision eine solche Form zu geben, daß sie sich ausbreiten konnte.

Er kam in die Welt, um eine bestimmte Lehre über neue wirtschaftliche Möglichkeiten, neue Beziehungen, eine neue Theorie sozialen Wandels zu bringen, und er baute sie in eine stark strukturierte Dialektik ein. Man kann sie annehmen oder verwerfen. Viele Länder verwenden den Marxismus als eine Ausgangsbasis für ganz verschiedene Formen kommunistischer Theorien. Man kann ihn interpretieren und anwenden wie man will, je nachdem, was man braucht. Er ist ein Werkzeug zum Verständnis des historischen Prozesses unter politischen und wirtschaftlichen Aspekten.

Heutzutage fürchtet man den Marxismus in manchen Ländern, weil er Wandel bedeutet – das ist es. Er ist der Apostel des Wandels, der ständigen Änderung, selbst innerhalb des Marxismus. Natürlich, wenn jetzt ein kleineres «marxistisches» Land für einen Wandel innerhalb der marxistischen Staatsform ist, dann greifen die Großmächte ein und verhindern ihn, wie zwischen der Tschechoslowakei und Rußland geschehen. Sie wissen, daß das ansteckend ist und zu einer ähnlichen Revolution wie in Rußland führen könnte und würde. Das hätte den Sturz der Oligarchie zur Folge, die ihrem Volk einen recht mechanistisch ausgelegten Marxismus aufzwingt.

Der Marxismus ist nicht nur eine enge Wirtschaftstheorie, er hat mit den natürlichen Grundrechten der Menschen und ihrer Abhängigkeit voneinander zu tun. Die Menschen sind eine Einheit. Das ist es, was der Marxismus im Wesen sagt. Der Mensch, die Menschheit ist ein Ganzes. Mit der Zeit werden alle sozialen Systeme eine Form anstreben, die diese Bruderschaft ermutigt, diese Einheit der Menschen, die Marx vorschwebt, die er als geistiges Wesen fühlt. Denn seine Vision ist geistiger Natur, aber von Menschen geringeren Formats aufgegriffen worden, die seine Theorie durch Zwang verwirklichten. Der Fehler liegt im Aufzwingen dieser Theorie, um eigenen Ehrgeiz und Machtbedürfnisse zu befriedigen.

Natürlich hatte er seine Grenzen – jeder Jünger hat sie. Der Dialektische Materialismus ist eine allzu grobe Vereinfachung der vielschichtigen Realität des Menschen, aber er war nötig, um das Denken in neue politisch-ökonomische Bahnen zu lenken. Marx's größte Schwäche war, daß er nicht nur Verblendung und Aberglauben – besonders in den großen Ländern mit bäuerlicher Struktur – sondern auch den Gottesbegriff hinwegfegte. Daher der Kampf der Kirche gegen den Marxismus. Er betonte die menschliche Gleichheit im ökonomischen, aber nicht im religiösen Bereich.

Die Frauenbewegung

14/1/77

Ich finde es interessant, daß es in den letzten Jahren eine entschiedene Bewußtseinssteigerung bei den Frauen gegeben hat. Die Frauenbewegung ist wirklich in Gang gekommen und hat sich sehr stark entfaltet. Die Frauen ändern sich enorm. Sie neigen auch dazu, mehr Spürsinn zu zeigen als die Männer: Sie sind immer, wie Sie wissen, intuitiver usw. gewesen. Als logische Folgerung hielte ich es durchaus für möglich, daß der Christus in Gestalt einer Frau kommen könnte.

Das scheint folgerichtig. Die Frauen haben im Lauf der Zeiten nicht ganz ihre energetische Rolle akzeptiert – was ihr Fehler und ein Fehler der ganzen Menschheit im allgemeinen ist. Was wir brauchen, ist ein Gleichgewicht zwischen den männlichen und weiblichen Energien auf der physischen Ebene durch die Freisetzung des weiblichen Potentials, das Sie andeuteten. Die weibliche Aufgabe ist das Nähren und Pflegen der Kultur. Das steht hinter dem ganzen weiblichen Prinzip. Die Frau, die Mutter, repräsentiert den Aspekt der Materie, ist die Ernährerin des Planeten, Ernährerin der Menschheit und aller Naturreiche. Der männliche Aspekt steuert die schöpferisch stimulierende Energie bei. Das Resultat der Vereinigung der beiden ist der Christus, der Mensch ist, oder das Christusprinzip. Dieses Prinzip nährt der weibliche Aspekt. Um dazu in der richtigen Weise imstande zu sein, müssen die Frauen die Geltung erlangen, die ihnen zukommt, und ihre ganzen Kräfte als menschliche Wesen einsetzen, damit das Gleichgewicht zwischen dem Aspekt der Materie und des Geistes auf diesem Planeten hergestellt wird. – Ich spreche hier von Energien – und wenn das erreicht ist, dann wird es auch Meister in Frauengestalt geben. Zur Zeit treten alle Meister – wie auch der Christus – in Männergestalt auf.

*Wird die Frauenbewegung den Christus erkennen, wenn Er sich
manifestiert?*

Zweifellos werden Ihn manche Frauen erkennen. Die Frauen-
emanzipation entspringt einer sehr spezifischen und ernsten
Absicht der Hierarchie. Es ist unbedingt notwendig, daß die
Menschheit erkennt, daß das Männliche und das Weibliche in Polarität zueinander stehen. Als Energien sind sie beide auf der Erde
notwendig – nicht die Herrschaft des einen über den anderen. Die
Befreiungsbewegung der Frauen ist von der Hierarchie inspiriert.
Sie ist im Augenblick etwas aus der Bahn geraten, weil sie zur Zeit
von Frauen angeführt wird, die einen irgendwie neurotischen Haß
auf Männer haben. Sie vergessen, daß sie selbst immer wieder wäh-
rend anderer Inkarnationserfahrungen Männer waren. Und so
schreiben sie, vielleicht verständlicherweise, den Männern alle
Schuld an ihren eigenen Schwierigkeiten und ihrer Unfreiheit zu.
Aber dieser Mangel an persönlicher Freiheit der Frauen in der
Welt ist nun wirklich eine offenkundige Tatsache und muß völliger
Gleichberechtigung weichen.

Die Auswirkungen auf das Familienleben

28/3/78

*Sehen Sie ein Auseinanderbrechen der Kleinfamilie und mehr
Gemeinschaftsleben voraus?*

Mehr Gemeinschaftsleben ja. Die Familie ist die Grundeinheit der
Menschheit. Das Neugeborene ist geborgen und gewiegt in der
Familie, und die Mutter ist die Ernährerin. Sie stillt den Säugling
und pflegt ihn, sorgt dafür, daß ihm nichts zustößt und lehrt ihn
später – übermittelt dem Kind die Kulturstufe, auf der sie steht.
  Im Hinblick auf die Menschheit ist die Familie der Grundstock

und unverzichtbar. Ich weiß, es sind viele Experimente im Gange – in den Kibbuzim und anderen Kommunen – die auf die Familie als Einheit verzichten, und sie haben unterschiedliche Erfolge für begrenzte Zeit. Viele machen dabei die Erfahrung, daß sie trotz größter Bemühungen erleben müssen, daß die Kinder, die in einer solchen Umgebung geboren und aufgewachsen sind, als Erwachsene immer wieder zur Urform der Familie zurückkehren. Sie scheint, ein grundlegender Wesenszug der menschlichen Natur zu sein und bestimmt von größter Bedeutung für den evolutionären Fortschritt der Gattung Mensch, für die sich entfaltenden Menschenkinder, die sich inkarnieren, denn die Familie stattet das eintretende Ego mit seiner Erscheinungsform aus.

Es ist das Ziel, daß sich Egos mit immer höheren und umfassenderen Bewußtseinsgraden inkarnieren, um der Menschheit zu dienen, sie können aber nur dann kommen, wenn die richtigen Körper «bereitgestellt» werden. Denn nur in Körpern von entsprechender Qualität und Vibrationsfrequenz sowie innerhalb passender Familienbeziehungen können sie sich niederlassen.

Also ist Familie wichtig. Wir wählen unsere Familien. Wir wählen nicht eine Gruppe, wir sind Teil einer Gruppe. Wir inkarnieren uns als Gruppen und wählen Vater und Mutter, also unsere Familie. Sie stellen den Körper bereit, von dem unsere Seele, unser wahres Selbst weiß, daß er annähernd die Vibrationsgeschwindigkeit haben wird, die unserer jeweiligen Seelenebene entspricht, und ihr dadurch eine neue Gelegenheit bietet – immer, wenn wir uns inkarnieren.

Die Einheit der Familie wird erhalten bleiben, aber man wird dafür sorgen, daß sie in einer größeren Gruppen- und Gemeinschaftsbeziehung integriert wird. Die Familien werden nicht auseinanderbrechen, sondern die familiären Einheiten werden sich erweitern.

Nehmen wir das Dreieck als Beispiel. Wenn man ein Dreieck aufbricht, zerstört man die ihm innewohnende Kraft. Denn ein Dreieck ist eine hochpotente Krafteinheit – viel potenter als die drei Einzelteile, aus denen es sich zusammensetzt. Wenn man andererseits Dreiecke an ihren Spitzen miteinander verbindet, bekommt man ein ungeheuer mächtiges Kraftfeld von aneinandergekoppelter Energie. So ist es bei der Familie, der Kernfamilie, in ihrer Gruppenbeziehung. Wenn man die Familie aufbricht, geht egoische Intention verloren. Der nährende Aspekt geht verloren. Die Mutter ist die Ernährerin und erhält die Kultur ebenso wie diejenigen Völker, die weiblich sind, ihre Kultur pflegen, nähren. Die Rolle der Frau ist das Bewahren, so daß dieser besondere Familienaspekt aufrecht erhalten bleiben wird, aber ausgedehnt werden muß, um sich selbst einen weiteren, umfassenderen Ausdruck zu verschaffen, ohne die wesentliche energetische Rolle aufzugeben.

So wird also die Isolation der Kernfamilie aufhören?

Die Isolation der Kernfamilie ist etwas Künstliches, hervorgerufen durch unsere gespaltene heutige Zivilisation. Wo zwischen den Menschen Zusammenarbeit besteht und die Gemeinschaften wachsen, ergibt sich automatisch ein Anwachsen von miteinander verbundenen Familieneinheiten, die als solche weiterbestehen. Daraus entsteht das Wachstum von Gruppen und Gemeinden, bis die ganze Menschheit zu einer Gruppe wird, einer Gemeinschaft was sie ihrem Wesen nach schon immer war.

17/2/77

Was bedeutet der Zusammenbruch des Familienlebens?

Alles bricht zusammen, alle alten Institutionen – und die Familie gehört dazu. Alle stehen unter ungeheurer Anspannung und Druck. Familien haben mit Beziehungen zu tun. Die Neue Zeit hat mit der Neustrukturierung unserer Beziehungen zu tun, der Ausdehnung unserer Treueverpflichtung und unserer Identifikation. Von der Familie zu größeren Gruppen, von ihnen zur Gemeinde, von der Gemeinde zur Gemeinschaft der Völker. Es ist eine immer fortschreitende Erweiterung der Identifikation. Seine Familie zu lieben ist verhältnismäßig leicht, gewiß leichter, die eigene Familie zu lieben als die Welt! Viele Menschen sind heute an Familien gebunden, ohne wirklich zusammenzupassen. Um eine wirklich richtige Ehe einzugehen, sollte eine Ähnlichkeit der Vibration, der Strahlenqualität und eine gewisse Übereinstimmung im physischen, emotionalen, mentalen und spirituellen Bereich bestehen. Das sind vier Ebenen, auf denen die Partner in einer vollkommenen Ehe zusammenpassen sollten. Es gibt Leute, die sich körperlich anziehen, aber gefühlsmäßig und in ihrer Denkweise unvereinbar sind. In anderen Fällen stimmen sie auf der Seelenebene völlig überein, auch auf der mentalen und sogar der emotionalen, aber körperlich passen sie nicht zueinander. Das ist alles sehr schwierig. In Zukunft wird man seinen Partner auf eine viel wissenschaftlichere Art wählen, nach der Strahlenqualität, der karmischen Verwandtschaft und dem Evolutionsgrad. Das Auseinanderbrechen der Familien ist eine vorübergehende Zeiterscheinung im Zusammenhang mit dem Zusammenbruch unserer sozialen Strukturen und unserer geringen Kenntnis unser selbst.

28/3/78

Wenn der Christus einen andern Liebesaspekt einbringt – das soll jetzt kein Witz sein – aber wird sich die Liebe zwischen Mann und Frau und in der Familie dadurch irgendwie ändern, weil die Liebe ja allen anderen auch gelten soll?

Der Christus bringt keinen *anderen* Liebesaspekt. Er bringt den Liebesaspekt in einer wirksameren Form als je zuvor, weil Er jetzt vom Geist des Friedens oder des Gleichgewichts überschattet wird; die Liebe von einer sehr hohen kosmischen Ebene wird durch Ihn in die Welt übermittelt (transmitted). Das ermöglicht Ihm, das Christusbewußtsein in viel kraftvollerer Weise zu verkörpern als je zuvor. Doch das verändert es nicht.

Es ist für Mann und Frau, für Eltern und Kinder viel leichter, in liebevoller Beziehung zueinander zu stehen als zu Menschen, die man nicht kennt, zu Angehörigen anderer Völker, mit denen sich unser eigenes Land vielleicht sogar im Krieg befindet (oder dergleichen). Doch der Christus hat die Energie der Liebe in solcher Intensität, solcher Potenz gebracht, daß die Menschheit fähig sein wird, in Beziehungen Liebe hineinzulegen, die bisher sehr schwierig verliefen.

Nationen fällt es relativ schwer, sich gegenseitig zu lieben. Ein Volk ist der Ausdruck der Fähigkeiten und der Entwicklung seiner einzelnen Individuen. Ebenso wie die einzelnen Menschen von Energien, die wir Strahlen nennen, regiert werden und verschiedenen Strahlenarten angehören, so werden auch die Völker von verschiedenen Strahlen regiert. Manchen fällt es verhältnismäßig leicht, den Standpunkt der anderen einzusehen, sie denken ähnlich, sie haben vieles gemeinsam.

Anderen wieder fällt es sehr schwer. Sie haben anscheinend keine gemeinsamen Eigenschaften, keine gemeinsame Denkweise. Das hängt ganz von den Strahlenqualitäten ab, die die Völker regieren. Da die Energie der Liebe durch die Aktionen des Christus immer fühlbarer wird, werden wir unsere Liebesfähigkeit im wahrsten Sinn des Wortes «ausdehnen» können – ich meine Liebe im umfassenden, nicht im emotionalen Sinn – auf unsere Mitbürger, andere Nationen und unsere internationale Gemeinschaft.

Die meisten, oder zumindest viele Menschen haben das, was wir Patriotismus nennen, Liebe zu ihrem Vaterland. Viele sind bereit – sie haben es bewiesen – für ihr Land zu sterben. Aber das weiter zu spannen, für andere Länder zu sterben, das ist eine andere Art von Liebe (ich spreche nicht von Söldnern, die auch für andere Länder sterben; sie lieben nicht das Land, sondern das Geld). Die gesamte Menschheit in seine Liebe einzuschließen, ist wirklich schwer.

Es erfordert und dokumentiert zugleich eine relativ hohe Entwicklungsstufe. Allmählich, wenn sich die Arbeit und die Lehrtätigkeit des Christus im kommenden Zeitalter ausbreitet, wird die Menschheit diese Art umfassender Liebe entwickeln. Sie mag dabei noch immer auf der emotionalen Ebene bleiben, aber langsam werden die Menschen beginnen, Liebe in dem Sinn zu bezeugen, wie sie die Meister kennen – als eine völlig unpersönliche, einschließende, magnetische Kraft. Die Meister nennen sie reine Vernunft, es ist keine Spur von Emotion dabei, etwas, das heute nur sehr fortgeschrittene Persönlichkeiten ausdrücken können.

Was die Menschheit in den letzten 2000 Jahren demonstrierte, ist die Energie des Wissens. Sie schlug sich in unserer Wissenschaft und in unserem Bildungssystem nieder. In den nächsten 2000 Jahren werden wir die Liebe Gottes zum Ausdruck bringen, nicht nur die Intelligenz Gottes. Der Christus wird auch noch einen anderen, höheren Aspekt als den der Liebe einbringen, den Willensaspekt, aber er wird sich natürlich nur in einzelnen Individuen manifestieren. Im darauffolgenden Zeitalter werden immer größere Teile der Menschheit diese Willensqualität aufweisen, die die Liebe in sich einschließt.

Präsident Sadat / Präsident Carter

19/1/78

Offenbar stand der Christus hinter dem Gesinnungswandel zwischen Ägypten und Israel?

So war es tatsächlich. Präsident Sadat reagierte unmittelbar auf den mentalen Einfluß aus dem Denken des Christus. Das meinte Christus, als Er erst neulich in Seiner Botschaft Nr. 9, am 3. November 77, sagte: «Viele bezweifeln Meine Anwesenheit. Das ist natürlich. Die Menschen sind blind. Aber bald wird es keinen Widerspruch mehr geben. Meine Bemühungen werden den Menschen zeigen, daß die Räder rollen, daß bald die Neue Zeit, die Neue Welt beginnt. Mögt ihr euch an diesem Werk beteiligen». Und das «rapprochement», diese nie dagewesene, unglaubliche Annäherung zwischen Ägypten und Israel, ist die direkte Auswirkung. Diejenigen unter euch, die unsere Treffen regelmäßig besuchen, werden sich erinnern, daß ich im Dezember 1976 voraussagte, daß dies geschehen würde, und zwar innerhalb eines Jahres. Natürlich ist noch nichts wirklich entschieden. Der Mittlere Osten ist eines der zentralen Probleme, vor denen die Menschheit steht.

Ihr unmittelbar *dringendstes Problem* aber ist die Verteilung der Nahrungsmittel, der Rohstoffe und der Energiequellen der Welt. Das ist die fundamentale, die menschheitliche Hauptaufgabe – die Lebensmittel zu teilen und die verhungernden Millionen zu retten. Dann ist in politischer Hinsicht die nächste Aufgabe die Befriedung des Mittleren Ostens, die Lösung des arabisch – israelischen Konfliktes. Das ist ein Pulverfaß, das einen Krieg auslösen (wie es bereits mehrere Male geschah) und damit einen Weltkrieg heraufbeschwören könnte, wenn auf der einen oder anderen Seite die großen Nationen hineingezogen würden. So ist es interessant und für mich nicht überraschend, daß dies die erste größere politische Aktion war, die der Christus nach Seiner Ankunft am 19. Juli letzten Jahres (1977) in Angriff nahm.

26/4/77

Wo, auf welcher Ebene, steht Jimmy Carter? Er scheint in das Programm der Aktivitäten hineinzupassen, von dem Sie gesprochen haben?

Er ist ein bemerkenswerter Mann und spricht auf die Impulse der Hierarchie an. Was dieser Mann tut, wird viel bewirken. Nicht so sehr, was er initiiert, sondern wofür er aufgeschlossen ist, für bestimmte Anregungen von jüngeren Männern, die die Meister geschult haben. Er selbst ist ein hochentwickeltes Wesen, das sich der Prägung durch die Hierarchie öffnet. Er verfolgt bewußt spirituelle Intentionen mit großer Selbstlosigkeit. Daß er jetzt in Amerika zur Macht kam, ist natürlich kein Zufall.

Man wird immer mehr junge Leute in Machtpositionen einrücken sehen, und zwar in allen hohen Regierungsämtern der Welt. Das gehört zum Plan für das erneute Auftreten des Christus. Diese Männer werden sensibler und für die neuen Ideen aufgeschlossener sein.

Die jungen Menschen von heute

26/4/77

Sie sagen, daß die Regierungen von jüngeren Leuten geführt werden müssen. Nun erstaunt das viele meiner Generation, nicht weil wir die Szene beherrschen wollen, sondern weil es oft scheint, daß unsere Lebenserfahrung uns auf einen Weg geführt hat, der sich sehr von dem vieler anderer junger Leute unterscheidet, die, was Spiritualität betrifft, sehr ratlos sind. – Das interessiert mich also sehr, denn offenbar muß es auch junge Leute geben, die nicht so sind?

Meiner Meinung nach sind es heute gerade die jungen Leute, die die neue spirituelle Vision haben, die die Welt als Ganzes sehen, die an Liebe, Brüderlichkeit und Teilen glauben, die zu teilen bereit sind. Es ist leicht zu sagen: «Ich stimme dem Christus zu. Ich bin ganz für das Aufteilen der Güter», aber was heißt das in Wirklichkeit? Es bedeutet, daß wir im entwickelten Westen, der gierig die meisten Nahrungsmittel und Rohmaterialien der Welt an sich reißt und verschwendet, lernen müssen, einfacher zu leben. Die übrige Welt, zwei Drittel ihrer Bewohner, lebt auf dem niedrigsten Existenzniveau.

Wir müssen uns genau prüfen, ob wir zu dieser Erfahrung bereit sind; ob wir bereit sind, auf das zu verzichten, was wir im Überfluß haben, um alles, was wir besitzen, mit allen zu teilen. Sind wir zu diesem Teilen tatsächlich bereit? Das ist es, was wir uns selbst fragen müssen. Niemand wird uns das abnehmen. Wir müssen in uns hineinschauen, ob wir bereit sind. Die Herzen der Menschen sind gesund, meint die Hierarchie. Diese Bereitschaft zu teilen und zur Zusammenarbeit ruht tief im Innern von Millionen Menschen, besonders den jungen Menschen – vor allem in den Jungen.

Sie, die Jungen, sind es, die die kommende Zeit erben. Sie haben sich eigens dafür inkarniert. Jede Generation bringt diejenigen zur Inkarnation, die die Probleme bewältigen können, die sie erwarten. So sieht es das Gesetz vor. Wir kommen in Gruppenformationen und speziell für die Situation ausgerüstet, die wir antreffen. Das geschieht auch jetzt. Die Jungen sind gerüstet, gedanklich und geistig die Probleme anzupacken, die uns heute bedrängen.

Wenn ich von jüngeren Menschen spreche – das Durchschnittsalter der Politiker ist heute wahrscheinlich 65 Jahre – so meine ich viel jüngere Leute. Freilich nicht Teenager, aber viele jüngere Männer. Präsident Carter ist erst 54, d.h. vergleichsweise ein junger Mann. Andere sind noch viel jünger.

Die Güter der Erde

24/9/76

Wer soll all die Güter der Erde unter der Menschheit verteilen?

Das Wesen, dessen Manifestationskörper der Planet ist – der Logos unseres Planeten. Wenn die Nahrung, die Rohstoffe und Energiequellen gleichmäßig fließen, unter den Menschen gleichmäßig verteilt werden, führt das zur Gesundung. Wenn irgendetwas zuückgehalten, an irgeneinem Punkt aufgestaut wird, so treten Zirkulationsstörungen ein, man bekommt eine Entzündung und wird krank. Das ist die Wurzel des Übels in der Welt – die Tatsache, daß ein Drittel der Erdbevölkerung die meisten Güter usurpiert und verschwendet, während zwei Drittel leer ausgehen. Dieses Ungleichgewicht verursacht die Krankheit der Welt; von daher rühren die Spannungen und die Gewalttätigkeit.

Jeder Heilende weiß, daß der Mensch erkrankt, wenn in seiner ätherischen Hülle eine Störung eintritt, das Gleichgewicht im feinstofflichen Körper verlorengeht. Der freie Energiefluß ist dadurch an einer oder mehreren Stellen unterbrochen, ein Zirkulationsstau oder eine Entzündung treten ein und greifen auf den dichten physischen Körper in Form von irgendeiner Erkrankung über. Das gleiche geschieht im Körper unseres Planeten. Die richtige Zirkulation und die richtige Verteilung der natürlichen Ressourcen sind für die Gesundheit und das Wohlbefinden unseres Planeten unerläßlich. Krieg ist die Folge einer Mißachtung dieses Gesetzes.

19/7/77

Die Hungersnot ist nicht wirklich eine Hungers-«Not», denn die Lebensmittel sind ja vorhanden?

Die Lebensmittel sind vorhanden, sie werden nur nicht verteilt. Die Hierarchie hat bereits Pläne, die in die Tat umgesetzt werden können, sobald die Bereitschaft vorhanden ist, die Nahrungsmittel gleichmäßig zu verteilen. Es gibt eine Gruppe hoher Eingeweihter – Industrielle, Geschäftsleute, Verwaltungsexperten mit großer

Erfahrung und ebensolchen Verdiensten – die gemeinsam mit der Hierarchie Pläne erarbeitet haben, die die Verteilungsschwierigkeiten innerhalb der Welt ausräumen werden, wenn der politische Wille zu ihrer Verwirklichung vorhanden ist. Diese Pläne zur Veränderung der Welt liegen bereit. Sie können in kürzester Zeit ausgeführt werden. Laut UNO-Statistiken gibt es einen Nahrungsüberschuß von 4% pro Kopf. Es besteht also keine Hungersnot, es fehlt nur am Willen, den Teilungsprozeß in Gang zu setzen. Es fehlt auch einfach an menschlichem Mitgefühl.

19/3/76

Wie ist das mit der verfrühten Inkarnation unterentwickelter Seelen? – Wenn sich die Weltbevölkerung ständig vermehrt, ist anzunehmen, daß es immer mehr unterentwickelte Seelen geben wird und infolgedessen immer mehr Gewalt und nicht weniger?

Das geschieht jetzt, aber es wird nicht immer so weitergehen. Der Mensch wird erkennen, daß die Übervölkerung der Erde eine ernste Gefahr für den Fortbestand der Art (race) ist. Einer der Hauptgründe heute – und das ist das außergewöhnlich Paradoxe an der Situation – ist der Bevölkerungsüberschuß in den ärmeren Gebieten der Dritten Welt, bei den Nationen, die am wenigsten ihre Bewohner ernähren können. In den modernen, fortschrittlichen, reichen, wohlgenährten westeuropäischen und amerikanischen Staaten findet man eine verhältnismäßig niedrige Geburtenrate. Dagegen sind in der Dritten Welt die Familien sehr groß, sieben, acht, neun und mehr Kinder in einer Familie, und das aus einem einzigen Grund: Sie brauchen so viele Kinder, weil sie wissen, daß zwei Drittel davon oder noch mehr sterben werden, ehe sie erwachsen sind. Und jede bäuerliche Tradition sieht in den Nachkommen die Menschen, die sich um sie kümmern werden, wenn sie alt sind. Das ist ihre Lebensversicherung, ihre Altersrente, denn in unserem Sinn gibt es keine. So findet man in zahlreichen Gebieten der Welt nur deshalb so große Familien, weil das sicherstellen soll, daß ein, zwei oder vielleicht drei Kinder das Erwachsenenalter erreichen. Die anderen sterben bestimmt, weil die Güter der Erde nicht unter den Bedürftigen verteilt werden. Wenn dies geschähe, morgen bereits, wenn die Energiequellen, das technische Know-how innerhalb der Weltbevölkerung aufgeteilt würde, verspürte niemand mehr die Notwendigkeit, eine große Kinderschar heranzuziehen, um für das Alter vorzusorgen.

So sehen die Tatsachen in diesem Fall aus. Die Antwort ist einfach. Wenn wir uns zu den genannten Schritten entschließen und die Produkte der Erde teilen, wird man sehen, daß die Massen der Armen, die die meisten Körper für inkarnierende Egos zu Verfügung stellen, dies bald verhüten werden und damit die Bevölkerung auf einen Stand zurückbringen, den der Planet leicht verkraften kann.

30/8/77

Wie lange wird es dauern, bis wir keine Nahrung mehr brauchen werden wie heutzutage?

Denkt man weit voraus, so werden schon weiter entwickelte Menschen direkt vom Prana der Sonne leben. Aber für die meisten von uns liegt das noch in weiter Zukunft. Ich weiß, daß ich für meinen Teil noch nicht dazu bereit bin!

24/1/78

Welche Wirkung wird die Wiederkehr des Christus auf unser Leben in materieller Hinsicht haben?

Wir werden beginnen, viel einfacher zu leben. Der Christus wird zeigen, daß unsere Lebensweise schlichter sein muß, damit alle Menschen leben können. Wenn wir das erreicht haben, können wir durch die Wissenschaft, deren Verwaltung in den Händen der Hierarchie liegt, in relativ kurzer Zeit in eine Phase reichlicher materieller Fülle eintreten, denn dann werden wir inzwischen gelernt haben, nach dem Gesetz zu leben – nach den Gesetzen, die von Gott sind. Wenn wir im Rahmen dieser Gesetze leben, wie es Gottes Wille ist, dann gewährt man uns bisher verschlossenes Wissen, wir dürfen dann damit umgehen und es wird uns ermöglichen, in dieser materiellen Fülle zu leben – *aber gleichzeitig das Materiell*

209

in seine Schranken zu verweisen. Heute stecken wir völlig in den Fesseln des Materialismus. Die Welt will von allem immer mehr – Wachstum in allem und jedem ist das Ziel. Alle Völker wollen mehr und mehr Wachstum. Wir werden lernen müssen, bescheidener zu leben, was aus industrieller Sicht bedeutet, daß wir in eine Epoche einer ausgeglichenen Wirtschaft (steady-state economy) eintreten werden, das soll heißen, daß wir nur erzeugen, was wir brauchen. Wenn wir die Produktion diesem relativen Bedarf anpassen, wird industrielles Wachstum der Vergangenheit angehören. Aber die neue Wissenschaft, in deren Anwendung uns die Meister einführen werden, wird uns ermöglichen, Maschinen herzustellen, die den Menschen des Zwanges zu mechanischer Arbeit entheben und für echte Kreativität freistellen werden.

Vegetarisch essen

22/6/76

Ist vegetarische Kost die richtige für das Wassermann-Zeitalter?

Das Wassermann-Zeitalter wird die Epoche der richtigen Beziehungen sein, das Zeitalter der Vernunft, der Brüderlichkeit und der Liebe. Dieses rechte Verhältnis (zueinander), das sich in Vernunft, Brüderlichkeit und Liebe ausdrückt, wird die richtigen Beziehungen zu allen Reichen bedeuten: zwischen dem Menschen und seiner Quelle, die Realität oder Gott ist, wie immer man sich Gott vorstellt; von Mensch zu Mensch und von Mensch zu Tier, Pflanze und Mineralreich. Alle Naturreiche werden in eine sehr aktive, dynamische Beziehung treten, sobald die Menschheit immer mehr in eine bewußte Beziehung zu dem Reich über ihr hineinwächst – dem spirituellen oder dem Reich der Seelen, das aus den Meistern und den Eingeweihten in der Hierarchie besteht. Durch die Lehren der Meister und die Verankerung des Plans, der von Shamballa stammt, im Bewußtsein der Menschen, wird die Menschheit allmählich ihre wahre Bestimmung begreifen, die darin besteht, als eine große Transformatoren-Zentrale für die

Energien zu dienen, die durch sie zu den niederen Naturreichen fließen. Dabei wird der Mensch erkennen, daß er auf diesem Erdball eine große Verantwortung gegenüber den anderen Reichen hat. Damit wird sich seine Beziehung zum Tierreich wandeln.

Das wird im allgemeinen unweigerlich zur vegetarischen Ernährung führen. Sie wird die Norm werden. Das soll nicht heißen, daß der Genuß von Fleisch heute für die Masse der Menschen falsch wäre. Es gibt zur Zeit keinen allgemein gültigen Speiseplan. Es leben Bevölkerungsgruppen auf der Welt, für die Fleisch nicht nur die normale und richtige Ernährung ist, sondern sehr wichtig: Wie könten sonst z.B. die Eskimos überleben? Sollten sie zu ewigem Höllenfeuer verdammt sein, weil sie Fleisch essen? Wenn einmal zwischen den Menschen und den niederen Reichen die richtigen Beziehungen bestehen, wird sich eine gesündere und ausgewogenere Kost einstellen.

Der Vegetarismus wird zur Regel, wird wesentlich (aber ich möchte dieses «wesentlich» nicht zu einem Imperativ machen) für den Menschen, der die Einweihung anstrebt, der sich bewußt bemüht, auf dem Evolutionspfad voranzukommen. An einem bestimmten Punkt dieses Weges wird der Verzicht auf Fleisch notwendig. Nicht bloß weil es «falsch» ist, Tiere zu töten, sondern weil die Vibrationsfrequenz des Tierkörpers, besonders des Blutes, der höheren Vibration, die dieser Mensch für seine Zentren zu erreichen sucht, abträglich ist. Er versucht ja, atomare Teilchen an sich zu ziehen, die eine immer höhere Vibration haben. Das ist es, was den evolutionären und spirituellen Fortschritt ausmacht, mit immer höherer Frequenz zu schwingen. Die Aufnahme von Fleisch ist vielleicht völlig normal und richtig für den Durchschnittsmenschen, aber für den Aspiranten und den Jünger auf dem Weg zur Initiation ist der Genuß von Fleisch schädlich, da es seine Schwingungsfrequenz herabsetzt.

Der gesunde Menschenverstand ist bei all dem entscheidend. Man ißt, was bei geringstem Aufwand den Körper gesund erhält. Jeder allein und jede Gruppe findet selbst heraus, was ihm oder ihr bekommt, je nach dem (selbstgesteckten) Ziel, dem Klima, der Tradition und dem Hintergrund. Das gilt für die Gegenwart. Im Neuen Zeitalter wird vegetarische Ernährung zur Norm werden.

Wenn wir uns schon mehr vervollkommnet hätten, würden wir dann Elektrizität statt Öl verwenden?

Wir leben in einem elektrischen Universum. Es gibt im ganzen All nichts als Elektrizität. Wir kennen und rühren an ihren niedrigsten Aspekt. Eines der größten Geheimnisse, das der Welt erschlossen werden wird, wenn die Meisterschulen einmal eröffnet und die uralten Mysterien in der kommenden Zeit geoffenbart werden, ist das Geheimnis der höheren Erscheinungsformen der Elektrizität. Es ist der Schlüssel zur Kraft des Universums, und ein Teil dieser Kraft wird den Menschen unter der Führung der Hierarchie zugänglich werden, wenn sie dazu reif sind. Es ist eine der Offenbarungen.

Die gegenwärtig genutzen Energieformen - Kohle, Gas, Öl und Elektrizität in ihrer niederen Form - sind alles Übergangsbehelfe, bis wir dank der Inspiration durch die Hierarchie die höheren elektrischen Energien, vor allem aus den Wasserstoffatomen gewinnen können.

Nukleare Energie - jetzt und in Zukunft

22/3/77

Was wird mit all den Atomwaffen geschehen, die in der Welt existieren, wenn die Hierarchie in Erscheinung tritt?

Sie werden neutralisiert werden. Es ist wissenschaftlich ganz einfach, die negative nukleare Kraft in den Bomben zu neutralisieren, auch was in unserem Trinkwasser, in der Atmosphäre usw. überhandnimmt.

6/9/77

Es besteht jetzt die Gefahr eines Atomkrieges – Vernichtung durch einen unabsichtlich ausgelösten Unfall – glauben Sie, daß die Ankunft der Meister das verhindern kann?

Die Ankunft des Christus kann – ich sage nicht wird – aber kann mit an Sicherheit grenzender Wahrscheinlichkeit bewirken, daß sich die Völker nicht an die Gurgel fahren und dabei Atomwaffen einsetzen. Er kommt unter anderem jetzt, um als Überbringer göttlicher Intervention tätig zu werden. Und Er kommt, wie Er sagte, insbesondere jetzt «wie ein Dieb in der Nacht», weit eher als erwartet, zu einer Zeit, da viele Leute in der Welt nicht auf die Wiederkehr des Christus vorbereitet zu sein scheinen. Er ist eingetroffen, um sicherzustellen, daß die erwähnte Möglichkeit (eines Atomkrieges) nicht eintritt. Wenn heute oder zu irgendeinem zukünftigen Zeitpunkt ein Atomkrieg ausbräche, würde zum ersten Male in der Geschichte der Herr der Welt Selbst, Sanat Kumara auf Shamballa, direkt mitbetroffen sein. Das war noch nie der Fall. Sanat Kumara war es Selbst, der den Ashrams des fünften und siebenten Strahls innerhalb der Hierarchie gestattete, den Physikern der Alliierten die Atomgeheimnisse während des Krieges zu enthüllen. Sie konnten die Atombombe eher als die Achsenmächte herstellen und vervollkommnen.

Wenn es andersherum gewesen wäre – und es gab eine Zeitspanne von vier Monaten im Jahr 1942, in der die kriegführenden Mächte in einem Kopf-an-Kopf-Rennen um das Geheimnis lagen – hätte das darauf hinauslaufen können, daß die Achsenmächte das Geheimnis als erste gelüftet und die Menschheit mit der Vernichtung bedroht hätten. Das wäre der Beginn eines langen, dunklen Zeitalters gewesen und hätte die Evolution dieses Erdballes um Jahrtausende zurückgeworfen. Es wurde durch die Intervention des Herrn der Welt Selbst verhindert, und somit wäre Er heute für einen Atomwaffeneinsatz mit verantwortlich. Daher wird alles geschehen, um das zu vermeiden. Aber natürlich hat die Menschheit die Freiheit des Willens.

4/4/78

Könnten Sie etwas über die Rolle sagen, die, wenn überhaupt, die Nuklearenergie im Neuen Zeitalter spielen wird?

213

Sie hat eine Rolle, die Nuklearenergie, aber nicht die Art von Nuklearenergie, die wir heute durch den Spaltungsprozeß gewinnen. Dieses Verfahren ist äußerst gefährlich. Der *Fusionsprozeß* ist die Methode der Zukunft, und sie wird, wie Sie wissen, in unserem Land (Großbritannien), in den US und andernorts erprobt. Man wird die Nuklearenergie verwerten, die man aus einem einzigen Wasserisotop gewinnen kann. Sie ist ungefährlich und im Überfluß in den Gewässern der Ozeane und Flüsse der Welt vorhanden Diese nukleare Fusion erfordert keine Hitze, sondern einen kalten Prozeß; sie wird relativ bald zur Anwendung kommen, nicht sofort, aber in den nächsten fünf oder zehn Jahren. (Unsere eigenen Wissenschaftler schätzen, daß die Vervollkommnung dieses Prozesses 15 bis 20 Jahre dauern wird, aber durch das offene Auftreten der Hierarchie in der Welt wird sie ungemein beschleunigt werden.)

Damit läßt sich der gesamte Energiebedarf unserer Erde decken – in jedem Dorf, jeder Stadt, jeder Großstadt der Welt. Können Sie sich die Wirkung vorstellen? Damit wird die Menschheit vom Einsatz anderer Energieformen befreit (von denen einige Nationen mehr, die anderen weniger besitzen) und der Mensch von mühseliger Schwerarbeit erlöst.

Es gibt eine noch fortschrittlichere Möglichkeit als den Fusionsprozeß. Sie gehört zur Göttlichen Wissenschaft, die uns mit der Zeit von den Meistern offenbart werden wird. Sie bewirkt durch die Kraft der Gedanken die Freisetzung jener Energie, die im ätherischen Gegenstück von Kristallen verborgen ist. Auf diese Art wird es gelingen, die Energie des ätherischen Ozeans, in dem wir leben, direkt und gefahrlos zu nutzen.

14/7/77

Warum produziert man dieses Teufelszeug, das die Menschheit vernichten kann – Plutonium und angewandte Atomkraft – statt der Sonnenenergie, die die Umwelt nicht verseucht?

Das ist ein technisches Problem. Es gibt andere Wege, Atomkraft einzusetzen. Man erforscht nun eine ganz gefahrlose Nutzung der Energie der Materie. Die Atomkraft ist in Materie verwandelte

Urenergie. Man setzt sie auf verschiedene Arten frei. Sie kann durch den Prozeß der Spaltung erzeugt werden, was Plutonium ergibt, äußerst zerstörerisch ist, tödlich und das, was in der Atombombe steckt. Es gibt andererseits den Fusionsprozeß (Verschmelzung, Vereinigung) von Isotopen des Wassers, das überall in der Welt reichlich vorhanden ist. Damit können wir völlig ungefährlich die im Universum vorhandenen Energien nutzen.

Solarenergie ist eine weitere Form; auch die Kraft der Gezeiten, die wir kaum zu erforschen begonnen haben. Das sind Übergangsmethoden. Die eigentliche Energie der Zukunft wird eine Form der Nuklearenergie sein. Zuerst, wie derzeit, aus dem Spaltungsprozeß gewonnen. Dann wird man Energie aus der Fusion erhalten, die sicher, d.h. ungefährlich ist, und die ganze Menschheit wird über jede Menge Energie verfügen. Das wird sie für ihre eigentliche Bestimmung freisetzen, nämlich die eigene wahre Natur zu erforschen. Uns im Westen stand immer genügend Energie in Form von Kohle, Dampf, Gas, Elektrizität und zuletzt Atomkraft zu Verfügung, und dies über mehrere hundert Jahre, aber es gibt weite Teile der Welt mit einem großen Defizit an Energiequellen, weil sie nicht den Vorteil oder Nachteil – je nachdem, wie man es sieht – unserer Industriellen Revolution haben.

Es besteht die Absicht, die Menschheit für ihre eigentliche Bestimmung freizustellen, ihr zu ermöglichen, ihre wahre Natur zu erforschen. Das bedeutet, daß das Gros der Menschheit statt $9/10$ seiner Zeit wie ein Esel zu schuften – wie der Großteil es heute tut – durch die reichlich vorhandene Energie frei wird für die schöpferische Entdeckung des eigenen Potentials. Aber es kann nur dann geschehen, wenn *allen* Menschen freie Energie in reichem Maß zur Verfügung steht. Das wird der Fusionsprozeß ermöglichen.

Die Entdeckung der Atomenergie war kein Zufall. Sie wurde von der Hierarchie absichtlich für die Menschheit freigegeben. Sie birgt große Wohltaten. Im Augenblick treibt man mit ihr Mißbrauch, aber in Zukunft wird man sie zum höchsten Wohl der Menschheit einsetzen.

Sie wird zur Befreierin des Menschen werden. In der Tat ist das Atomzeitalter und das Zeitalter Maitreyas ein und dasselbe. Dies alles, die Entdeckung des Atoms, der Atomkraft, der Atomenergie, ist der eigentliche Beginn des Wassermann-Zeitalters, zumindest symbolisch.

5/5/77

Wird sich das automatisch auf das Transportwesen auswirken?

Ja, sogar sehr. Wir werden in der kommenden Zeit Formen des Transportwesens entwickeln, so schnell und so leise, daß sie bewegungslos scheinen werden; dem Anschein nach so ruhig und still, daß die Müdigkeit verschwinden wird. Nichts wird mehr vibrieren. Wir werden die Naturkraft des Wasserstoffatoms einsetzen. Doch allmählich werden die Fortgeschrittensten unter uns bloß hier oder dort sein wollen, so wie die Meister. Ein Meister könnte in diesem Augenblick hier erscheinen, wo auch immer Er gerade sein mag. Von irgeneinem Ort in der Welt könnte Er plötzlich durch die Tür treten. So einfach ist es. Durch einen Willensakt vermag Er in Seiner vollen physischen Präsenz aufzutreten, wo Er will.

Einige Persönlichkeiten

Alice A. Bailey

5/7/76

Nach der Lektüre einiger Bücher von Alice A. Bailey würde ich gerne wissen – ist der Inhalt telepathisch empfangen worden, oder von einer Reihe bestimmter Leute, die die esoterischen Geheimnisse des Tibetanischen Totenbuches und des Buches Toth aufbewahrt haben, oder ist er das Ergebnis einer plötzlichen Erleuchtung, durch die jemand in der Lage war, diese Dinge niederzuschreiben?

Vom Standpunkt der Hierarchie bedeutet die «Geheimlehre» der Frau Blavatsky, der Gründerin der Theosophischen Gesellschaft, die Vorbereitung, die Einführung für die Lehren, die der Welt für dieses Neue Zeitalter übergeben wurden. Die Informationen, die die «Alice Bailey-Lehren» enthalten, stellen die Zwischenphase dieser Belehrung dar. Sie erhielt sie durch Einen, der sich viele Jahre lang nur «der Tibeter» nannte, den wir jetzt als den Meister D.K. – Djwal Khul – kennen. Alice Bailey empfing die Lehren mittels höherer Telepathie, durch das Medium der Seele.

Wenn man ihre Autobiographie liest, erfährt man, daß sie sich ganz einfach weigerte, irgend etwas mit diesen Lehren zu tun zu haben und sagte: «Nein, ich werde kein Medium!», bis ihr eigener Meister ihr versicherte, daß das nichts mit Mediumismus zu tun habe, daß es sich um höhere Telepathie handle, um Arbeit für den Plan, und daß es von höchstem Interesse für die Hierarchie und die Welt sei, wenn sie so freundlich sein könnte, diese 30jährige Verpflichtung auf sich zu nehmen – und sie dauerte 30 Jahre. Schließ–

lich willigte sie ein und begann zu arbeiten. So war sie 30 Jahre lang die Gehilfin (Amanuensis) des Meisters D.K.

Die nächste Etappe, die Offenbarungsphase, sagt man uns, wird nach 1975 weltweit durch das Medium des Rundfunks einsetzen. Der Grund dafür:die Meister und der Christus werden bald in der Welt sein und die Offenbarungen durch Rundfunk (und Fernsehen) verbreiten.

Edgar Cayce

23/6/77

Können Sie Ihre Meinung darüber äußern, was Edgar Cayce sagte? Er behauptete, daß vor dem Ende dieses Jahrhunderts eine große neue Religion von Rußland ausgehen werde. Und weiter, daß die Erdachse sich verschieben, Atlantis auftauchen, ein Großteil der Vereinigten Staaten sowie die meisten westeuropäischen Länder untergehen werden. Ferner ist die Aufreihung der Planeten im Jahre 1982 von Bedeutung – ich wüßte gerne, wie Sie das sehen?

Ja, das Auftauchen einer neuen Weltreligion in Rußland; ich habe schon darüber gesprochen. Sie wird, hat der Meister D.K. verkündet, in Rußland zuerst auftreten und eine sehr wissenschaftliche Religion sein. Das heißt, daß sie nicht im Sinn von kalt, klinisch «wissenschaftlich» sein wird, sondern eine okkulte, esoterische Religion, die sich mit der Wissenschaft der Energieformen beschäftigt, mit der Wissenschaft der Invokation – die die Grundlage der neuen Religion bilden und den Platz von Gebet und Verehrung einnehmen wird – und schließlich mit der Initiation.

Was das Aufsteigen von Atlantis betrifft: Ja, es wird langsam vor sich gehen, und es ist schon im Gange. Atlantis taucht allmählich auf. Es wird jedoch etwa 800 Jahre brauchen.

Was bei Prophezeiungen immer sehr schwierig ist (und das gilt für die Voraussagen der Meister fast ebenso wie für diejenigen von Leuten wie Edgar Cayce, die in Trance Informationen empfangen), betrifft die genaue zeitliche Einordnung. Das Auftreten der neuen Weltreligion in Rußland soll in diesem Jahrhundert stattfinden; das mag sein. Der Christus wird die neue Weltreligion inaugurieren, aber erst dann, wenn die Wandlung in der Menschheit voll erreicht ist. Der Prozeß, würde ich sagen, beginnt bereits. Die Tatsache, daß in der ganzen Welt jetzt Gruppen z.B. die Vollmond-Meditationen abhalten, gehört zu dieser neuen Weltreligion.

Die Zerstörung eines Teiles des amerikanischen Kontinentes, und zwar nicht des ganzen, aber von Teilen des europäischen Festlandes und anderen Gebieten der Welt – sie werden untergehen und Atlantis auftauchen – das ist zwar vorprogrammiert, aber, von der Gegenwart gerechnet, erst in 800 bis 900 Jahren.

Wieso wissen Sie das?

Nun, man teilte es mir mit. Alles, was ich heute abend sage, gebe ich an Sie einfach weiter, damit Sie selbst darüber nachdenken; ich betrachte es dabei nicht als Dogma, es ist noch in so weiter Ferne, daß ich mir keine Sorgen mache. Soll ich so sagen: Ich bin mir meiner Informationen recht sicher, ohne dogmatisch zu sein, und daher über das Aufsteigen von Atlantis und das Abbrechen von Teilen des amerikanischen Kontinents nicht beunruhigt. Wenn es geschieht, wird die Transformation der Menschheit, ihres Denkens ungeheuer sein, daß sie auf dieses Ereignis vorbereitet sein wird – die Zerstörung im körperlichen Sinn (the form aspect) wird so gut wie nichts bedeuten, und auf alle Fälle in ihrer Ausdehnung begrenzt sein.

Die Menschen werden sich nicht mehr vor dem Tod fürchten, nicht einmal mehr in den nächsten 100 Jahren. Die Einsicht, daß der Körper einfach ein «Vehikel», ein Träger für eine gewisse Zeit ist, den man durch einen ähnlichen ersetzt, wird für die Menschheit so alltäglich werden, daß die Angst vor der Zerstörung des physischen Körpers und des Erdballes völlig verschwinden wird. Die Menschen werden bewußt an der Steuerung der Energie, die dabei eine beherrschende Rolle spielt, mitwirken. Das geschieht jetzt unter Kontrolle. Über Atlantis oder dem Teil, der unterging, befindet sich ein großes ätherisches Zentrum, das alles im Gleichgewicht hält, und da dieses Zentrum, energetisch gesprochen, mit dem Ozean in Verbindung steht, darf Atlantis nur so schnell und so viel aufsteigen, wie es das Zentrum bestimmt, und nicht schneller. Es darf nicht im Nu, mit einem Schwung hochkommen, sondern nur siebeneinhalb bis neun Zentimeter im Jahr, in einem allmählichen, dem Gesetz unterworfenen und überwachten Prozeß.

Was die lineare Stellung der Planeten im Jahr 1982 betrifft, scheinen sich die Astronomen nicht einig zu sein, ob sie überhaupt besteht. Jedenfalls weiß ich von keinen etwaigen negativen Folgen.

Findhorn

22/3/77

Können Sie etwas über die Bedeutung von Findhorn sagen?
Findhorn ist ein Lichtzentrum, von denen es mehrere auf unserem Planeten gibt. Es hat eine energetische Funktion und ist mit den anderen Zentren, einigen alten und einigen neuen, verbunden. Dort können diejenigen, die dazu bereit sind – durch die Lebensweise, die dieses und andere Zentren entdecken, oder besser gesagt, erforschen – die Art von Erfahrung machen, die ihnen ermöglicht, das Prinzip der Liebe zu verwirklichen und Gruppenbewußtsein zu entfalten. Darin besteht die wesentliche Aufgabe der Lichtzentren. In ihnen erforschen die Teilnehmer Techniken, Beziehungen, wie man Liebe erweisen und allmählich in das Wesen der Gruppenidentität und -bewußtheit eindringen kann.

In der anbrechenden Zeit wird die Liebe Gottes in der Menschheit deutlichen Ausdruck finden. Zum ersten Mal wird die angeborene Bruderschaft der Menschen als Seelen auf der äußeren (physischen) Ebene zur Tatsache werden. Das sieht der Plan für das Neue Zeitalter vor. Es wird zum Zeitalter der Liebe und Brüderlichkeit werden. Das ist es, was einem Ort wie Findhorn zugrunde liegt, was ihn bedingt. Es gibt auch noch anderes, aber das ist das wichtigste: den Menschen dort die Möglichkeit zu geben, im Gemeinschaftsleben Erfahrungen zu sammeln, denn aus solcher Gruppenerfahrung wird die Lebensordnung des Wassermann-

220

Zeitalters bestehen. Nur innerhalb der Gruppe können die Wassermann Ideen erspürt, begriffen und erarbeitet werden. Es wird das Zeitalter der Synthese sein, was so viel bedeutet wie das Zeitalter der Gruppe. Im Grunde gibt es nur *eine* Gruppe auf der Welt – auf der Seelenebene ist der Mensch eine Einheit. Die Hierarchie ist eine Gruppe. Ihre Mitglieder haben kein persönliches, von den anderen getrenntes Bewußtsein. Sie kennen nur das Gruppenbewußtsein. Diese besondere Qualität wird an einem Ort wie Findhorn erprobt und findet dort den Rahmen, entsprechend gelebt zu werden. Der Ort hat noch eine weitere, mehr esoterische Aufgabe für die Zukunft, aber darüber möchte ich nicht sprechen.

Auf der ätherischen Ebene spielt sich etwas sehr Interessantes dort ab. Einige Meilen entfernt ist ein sehr altes, ätherisches Zentrum auf dem involutionären Bogen. Mit Hilfe der Menschen und in Zusammenarbeit mit ihnen (den Leuten von Findhorn) verwandeln die aufbauenden Devas, die sich auf dem evolutionären Bogen befinden, diese alte Quelle negativer Energie (böse, weil involutionär) in positive Kraft. Das geschieht durch die Kultivierung der Gärten, die eine solche Sehenswürdigkeit von Findhorn sind. Da Bäume gepflanzt und in Zukunft auch Agrarwirtschaft betrieben werden soll, wird dieser Teil der Arbeit in Findhorn so lange dauern, bis die negative Energie verwandelt ist.

Krishnamurti

10/5/77

Zu Anfang des Jahrhunderts verkündete die Theosophische Gesellschaft offiziell, daß Krishnamurti derjenige sei, durch den Maitreya wirken werde. – Können Sie dazu Stellung nehmen?
Einige Mitglieder, besonders Leadbeater und Annie Besant, dachten, daß er der kommende Christus, der Weltlehrer sein werde. Er hatte gewisse innere Erlebnisse und lehnte ab, löste den «Orden des Sterns» etc. auf. Er war tatsächlich darauf vorbereitet worden – er gehörte zu einer kleinen Gruppe, deren Mitglieder man als mögliche Träger schulte, durch die sich Maitreya hätte

manifestiern können. Doch der Plan wurde geändert, und man bedurfte seiner nicht mehr in diesem Zusammenhang. Maitreya entschied, daß Er Selbst kommen werde. Krishnamurti ist nun zu einem großen Lehrer geworden, wie Sie wissen, mit einer riesigen Anhängerschaft auf der ganzen Welt.

Wenn er es auch leugnen mag – es würde zu seiner Denkungsart passen, es zu leugnen – würde ich sagen, daß Krishnamurti den Weg bereitet für das Werk des Christus! Er ist nur einer von vielen, die die Menschheit darauf vorbereiten, aber gerade er in seiner besonderen Art, meine ich – bereitet die Leute psychologisch auf die erste und zweite Einweihung vor.

Sai Baba

10/1/78

Es gibt derzeit einen in Indien, Sai Baba, könnte Er der Christus sein?

Sai Baba, ein phantastischer Mann. Ein wundervoller Mensch, das was man einen Spirituellen Regenten nennt. Wenn ich recht habe, so kam der Christus am 19.Juli 1977 in die moderne Welt, und Sai Baba ist nun schon eine ganze Reihe von Jahren in der Welt, also *kann* Er nicht der Christus sein. Aber auch Er bereitet auf seine wunderbare Weise die Menschheit auf das Werk des Christus vor, indem Er das Prinzip der Liebe in der Welt freisetzt.

UFOs

24/2/77

Ich habe gehört, daß der Christus in einem UFO kommen werde.

Ich habe auch gehört, wie man mit großem Ernst behauptete, daß der Christus in einer Fliegenden Untertasse, einem UFO, kommen würde. Ich persönlich glaube das nicht. Ich habe heute abend gesagt, wie ich es immer wieder betone, daß der Christus das Haupt *dieser* Planetarischen Hierarchie ist. Im Himalaya – in einem großen Energiezentrum – steht Ihm nun ein physischer Körper zur Verfügung, und so hat Er es nicht nötig, in einem UFO zu kommen.

Er wird im Flugzeug kommen, und damit wird sich die Prophezeiung, daß Er aus den Wolken herabkommen werde, erfüllen. Er wird in einem Manifestationskörper sein, den Er seit einigen Jahren vorbereitet und der nun bald fertiggestellt ist.

12/4/77

Besteht irgendeine Beziehung zwischen den «nicht identifizierten Flugkörpern» (UFOs) und den Meistern?

Die Hierarchien aller Planeten stehen miteinander in Verbindung. Die Hierarchie dieses Himmelskörpers hat mit allen anderen Planeten ständigen telepathischen Kontakt. Es ist eine okkulte Tatsache, daß alle Planeten bewohnt sind, nicht notwendigerweise von Leuten, die wir an physischen Körpern erkennen könnten. Auf Mars und Venus leben sie z.B. auf der ätherisch-stofflichen Ebene, und die UFOs bestehen tatsächlich aus ätherischer Substanz. Wenn wir sie landen sehen, dann bringen sie die Vibration dieses ätherischen Stoffes vorübergehend auf eine niedrigere Stufe, so daß wir sie als feste physische Körper wahrnehmen können. Wenn Sie einem Marsmenschen oder einem Venusbewohner begegneten – und es könnte in diesem Augenblick einer hier im Raum sein – würde er uns vorkommen wie einer von uns. Das wäre eine zeitweilige Manifestation auf der physischen Ebene.

223

Es besteht eine eindeutige Verbindung in dem Sinn, daß alle Hierarchien des Sonnensystems zusammenarbeiten, und was wir UFOs nennen (die Fahrzeuge der Raumbrüder von den höheren Planeten), hat eine sehr präzise Aufgabe bei der Errichtung einer spirituellen «Plattform» für den Weltlehrer, der die Menschheit auf die kommende Zeit vorbereiten wird. In der Tat haben sie seit dem Krieg wesentlich dazu beigetragen, unseren Planeten intakt zu halten. Denn seit Kriegsende waren wir einige Male hart daran, unseren Erdball durch die Auslösung eines großen Krieges zu zerstören, der die ganze Menschheit und selbst die Weltkugel als eine kompakte Einheit hätte vernichten können. Die Raumbrüder haben um diesen Planeten einen großen Ring aus Licht gelegt, der ihn intakt hält und gegen ein Überfließen der Kräfte von der kosmischen Astralebene schützt, diesem negativen kosmischen Bösen. Die Mächte der Finsternis auf dieser Erde beziehen ihre Energie von der kosmischen Astralebene. Wir sind also gegen eine solche Überflutung weitgehend geschützt. Auch unsere Hierarchie spielt dabei eine wichtige Rolle. Sie arbeiten sehr eng zusammen.

Ihre Arbeit steht unter dem Gesetz, ist ökonomisch und gesetzlich. Die UFOs mischen sich nicht in die Angelegenheiten dieser Welt ein. Es geschieht alles gemäß dem Gesetz unter strengster Überwachung der Energie und ihrer Verteilung.

Ich sage voraus, daß Sie innerhalb der kommenden Monate und in den nächsten Jahren eine ungemeine Zunahme der UFO-Tätigkeit auf der ganzen Welt erleben werden – sie hat schon eigesetzt – in Vorbereitung der Wiederkehr des Christus und des Hervortretens der Hierarchie zur gleichen Zeit. Sie arbeiten sehr eng zusammen. Die Raumbrüder senden enorme kosmische Energien in unsere Welt, die einen starken Einfluß auf die Umgestaltung der Menschheit und die Erhaltung des Planeten als ganzes haben. Sie arbeiten ununterbrochen, und wir sind ihnen zu allergrößtem Dank verpflichtet.

Das soll nicht heißen, daß sie en masse landen werden. Die Raumbrüder sind so weit wissenschaftlich fortgeschritten, daß wir zur Zeit mit dem, was sie uns zu geben haben, nichts anfangen könnten. Es wird noch 75 bis 125 Jahre dauern, bis wir einigermaßen imstande sein werden, ihre technischen oder wissenschaftlichen Informationen zu verwerten. Aber unsere Einstellung zu den

Raumbrüdern wird sich in der kommenden Zeit restlos verändern-
das fängt bereits jetzt an.

Wir werden herausfinden, woher sie kommen. Wir werden die
Tatsache akzeptieren, daß alle Planeten bewohnt sind, alle ihre
Hierarchien haben, die untereinander in Verbindung stehen. Wir
werden erkennen, daß wir Brüder und Freunde sind, Brüder in
einem eng miteinander verwobenen System – dem Sonnensystem,
daß wir alle auf verschiedenen Stufen der evolutionären Entwicklung stehen, einige mehr und andere weniger fortgeschritten. Allmählich werden wir unseren Platz wieder einnehmen, den wir einmal in der Kosmischen Bruderschaft innehatten.

Die Menschheit wird sich bewußt als einen Teil der interplaneta-
rischen Bruderschaft sehen. Wir werden zusammenarbeiten, und
wenn die Zeit reif ist – wird unsere Wissenschaft unter der Anre-
gung durch die Hierarchie den Punkt erreicht haben, an dem wir
das verwerten können, was uns die Raumbrüder zu zeigen ver-
mögen – dann werden sie kommen, bei uns wohnen, mit uns für
längere Zeit zusammenarbeiten und ihre große Göttliche Wissenschaft (es ist eine göttliche Wissenschaft) an die Welt weitergeben.

24/2/77

*Wieso können sie erscheinen und wieder verschwinden, so wie sie es
tun?*

Einer wesentlichen Tatsache muß man sich im Zusammenhang mit
den UFOs bewußt sein: sie sind ätherischer Natur, d.h. sie haben
ätherische und nicht dicht physische Körper. Was wir sehen können,
beruht auf ihrer Fähigkeit, ihre eigene Schwingungsfrequenz oder
die ihrer Flugkörper zeitweise so weit zu senken, daß wir sie wahrnehmen können. Das Phänomen ihres Verschwindens ist nichts
anderes als die Umstellung ihrer Vibrationsfrequenz auf ihre übliche Höhe. Das gleiche können auch die Meister. Wer die Herrschaft
über die Materie hat, kann das. Es ist nicht allzu schwer, glaube ich,
sobald man weiß, wie man es macht. Nur darum geht es.

17/5/77

Die Raumbrüder sind keine Naturgeister, nicht wahr?

Keineswegs.

Werden sie sich um uns kümmern?

«Kümmern» ist nicht der richtige Ausdruck, würde ich sagen. Sie beschützen uns im Rahmen des karmischen Gesetzes. Sie können nur so weit gehen und selbstverständlich nicht weiter. Aber für die Arbeit der Eingeweihten und der Jünger in der Welt könnten sie wenig tun, wenn sie ihnen das karmische Recht gäben, «sich einzumischen». Wenn jedoch der Christus und die Älteren Mitglieder der Hierarchie einmal in der äußeren Alltagswelt wirken, wird eine viel engere und offenere Verbindung mit den Raumbrüdern möglich sein.

24/2/77

Gibt es unter den Raumbrüdern auch solche, die Böses im Schilde führen?

Es gibt zweierlei Planeten: die heiligen und die nicht heiligen. Die Erde gehört nicht zu den heiligen. Sie ist erst in der Mitte ihrer vierten Runde, der vierten Inkarnation, könnte man sagen, und hat noch nicht die große kosmische Einweihung erhalten, die auf der kosmischen Ebene der Verklärungs-Initiation des Menschen entspricht. Ein Mensch wird nicht wirklich göttlich, bevor er nicht diese dritte Einweihung erhält, die vom Standpunkt der Hierarchie die erste ist. Ebenso ist im Kosmos ein Planet nicht heilig, bevor dessen Logos das erfahren hat, was dieser dritten Initiation auf der höheren, kosmischen Ebene entspricht. Auf heiligen Planeten gibt es das Böse nicht.

Der Mars ist ein Planet mit drei Ebenen oder Zonen – A, B, C. Die Zone A ist sehr weit fortgeschritten, beherbergt sehr hochstehende Wesen, in der Zone B sind ziemlich weit Fortgeschrittene, und in der Zone C leben solche, denen man in einer dunklen Nacht lieber nicht begegnen möchte. Trotzdem ist das Böse nicht von der gleichen Art wie auf unserer Erde, weil der Mars im ganzen sich sozusagen im Hauptstrom des göttlichen Willens bewegt. Auch er ist in der mittleren, der vierten Runde, kein heiliges Gestirn, und so gibt es auf ihm auch das Böse. Diese Bösartigkeit der niederen Zone kann sehr wirksam sein, viel anrichten und zerstören, aber im großen und ganzen bewegt sich der Mars im Rahmen des Planes, wenngleich sein Einfluß auf die Erde schädlich sein kann. Er ist bewußt auf dem Weg in einer Art, in der wir es nicht sind. Die Hierarchie ist natürlich mit ihm in Kontakt, aber die Menschheit dieser Welt hat als ganzes den Kontakt verloren.

Wir glauben nicht einmal, daß andere Planeten bewohnt sind, noch viel weniger haben wir irgendeine Verbindung zu ihnen . Und doch ist Kontakt mittels des Denkvermögens möglich, sogar innerhalb des ganzen Kosmos, aufgrund des gemeinsamen «Nenners», des Denkens, wenn die Stufe der Bewußtheit hoch genug ist. Aber natürlich haben nur die allerhöchsten Wesen dieses kosmische Bewußtsein (Telepathie ist eine angeborene, natürliche Fähigkeit, ein natürlicher Bestandteil des menschlichen Wesens). Sünde, Böses, existiert auf anderen Planeten, aber es ist in einer Weise gebunden, wie das auf unserer Erde nicht so leicht ist.

Haben sie nicht uns gegenüber z.B. bösartige Gefühle?

Nun ja, sie tun ihre Arbeit auf ihrer Linie, so gut sie können, aber wir sind beschützt. Alles untersteht dem Gesetz. Es gab eine Zeit, in der sehr dunkle Wesenheiten von Planeten, die wir vielleicht für sehr fortgeschritten halten, hierher kommen konnten, wenn sie wollten. Sie traten mit einer Reihe von Leuten in Verbindung, und das ging eine ganze Weile so. Doch es wurde unterbunden. Die Kontakte auf diesem Planeten unterstehen dem Gesetz, und es gibt diese Art individueller Kontakte jetzt nicht mehr.

Es ist schwer, das zu erklären, und ich bin nicht sicher, ob ich es selbst völlig verstehe; aber es handelt sich um Böses, das in seiner Spannkraft und Art anders ist. Es gibt kosmisch Böses der allerschlimmsten Sorte. Es ist sehr aktiv und versucht, auf höhere Ebenen überzugreifen. Das ist auf diesem Planeten geschehen wie

anderswo auch. Aber trotzdem ist das Gros der planetarischen Einwohner mit Gott verbunden. Sie kennen den Weg. Sie haben ihre
mißratenen Burschen, aber als Ganzes, als Planet, haben sie nicht
ihren Weg verloren. Wir haben ihn verloren, wir sind buchstäblich
zurückgefallen und brauchen Hilfe. Sie leisten Hilfe.

4/10/77

Wie wirken wir auf die anderen Planeten?

In Wirklichkeit ist unser Gestirn und seine Menschheit Teil der
Bruderschaft, die das ganz Sonnensystem umfaßt, und jeder Teil
ist mit den anderen eng verbunden. Die Energie unseres Planeten
strömt in jeden anderen über, so wie die der anderen auch. Es
besteht eine enge energetische Wechselwirkung.

Wir müssen uns diese Tatsache klar vor Augen halten und
ebenso, daß unsere Gedanken und Handlungen eine Wirkung auf
die Aura unseres Gestirns ausüben, die ihrerseits auf alle anderen
Planeten dieses Systems einwirkt. Wenn wir so reagieren, daß das
Licht und die Energie, die von unserer Erde ausgehen, eine relativ
niedere Schwingung haben, dann halten wir den Fortschritt des
ganzen Sonnensystems auf.

*Was halten Sie von der ganzen Raumforschung und davon, daß der
Mensch zum Mond fliegt?*

Ich liebe die Raumforschung und halte sie für eine großartige
Sache. Sie bringt den Menschen zu Bewußtsein, daß wir nur ein
winziges Zentrum in dem riesigen Sonnensystem sind, das seinerseits ein winziges Zentrum in einer großen Galaxis ist, einer phan-
tastischen Wesenheit, die wir «Weltraum» nennen. Wir haben in
dieser Erkenntnis den ersten Schritt getan, indem wir unsere
Raumraketen zum Mond und zu anderen Planeten schicken. Wir
beginnen, uns selbst als Mitglieder einer Familie zu fühlen, und das
intensive Interesse, das man den sogenannten UFOs entgegenbringt, ist ebenfalls ein Anzeichen dafür.

Die Menschheit beginnt zu begreifen, daß sie im Universum
nicht allein ist und nicht allein im Sonnensystem. Die Leute aus

dem All sind *unsere Brüder*. Wir gehören zu einer Familie, die das ganze Sonnensystem umfaßt, allerdings nicht unbedingt auf der gleichen Manifestationsebene, auf der wir uns befinden. In Wirklichkeit ist es so, daß der Aspekt der Materie von Planet zu Planet verschieden ist. Wenn man z.B. zur Venus ginge, würde man nichts sehen. Sie ist zwar bewohnt, aber unsere höchste ätherische Energie ist die niedrigste jener Wesen dort. Sie beginnen, wo wir aufhören.

Ich dachte, die amerikanische NASA und die Russen verursachen Luftverschmutzung und stören das ökologische Gleichgewicht auf der Welt. Ist das nicht der Fall?

Nein. Richtig ist, daß die Fortschritte in den Raumprogrammen sowohl in Rußland als in den US nur durch die unmittelbare Einwirkung der Hierarchie auf die Gedanken der Wissenschaftler ermöglicht wurden, ja nicht nur durch unsere Hierarchie, sondern auch durch die Hierarchien einiger höherer Planeten. So geschieht das, wie Sie sehen, genau nach den Plänen der Hierarchien.

24/7/77

Sind die Regierungen der Welt über die Tatsache der UFOs beunruhigt und lassen sie uns deshalb im Dunkeln?

Es ist interessant, daß Mr.Carter in seinem Wahlkampf im Rahmen der üblichen Wahlversprechen auch ankündigte, die geheimen Informationen, die bis jetzt vom State Department und dem Verteidigungsministerium der US zurückgehalten werden, freizugeben. Wir nehmen an, daß sie daher bald veröffentlicht werden. Damit würde eine enorme Fülle von Material zugänglich, das man zweifellos über das UFO-Phänomen in Amerika gesammelt hat.
    Ich habe selbst die Ordner über geheime Aufzeichnungen über UFOs in unserem Luftfahrtministerium gesehen (nicht ihren Inhalt!). Es besteht kein Zweifel, daß sie viele Berichte vom Luftfahrtpersonal enthalten, das, wie ich weiß, nicht über seine Erlebnisse sprechen darf. Die offizielle Version lautet, daß UFOs keine Bedrohung der Landesverteidigung darstellen und die Regierung

daher keinen Grund hat, über sie besorgt zu sein. Das kommt natürlich einem Eingeständnis gleich, daß (a) die UFOs existieren und (b) daß sie freundlich sind. Ich würde nicht sagen, daß die Behörden über die Tatsache der UFOs bestürzt sind. Ich nehme an, daß sie wirklich nicht wissen, wie sie sich diesem Phänomen gegenüber verhalten sollen.

Meinen Sie, daß die UFOs irgendwie mit dem neuen Vorstoß in den Weltraum zusammenhängen?

Oh gewiß, sehr sogar. Die Hierarchien aller Planeten arbeiten zusammen. Sie sind, wann immer sie wollen, in telepathischer Verbindung. Die UFOs, die Fahrzeuge von gewissen höheren Planeten, sind hier in einer im Grunde spirituellen Mission. Zum Teil besteht sie darin, diesen Planeten intakt zu halten, bis die Mächte des Lichts ein energetisches Gleichgewicht erreichen. Das ist bereits geschehen. Es gab eine Zeitspanne ungefähr von 1956 bis Ende 1959, in der die Welt an einer Wegkreuzung stand. Die Zukunft der Erde war effektiv in der Schwebe, und unsere und einige andere Hierarchien von höheren Planeten, besonders von Mars und Venus, arbeiteten hart, um dem Überhandnehmen des Bösen entgegenzutreten, das sozusagen auf unserem Planeten explodierte – als letzter Versuch der Mächte des Bösen, die Inauguration des spirituellen Wassermann-Zeitalters ebenso zu verhindern wie das Hervortreten der Hierarchie und die Wiederkehr des Christus.

Eine Unmenge anderer Arbeit ist geleistet worden – die Neutralisierung großer Mengen negativer nuklearer Strahlung in unserer Atmosphäre, in unseren Flüssen und Ozeanen – die sonst den Planeten verseucht hätten. Er ist zu einem gewissen Grad vergiftet, aber er wäre ohne das Eingreifen unserer Raumbrüder bereits unbewohnbar.

Die Evolution der Devas (Engel)

26/9/75

Wie wirken die Devas auf uns ein? Könnten Sie die Beziehung zwischen ihnen und uns erläutern?

Das ist sehr kompliziert. Was man im Osten die Deva-Evolution nennt, ist bei uns als Evolution der Engel bekannt und vollzieht sich parallel zur menschlichen Entfaltung. Es gibt viele verschiedene Deva-Hierarchien und zahlreiche, sehr verschiedene Arten von Devas, untermenschliche wie übermenschliche. Es ist ein okkultes Faktum, daß alle Lebensströme auf diesem Stern zum menschlichen Lebensstrom hinführen oder über ihn hinaus. Der menschliche Zustand ist im Mittelpunkt, alles Leben darunter führt auf ihn zu oder höher über ihn hinaus. Es besteht eine sehr enge Verwandtschaft zwischen einigen Aspekten der Deva-Evolution und der des Menschen in dem Sinn, daß die Evolution des Menschen positiv und die der Devas negativ verläuft. An einem bestimmten Punkt in weiter, weiter Zukunft sieht der Göttliche Plan vor, daß sich diese beiden Evolutionen treffen. Es wird dann den göttlichen Hermaphroditen geben – der positive, menschliche, männliche Aspekt und der negative, weibliche Deva-Aspekt werden sich in einem Körper vereinen.

Haben Sonne und Mond damit irgend etwas zu tun?

Der Mond steuert das bei, was wir «negativ» im Sinne der Kräfte der Materie nennen. Es sind die Kräfte unserer niederen Natur, während unsere höheren Kräfte von der Sonne stammen. Die winzigen individuellen Devas, die den Träger für die menschliche Seele bilden, den Kausalkörper, stammen von der Sonne. Man nennt sie solare Pitris. Die lunaren oder Mondpitris formen unsere niederen Körper, so daß sich eine positive und negative Beziehung ergibt. Die menschliche und die Deva-Evolution werden sich immer mehr annähern, so daß wir im kommenden Zeitalter sehr eng miteinander zusammenarbeiten werden. Bereits jetzt wirkt jeder Eingeweihte eines bestimmten Grades mit der Deva-Evolution zusammen, und die ganze Menschheit wird allmählich lernen, mit den heilenden Devas gemeinsam zu arbeiten, mit den violetten und den grünen Devas, die uns lehren werden, ätherisch zu heilen. Wie Sie wissen, haben wir einen physischen Körper und ein ätherisches Gegenstück, das aus ätherischer Materie dieses Planeten besteht. Dieser ätherische Körper befindet sich innerhalb unserer physischen Hülle und reicht über sie hinaus. Wenn wir erkranken, so geschieht das zuerst auf der ätherischen Ebene, und dann werden wir im Zusammenhang damit auch physisch krank. Deshalb setzt die Heilung zuerst auf der ätherischen Ebene ein. Wir stehen am Anfang dieses Weges – die Ärzte, Wissenschaftler und Forscher auf der ganzen Welt beginnen nun, sehr ernsthaft die ätherische Ebene der Materie zu erforschen, die dadurch für viele stark an Realität gewinnt. Wenn wir einmal eng mit der Deva-Evolution zusammenarbeiten, werden sie uns zeigen, wie wir unseren Ätherkörper unter Kontrolle bringen und heilen können, wie wir ihn ins Gleichgewicht zurückführen und in diesem Zustand halten können; ferner wird sich ein sehr enger, eindeutiger Rapport zwischen diesen beiden Evolutionen herstellen, noch lange vor dem fernen Ziel der Einswerdung.

Es gibt Deva-Gruppen, mit denen der Mensch keinen direkten Kontakt hat, die aber eine entscheidende Rolle spielen, indem sie uns das Prana von der Sonne   übermitteln. Ohne die Existenz dieser Devas und der Menschheit würde dieser Planet sterben. Beide sind energetische «Umschaltstationen» für die niederen Naturreiche.

4/4/78

Ich erinnere mich, daß Sie einmal sagten, ohne die Menschen gäbe es keine andere Lebensform auf der Erde. Wie ist das möglich? Es haben doch ganz gewiß andere Lebensformen vor dem Menschen auf diesem Planeten existiert?

Es gab eine Zeit, da war der Mensch auf dem Mond. Der «Mann im Mond» ist eine Realität. Tatsächlich war der Mensch auf dem Mond, bevor er auf die Erde kam.

Nicht in physischer Gestalt?

Nicht in physischer Gestalt.
Auch gewisse hohe Devas bewohnten den Mond. Sie betätigten sich gemeinsam mit den Menschen als Energie-Übermittler von der Sonne zu den niederen Naturreichen, dem Tier-, Pflanzen- und Mineralreich , bis zu dem physischen Körper dieses Planeten. Sie beleben in einer Weise, wie es nur die Devas und die Menschen können, die niederen Reiche durch die Transmission von Prana. Ohne den Menschen und diese bestimmte Art von Devas würden die niederen Reiche aussterben.

Aber würden die Devas sterben, wenn wir nicht hier wären?

Nein, das nicht. Ein Teil ihrer Aufgabe ist es, uns Prana zu übermitteln. Ihre Funktion würde daher gestört, es entstünde ein energetisches Übergewicht. Prana wäre vorhanden, die Devas wären da – aber wozu? Für das Tierreich? Sie würden damit alle Tiere töten. Wenn wir die Energie nicht herunterstufen, bringt sie das Tierreich um. Heute abend übermittelten wir spirituelle Energie von einer sehr hohen Ebene – wir wirken als Transformatoren bei ihrer Übermittlung. Sie geht mit niedrigerer Spannung in die Welt und ist so leichter für die Menschen aufzunehmen und zu verwerten.
Wenn die Sonnenenergie durch die Devas und nicht durch die Menschheit transmittiert würde, bliebe sie in einem ungenügend herabgestuften Zustand. Die Tierkörper sind nicht so verfeinert, um das Prana in der Form aufzunehmen, in der sie es von den Devas erhielten, so daß sie allmählich zugrunde gingen.

Aber wie war es, bevor der Mensch in einem physischen Körper auf der Erde lebte?

Er war in der ätherischen Stoffhülle. Bevor der Mensch einen physischen Körper annahm, gab es zwei Arten (races) von ätherischen Menschen, die die gleiche Aufgabe hatten. Sie waren nicht eigentlich Menschen, aber sie hatten die gleiche Funktion gegenüber den niederen Reichen.

Als sich der Mensch zur Zeit der Lemuren auf der physischen Ebene inkarnierte, konnten – infolge der dadurch erhöhten Vibrationsbeschleunigung seines physischen Körpers – allmählich immer mehr der höheren Feuer von der Sonne transmittiert werden, denn darum geht es. So kam der Evolutionsprozeß zustande. Seit der Mensch den Mond nicht mehr bewohnt, ist der Mond ein Kadaver – ein zerfallender Leichnam am Himmel. Darum ist er für den Menschen schädlich.

Der Komet Kohoutek

5/3/76

Haben Sie das Gefühl, daß der Komet Kohoutek zerstörerische Energien mit sich führte, um die Auflösung aller unserer Institutionen zu beschleunigen, oder daß er – sagen wir – eine Manifestation der Hierarchie ist, die uns Energien sendet...?

Keine zersetzenden Energien, sondern im Gegenteil große synthetische Kräfte wurden durch diesen Kometen freigesetzt, als er das Sonnensystem durchquerte. Synthetische Kräfte, die einen ungeheuren Einfluß auf unseren wie auf alle übrigen Planeten haben werden. Unser Sonnensystem wird infolge des Einflusses seiner synthetischen Energien enorme Fortschritte machen. Sie sind Teile des Initiationsprozesses, der stattfindet.

27/1/76

WO kann man hingehen, wenn man die Erde verläßt? Gibt es organisches Leben auf den verschiedenen Ebenen der Hierarchie?

Alle Planeten sind bewohnt. Wenn ein Meister diese Welt verläßt, kann Er sich auf einen höheren Planeten begeben, oder, wie viele unter ihnen, zum Sirius gehen, dem eigentlichen Ursprung unserer

Planetarischen Hierarchie. Sie ist nämlich ein Zweig der Großen Weißen Bruderschaft auf dem Sirius. Praktisch besteht auf der kosmischen Ebene die gleiche Beziehung zwischen dem Sonnensystem und dem Sirius wie zwischen unserer Persönlichkeit und unsrer Seele; so dürfen Sie sich diese Verbindung vorstellen.

Die Meister können sieben verschiedene Wege einschlagen, wenn Sie die 5. Einweihung erhalten haben. Man nennt dies den Weg der höheren Evolution.

Sie können ein Himmlischer Mensch – ein Logos werden. Man bildet sich dazu aus. Man kann einen Planeten beseelen. Oder man kann ein Repräsentant des Sohnaspektes der Gottheit werden, der kosmische Christus. Er ist eine Identität, eine Individualität, die einmal Mensch war. Genauso wie der planetarische Christus ein Mensch ist, ein göttlicher Mensch, weil Er eben diese Göttlichkeit, von der wir spechen, verkörpert, die als Möglichkeit in jedem von uns schlummert – vom primitivsten Wilden bis zum Christus selbst. – Jeder ist göttlich. Wir stammen alle aus derselben göttlichen Quelle, aber wir befinden uns alle auf verschiedenen Stufen des Rückweges. Die Meister und der Christus sind uns weit voraus. Sie kommen nun, um uns zu helfen, damit die Menschheit diesen ungeheuren Schritt nach vorne tun kann, hin zum Beginn des Initiationsbewußtseins.

Uralte Kulturen

27/1/76

Welche Anzeichen von Fortschritten sehen Sie in der Vergangenheit,
sagen wir in den letzten Jahrtausenden, in der gesamten menschli-
chen Evolution?

Oh, Leonardo da Vinci, Albert Schweitzer, Beethoven, Plato, Shakespeare, Galilei, Abraham Lincoln – man könnte die Reihe belie-
big fortsetzen. Das Auftreten dieser Eingeweihten, denn das sind
sie, ist ein Zeichen für die Evolution des Menschen, so wie alle
Künste, alle großen wissenschaftlichen Entdeckungen. Die Erforschung des Atoms, die Entdeckung, daß die Materie in Wirklichkeit Energie ist, daß man Energie aus den Bausteinen der Natur
selbst freisetzen kann, all das ist unglaublich – das ist große Wissenschaft. Und wir werden lernen, gefahrlos und zum Wohle aller mit
ihr umzugehen, statt sie für negative Zwecke zu mißbrauchen;
dann wird diese Energie die Grundlage bilden, auf der wir eine
Kultur aufbauen, von der wir uns noch gar keine Vorstellung
machen können.

Die Verbreitung von Wissen – ein fast universales Bildungspro-
gramm – und die weltweite Kommunikation mit dem Sinn für die
Einheit, die sie schafft, hat die Menschheit heute so weit gebracht,
daß sie reif für die Offenbarung ist, die der Christus bringt.

Goldenes Zeitalter – Atlantis

1/2/77

Steht wieder ein goldenes Zeitalter bevor?

Ja, in der Tat. Ein goldenes Zeitalter. Ein diamantenes Zeitalter. Ein Zeitalter der Manifestation der götttlichen Fähigkeiten des Menschen, die noch niemals zutage traten. Ein goldenes Zeitalter der Gemeinschaftspsyche war die Epoche der atlantischen Kultur. In Atlantis gab es eine fortgeschrittenere Wissenschaft als wir sie heute haben. Eine architektonische Wissenschaft und Kunst des Bauens, mit der wir uns nicht messen können; eine spirituelle Wissenschaft, deren Anfänge wir noch nicht einmal vorzuweisen haben. Aber im kommmenden Zeitalter werden wir nicht nur damit Schritt halten können, sondern die Wissenschaft jenes Zeitalters, die der Menschheit von der Hierarchie geschenkt worden war, noch übertreffen. Nicht die Menschen haben diese Wissenschaft damals geschaffen, dazu hatten sie damals noch nicht die mentale Reife. Die vierte Rasse, die Atlanter, hatten die Vervollkommnung des Astral- oder Emotionalkörpers zum Ziel, d.h. ihn auf eine Höhe der Empfindungs- und Reaktionsfähigkeit zu bringen, die wir heute als normal ansehen. In der Tat ist sie so ausgebildet, daß wir nun die größten Schwierigkeiten haben, sie zu beherrschen. Die meisten Menschen sind heute ehemalige Atlanter, insofern als der Großteil astral polarisiert ist. Im Zentrum ihrer Aufmerksamkeit steht der Emotionalkörper. Die Kraft von der astralen Ebene wirkt in ihnen am mächtigsten, und sie wirken vom Solarplexus her.

Durch den Evolutionsprozeß, durch Meditation und Dienst werden oder sind die Fortgeschrittenen unter ihnen bereits mental polarisiert oder zentriert. Heute beginnen zum ersten Mal in der Geschichte große Teile der Menschheit wirklich selbständig zu denken, einen tatsächlichen Gebrauch von ihrer gedanklichen Energie zu machen, bewußt zu wählen und Entscheidungen zu treffen. Bis jetzt hat die Menschheit als ganzes immer nur reagiert. Denken ist, wie wir wissen, etwas völlig anderes.

Die Masse der Menschen beginnt zu denken – politisch, wirtschaftlich – die einzelnen fangen an, auf diesen Gebieten Entschlüsse zu fassen und nicht mehr nur einfach emotional einem Lehrer oder irgendeinem Führer zu folgen. Das ist etwas Neues.

In den Zeiten von Atlantis dachte die Menschheit überhaupt nicht nach. Nur der allerfortgeschrittenste Atlanter, der Jünger oder Eingeweihte, konnte denken. In der Mitte des atlantischen Zeitalters war die höchste erreichbare Einweihung das, was heute die dritte Initiation ist. (Der hl. Paulus war ein Eingeweihter dritten Grades, so können wir uns einen Begriff von einem Eingeweihten dritten Grades zu seiner Zeit machen.) Natürlich sind heutige Eingeweihte dritten Grades mental viel weiter fortgeschritten als damals. Jetzt ist es sehr schwer, den 3. Grad der Einweihung zu erreichen – eine sehr viel schwierigere Aufgabe, weil sich inzwischen das menschliche Denkvermögen sehr gesteigert hat. Fortwährend nimmt die für die Einweihung nötige Qualität zu. Die heutigen Meister waren enorme Adepten in den atlantischen Zeiten. Der Christus und Buddha waren unter den allerersten unserer irdischen Menschheit, die die dritte Einweihung in der Mitte der atlantischen Epoche erreichten, und stehen seither an der vordersten Front unserer Evolution. Sie sind große Planetarische Lebewesen, im Vergleich zu uns unvorstellbar weit fortgeschritten.

In atlantischer Zeit kam die Hierarchie von anderen Planeten, nicht aus unserer eigenen Erdenmenschheit – oder sie war gerade erst im Entstehen. Die weitest entwickelten Menschen fingen erst an, Eingeweihte zu werden.

Die atlantische Periode umspannte natürlich einen riesigen Zeitraum, der sich lange auf einem unverdorben reinen und hohen spirituellen Gipfel hielt. Es war das goldene Zeitalter.

Dann gerieten die «Herren des dunklen Antlitzes» und die «Herren des Lichtes», die Hierarchie des Lichts, in direkte Opposition, da die Mächte der Finsternis aufhörten, ihre Tätigkeit auf das Reich zu beschränken, in das sie gehört, auf die Ebene der Materie. Das Wirken der Kräfte des Bösen, die auf dem Planeten in Wirklichkeit die Kräfte der Involution sind, haben den stofflichen, den Materieaspekt, aufrechtzuerhalten. Sie sind auf dem Bogen der Involution, und wir auf dem Bogen der Evolution, der aus der Materie herausführt. Ihre Tätigkeit schadet uns, aber sie hat ihre

Aufgabe innerhalb der involutionären Entwicklung des Planeten. Wo immer ihre Tätigkeit auf den evolutionären Sektor übergreift und die Menschen beeinflußt, ist sie von Übel – bei der Beherrschung der Gedanken, der Herzen und der Handlungen der Menschen; doch gerade das suchen sie zu erreichen. Sie haben ihre sehr weit fortgeschrittenen Adepten – ihrerseits so weit entwickelt wie die Meister auf der anderen Seite. Nur, sie verfügen nicht über die Kraft der Liebe. Die Natur der Liebe geht ihrer Wesensstruktur völlig ab. Ganz allmählich, im Laufe der Zeit – in Hunderten von Jahrtausenden von jetzt an gerechnet – werden sie die Zyklen durchwandern, die die Kraft der Liebe entfalten, und sich dem Christusbewußtsein öffnen.

Ihrer Tätigkeit auf den physischen und astralen Ebenen ist es zuzuschreiben, wenn die Menschheit zurückgehalten wird, abgesehen von der Tatsache, daß unser Planet kein vollendetes Wesen ist. Er ist ein sehr unvollkommener Stern. Vom kosmischen Standpunkt ist er erst auf der Stufe eines Eingeweihten zweiten Grades – noch nicht vergöttlicht. Man wird erst dann wirklich göttlich, wenn man die dritte Einweihung hat, die erste Seeleneinweihung. Bis dahin handelt es sich einfach um eine Persönlichkeits-Integration. Es ist mehr als eine Integration der Perlönlichkeit. Vom Standpunkt der Hierarchie ist die dritte eigentlich die erste Einweihung.

Diese Erde ist nicht das, was man einen heiligen Planeten nennt. In der Sprache der Theosophie muß jeder Planet durch sieben Runden gehen, sieben Inkarnationen – unsere Erde ist in der Mitte der vierten. Wir haben noch einen weiten Weg vor uns. Aber in der Mitte der vierten Inkarnation ergeben sich all die neuen, großen spirituellen Möglichkeiten.

Ja, durch die Inspiration des Christus und der Meister werden wir ein goldenes Zeitalter herbeiführen – diesmal mit unseren eigenen Händen.

2/10/76

Aber hatten diese anderen Kulturen nicht die gleiche Hilfe von der Hierarchie wie wir sie haben?

Ja. Die atlantische Kultur wurde dem Menschen von der Hierarchie geschenkt. Der atlantische Mensch schuf sie nicht, diese brilliante Kultur, die in vieler Hinsicht der unseren wissenschaftlich überlegen war. Sie hatten elektromagnetische Waffen, die ihre Kultur zerstörten. Sie verfügten über eine äußerst fortgeschrittene Wissenschaft, eine wundervolle Kultur, aber die damalige Hierarchie, die Meister und Eingeweihten jener Zeit, hatten sie ihnen über lassen. Die Atlanter waren also in vieler Hinsicht weit weniger entwickelt als wir es sind.

Kann man sagen, daß dieses Geschenk die atlantischen Menschen zerstörte?

Nein, dieses Geschenk zerstörte sie nicht, sie mißbrauchten es durch ihren freien Willen. Der Mensch erhielt den freien Willen. Von diesem Zeitpunkt an wurde die Hierarchie okkult, esoterisch, sie zog sich in die Wüsten und Gebirgslandschaften unserer Erde zurück, in denen die Meister von heute noch wohnen. Einige sind die gleichen Wesen – das würden Sie nicht für möglich halten. Der Manu der fünften Wurzelrasse übt dieses Amt bereits seit fast 100 000 Jahren aus. Und der Manu, der zweite von zwei für die vierte Wurzelrasse, die atlantische, ist immer noch auf der Erde, in China. Ich kann mir gar nicht vorstellen, wie alt er ist – Hunderttausende von Jahren.

Wir vervollkommnen den mentalen, während die Atlanter den emotionalen Träger vervollkommneten, der nun vollendet ist.

Die Menschheit ist heutzutage völlig anders als vor nur 2000 Jahren. Damals sprach der Christus, der sich durch den Jünger Jesus manifestierte, zu ungebildeten, abergläubischen Bauern, Hirten und Fischern, die von den Priestern beherrscht wurden, deren einzige Sorge es war, sich die Herrschaft über die Gedanken der Menschen zu erhalten. Heute wird die Menschheit immer unabhängiger infolge der Fische-Erfahrung, weltweiter Bildung, der ungeheuren Beschleunigung und Verbreitung der Kommunikationsmittel wie der Presse, des Rundfunks, des Fernsehens, der Bücher, der Züge, des Flugverkehrs etc.

Der Christus kommt in eine völlig andere Welt. Die Menschheit ist nun erwachsen, der Weltjünger ist mündig geworden.

Große Teile der Menschheit stehen nun direkt an der Schwelle der ersten Einweihung, vor dem ersten Schritt in diese Art von Bewußtsein, das die Eingeweihten und Meister kennen. Schon in den nächsten 50 Jahren werden Hunderttausende die erste Einweihung erhalten – und das ist etwas Außergewöhnliches. Die Menschheit hat einen enormen Schritt nach vorne getan. Die Hierarchie kommt in die Welt zurück, der Christus wird hier sein. Die Menschen haben nun die Möglichkeit, in ein völlig neues spirituelles Zeitalter zu gehen und eine Kultur zu schaffen, die alle bisherigen überragt – auch die atlantische und alle danach. Wir haben die Chance, aber *wir* müssen sie nützen, unbedingt wir selbst. Wir sind dazu bereit, wir haben die Fähigkeiten dazu. Unter der Anleitung der Meister werden wir eine Zivilisation auf Brüderlichkeit, Liebe, gerechtem Verteilen, gesunden Beziehungen untereinander und zu Gott aufbauen. Das ist die richtige Grundlage. Daran scheiterte die atlantische Kultur.

Damals wuchsen Menschen heran, die mit dem Willen Gottes unzufrieden waren und ihren eigenen, separatistischen Willen behaupteten. Die Folge war eine Katastrophe. Diesmal werden die Mächte der Finsternis nicht siegen und die Menschheit so in die Enge treiben können. Sie sind schon geschlagen.

Ägypten und Atlantis

28/2/77

Sie sprachen in Ihrem Vortrag von Atlantis. Besteht eine Beziehung zwischen Atlantis und Ägypten, sei es durch Reinkarnation oder auf anderem historischem Weg?

Ja, Ägypten war eine späte Kolonie der atlantischen Zivilisation, die sich über weite Teile der Welt verbreitet hatte. Die große Cheops Pyramide in Ägypten ist viel älter als wir uns vorstellen – auch die ägyptische Kultur. Unter der Erde, rund um die große Pyramide und die Sphinx, ruht in Wirklichkeit eine Großstadt, eine der kolonialen Gründungen der Atlanter, die man eines Tages entdecken und ausgraben wird. Die Sphinx und natürlich die Pyramide standen mit den alten Mysterien der Initiation im Zusammenhang, denn die Einweihung und die Mysterienschule gehen auf die Zeiten der mittleren Epoche der atlantischen Kultur zurück. Die Überreste in Ägypten, Südamerika – Mexiko und Peru – und auch in Chaldäa und Babylon stammen von diesen uralten Kulturen ab. Sie sind degenerierte Abarten, denn die atlantische Kultur war eine ungeheuer wissenschaftliche Zivilisation, wie sie die Welt seither nicht mehr gesehen hat.

In Ägypten kannte man die Voraussetzungen für die Einweihung, aber es war Geheimwissen, es gab darüber keine allgemein zugängliche Unterrichtung wie heute. Die alte Religion von Atlantis war das, was wir Spiritualismus nennen. Man wußte um die Tatsache und zollte Verehrung – Verehrung ist nicht ganz das richtige Wort – zollte Anerkennung der Heiligkeit des immerwährenden Lebens. Wenn daher jemand starb, war das Leben nach dem Tod ebenso wichtig und wurde vorbereitet. Das Begräbnis erfolgte nach einem ganz besonderen Ritual. Man findet das, wo immer die Atlanter Kolonien gegründet hatten und ihre Kultur für einige Zeit fortdauerte wie in Ägypten.

Die Religion der Ägypter ist ihrem Wesen nach Spiritualismus, auch die Religion in China ist in den letzten 4000 Jahren eine Art Spiritualismus gewesen. Wir nennen das Ahnenverehrung, aber natürlich hat es nichts mit wirklicher Verehrung der Ahnen zu tun. Es ist die Verehrung der Heiligkeit des Weiterlebens nach dem Tod – dieser Lebenskontinuität – und daß die Ahnen zugleich mit den Männern und Frauen der Gegenwart gemeinsam weiterleben – die Anerkennung und das Akzeptieren dieser Tatsache.

Das ist der Kern der alten atlantischen und ägyptischen Religion. Daher die Überbetonung des Todes, das fast morbide Interesse, selbst im heutigen Südamerika, an der pomphaften Ausschmückung der Bestattungszeremonien. (Die südamerikanischen Bauern sehen sehr oft den Tod vor Augen. Sie sind ganz mit ihm vertraut. Sie sind arm. Die meisten Särge sind sehr klein, denn die Kinder sterben in großer Zahl. Diese Menschen leben ohne eigenes Verschulden immer in der Nähe des Todes. Der Tod ihrer Kinder ist vor allem darauf zurückzuführen, daß ihnen die Lebensmittel und das moderne medizinische Wissen vorenthalten werden.)

Ägypten war der Hort der Magie – atlantischer Magie. Die Begräbnisse in den Grabgewölben, und später in den Pyramiden, waren magische Handlungen. Die Gräber wurden auf magische Weise verschlossen und versiegelt. Es gibt auch heute noch Gräber in Ägypten, die nicht geöffnet wurden, nicht aufgebrochen werden können, bis das magische «Siegel» entfernt ist. Sie sind durch Worte der Kraft und bestimmte Rituale versiegelt worden, die jede Störung verhindern, solange das «Codewort» nicht gefunden ist, das die Kraft des Mantrams freisetzt.

Die gleiche Magie herrschte in Atlantis, schwarze und weiße. Die schwarze Magie wucherte damals in ungeheurem Ausmaß, und Sie wissen natürlich, daß ein großer Kampf zwischen den Mächten des Lichts und der Dunkelheit entbrannte, der dieser Kultur ein Ende setzte. In der Folge dieses Krieges wurde die Hierarchie des Lichtes okkult. Sie zog sich aus der Alltagswelt in ihre Berge und Wüstengebiete zurück und ließ die Menschen für sich selbst sorgen, durch Versuch und Irrtum lernen. Nun kehren Sie zu uns zurück, Einer nach dem Anderen.

4/10/76

Werden diese Kräfte diesmal wirklich einen großen Schritt vorwärts tun können? Denn es gab Kulturen vor uns, die schon viel weiter waren als wir, und sie gingen unter, ohne daß man weiß warum. Wenn das alles nach einem Plan für unseren Planeten abläuft, warum sind diese Kulturen, die besser waren als die unsere, zusammengebrochen?

Durch den freien Willen des Menschen. Der Mensch stammt von Gott, ist göttlich. Er ist auch Mensch und hat einen freien Willen und die Möglichkeit, ihn zu nützen. Der Mensch muß sich aus seinem eigenen Gefühl für das Richtige entscheiden und entfalten, die gesamte Menschheit muß ihren eigenen Willen mit dem göttlichen Willen in Einklang bringen, der von Schamballa ausgeht, wo der Wille Gottes bekannt ist. Wenn der Wille des Menschen und der Wille Gottes übereinstimmen, dann leben wir richtig – der Plan macht Fortschritte. Es gibt keinen Rückfall. Wenn der Menschenwille länger vom Göttlichen Willen abweicht, kommt es zur Katastrophe. In den «besseren» Kulturen, an die Sie denken, in der atlantischen, wurden die Menschen selbstsüchtig, lebten nach ihrem kleinen Eigenwillen, und das Endresultat war die Katastrophe.

Diesmal ist der Mensch viel weiter fortgeschritten, ist eine viel reifere, denkende Persönlichkeit innerhalb seiner Gruppe und kann im Licht der Klarheit der Richtlinien, die der Christus ihm deutlich machen wird, seine Entscheidungen für die Zukunft treffen. Er wird erkennen, daß es heute zum Teilen und zur Zusammenarbeit keine Alternative mehr gibt, und auf dieser Basis wird er in die Zukunft gehen.

Einige der Botschaften
von Maitreya, dem Christus

Botschaft No. 1
6. September 1977

Meine lieben Freunde, es wird nicht mehr lange dauern, bis ihr mich von Angesicht sehen werdet.
Wenn diese Zeit kommt, werde ich euch bei der Hand nehmen und euch zu jenem führen, dem wir gemeinsam dienen.

Meine Manifestation ist abgeschlossen und vollendet.
Ich bin wahrhaftig in der Welt.

Bald werdet ihr mich erkennen, vielleicht mir folgen und mich lieben.
Meine Liebe durchströmt euch alle immer.
Und diese Liebe, die ich zur ganzen Menschheit empfinde, brachte mich hierher.

Meine Brüder und Schwestern, meine Rückkehr in die Welt ist ein Zeichen dafür, daß das neue Zeitalter, wie ihr es nennt, begonnen hat.

In der kommenden Zeit werde ich euch Schönheiten und Wunder zeigen, die eure Vorstellungskraft übersteigen, die euch jedoch durch Geburt als Söhne Gottes zustehen.

Meine Kinder, meine Freunde, ich bin vielleicht eher gekommen als erwartet.
Aber es gibt viel zu tun, vieles muß in der Welt geändert werden.
Viele hungern und sterben, viele leiden sinnlos.

Ich komme, um das alles zu ändern, um euch den gemeinsamen Weg nach vorn, in ein einfacheres, gesünderes und glücklicheres Leben zu zeigen.
Nicht länger stehe Mensch gegen Mensch, Nation gegen Nation, sondern gemeinsam, als Brüder, wollen wir weitergehen in das neue Land.
Und die, die bereit sind, werden das Antlitz des Vaters sehen.

Mögen das göttliche Licht und die Liebe und Kraft des einen Gottes euch nun in Herz und Verstand aufleuchten.
Mögen dies Licht und diese Liebe und Kraft euch leiten, das zu suchen, was von jeher im Zentrum eures Herzens wohnt.
Findet dies und gebt es kund.

Botschaft No. 2
15. September 1977

Guten Abend, meine lieben Freunde.
Ich nehme wieder die Gelegenheit wahr, mit euch zu sprechen und euch die Ursachen meiner Wiederkehr bewußt zu machen.
Viele Gründe sprechen dafür, daß ich herabsteige und wieder unter euch erscheine.
Es sind in erster Linie folgende:

Für meine Brüder, die Meister der Weisheit, ist die Rückkehr als Gruppe in das Alltagsgeschehen der Welt vorgesehen. Für mich als ihren Führer und als einen von ihnen gilt dies ebenso.

Es gibt viele Menschen auf der ganzen Welt, die nach mir rufen und um meine Rückkehr bitten.
Ich erfülle ihre Bitte.

Unendlich viele sind hungrig und kommen sinnlos um, während die Nahrung, die ihnen fehlt, in den Lagerhäusern der Welt verkommt.

Doch viele brauchen meine Hilfe auf andere Weise: als Lehrer, Beschützer, als Freund und Begleiter.
Als all das komme ich.

Um die Menschen, wenn sie mich anerkennen, in die neue Zeit zu führen, in das neue Land, in die herrliche Zukunft, die auf die Menschheit im kommenden Zeitalter wartet —
für all dies komme ich.

Ich komme auch, um euch den Weg zu Gott, zurück zu eurem Ursprung zu weisen und euch zu zeigen, daß der Weg zu Gott ein einfacher Pfad ist, den alle Menschen gehen können;
und um euch aufwärts zu führen in das Licht der neuen Wahrheit, der Offenbarung, die ich bringe.
Für all dies komme ich.

Laßt mich euch bei der Hand nehmen und euch in das verheißene Land führen, um euch die Wunder, die Herrlichkeiten Gottes zu zeigen, die für immer euer sind.

Die Vorhut meiner Meister der Weisheit ist jetzt unter euch.
Bald werdet ihr sie erkennen.
Helft ihnen bei ihrer Arbeit.
Wißt auch, daß sie das neue Zeitalter durch euch bauen.
Laßt euch von ihnen leiten und führen und den Weg zeigen;
und so ihr dieses tut, werdet ihr euren Brüdern und Schwestern gut
gedient haben.

Faßt Mut, meine Freunde.
Alles wird gut werden.
Alles in allem wird gut werden.
Gute Nacht, meine lieben Freunde.

Mögen das göttliche Licht und die Liebe und Kraft des einen Gottes
euch nun in Herz und Verstand aufleuchten.
Möge diese Offenbarung euch leiten, das zu suchen, was schon immer
in euch wohnt.
Findet dies und erkennt Gott.

Botschaft Nr. 10
8. November 1977

Ich bin wieder unter euch, meine lieben Freunde.
Ich komme, euch zu sagen, daß ihr mich sehr bald sehen
werdet, jeder auf seine eigene Weise.
Wer nach mir sucht in Gedanken an meinen geliebten Jünger,
den Meister Jesus, der wird sein Wesen in mir wiederfinden.
Wer einen Lehrer in mir sucht, ist auf der richtigeren Spur,
denn dieses bin ich.
Wer nach Zeichen sucht, der wird sie finden, doch meine
Methode der Offenbarung ist viel einfacher.

Nichts trennt euch von mir, und bald werden das viele selbst
erfahren.
Ich bin mit euch und in euch.
Ich suche das, was ich bin, durch euch entfalten zu können;
dazu komme ich.

Viele werden mir folgen und in mir den sehen, der den Weg
weist.
Viele werden mich nicht erkennen. Mein Ziel ist es, in das
Leben aller Menschen zu treten und es durch sie selbst zu
verändern.
Seid bereit, mich bald zu sehen;
seid bereit, meine Worte zu hören,
meinen Gedanken zu folgen,
meine Bitte zu achten.

Ich bin der Fremde am Tor.
Ich bin der Eine, der klopft!
Ich bin der Eine, der nicht fortgehen wird.

Ich bin euer Freund.
Ich bin eure Hoffnung.
Ich bin euer Schutz.
Ich bin eure Liebe.
Ich bin Alles in Allem.

Laßt mich in euch ein und durch euch wirken.
Macht mich zu einem Teil eurer selbst und zeigt mich der Welt.
Erlaubt mir, durch euch zu wirken, und erkennt Gott.

Mögen das göttliche Licht und die Liebe und Kraft des einen
heiligen Gottes euch nun in Herz und Verstand aufleuchten.
Möge diese Offenbarung euch die Gewißheit bringen, daß Gott
in der Stille, jetzt und für immer, in euch allen wohnt.

Botschaft Nr. 11
5. Januar 1978

Meine lieben Freunde, ich freue mich, wieder bei euch zu sein.
Mein Plan ist es, daß meine Lehre meiner Präsenz vorangehen
soll, um meinen Weg zu bereiten.
Meine Leute werden sie mit ihren Gruppen und im Gruppen-
bemühen verbreiten.
Wenn die Menschheit ein wenig vorbereitet ist, wird meine
Stimme vernehmbar sein.

Mittlerweile tragen meine Bemühungen Frucht — sie bewirken
Änderungen, führen Menschen und Nationen zusammen und
geben der Welt neue Hoffnung.

Ich werde bald nach außen gehen, aber zuvor möchte ich den
Weg zeigen in die neue Richtung, die der Mensch einschlagen
muß, wenn er überleben will.

Vor allem müssen sich die Menschen als Brüder begreifen, als
Söhne des einen Vaters.
Das wird unumgänglich, wenn sie der Gottheit einen Schritt
näher kommen wollen.
Überall in der Welt gibt es Männer, Frauen, kleine Kinder, die
nicht einmal das Notwendigste zum Leben haben; sie drängen
sich in den Städten in vielen der ärmsten Länder der Welt.
Dieses Verbrechen erfüllt mich mit Scham.
Meine Brüder, wie könnt ihr diese Leute vor euren Augen
sterben sehen und euch noch Menschen nennen?
Mein Plan ist es, sie, meine Kleinen vor dem Verhungern und
sinnlosem Sterben zu retten.

Mein Plan ist es, euch zu zeigen, daß der Ausweg aus euren
Problemen heißt, wieder auf die wahre Stimme Gottes in euren
Herzen zu hören und den Ertrag dieser großzügigsten aller
Welten mit euren Brüdern und Schwestern überall zu teilen.

Ich brauche eure Hilfe, ich rufe euch an, mich bei meiner
Aufgabe zu unterstützen.
Wie kann ich abseits stehen und diesem Morden zusehen,

zusehen wie meine Kleinen sterben?
Nein, meine Freunde, das kann nicht sein.
Daher bin ich so schnell erneut zu euch gekommen, um euch
den Weg zu weisen, um euch den Pfad zu zeigen.
Doch der Erfolg meiner Mission hängt ab von euch:
Ihr müßt die Wahl treffen — ob ihr teilt und lernt, als wahre
Menschen in Frieden zu leben, oder ob ihr gänzlich zugrunde
geht.
Mein Herz sagt mir eure Antwort, eure Wahl, und es ist froh.

Mögen das göttliche Licht und die Liebe und Kraft des einen
heiligsten Gottes euch nun in Herz und Verstand aufleuchten.
Mögen dies Licht und diese Liebe und Kraft euch leiten, das zu
suchen, was in der Stille in euch wohnt.
Findet dies und erkennt, daß ihr Götter seid.

Botschaft No. 17
14. Februar 1978

Guten Abend, meine lieben Freunde, ich bin froh, in dieser Weise wieder bei euch zu sein.

Bald wird mein Erscheinen vielen Menschen bekannt sein, und mein Lehren wird beginnen. Die Menschheit wird von mir mit zwei Handlungsweisen konfrontiert werden; auf ihrer Entscheidung beruht die Zukunft der Welt.
Ich werde ihr zeigen, daß die einzig mögliche Wahl nur Teilen und wechselseitige Abhängigkeit heißen kann.
Hierdurch wird der Mensch in jenen Wahrnehmungszustand seiner selbst und seines Zwecks gelangen, der ihn zu den Füßen Gottes führt.
Den anderen Weg sich vorzustellen, ist zu furchtbar, denn er würde die Vernichtung aller Lebensströme auf dieser Erde bedeuten.

Der Mensch hat die Zukunft in seiner Hand.
Wägt gut ab, oh Menschen, und wenn ihr euch als wahre Menschen entscheidet, werde ich euch in das Licht eures göttlichen Erbes führen.
Trefft eure Wahl recht und laßt mich euch führen.
Trefft eure Wahl recht, und ihr könnt meiner ständigen Hilfe sicher sein.
Trefft eure Wahl recht, meine Brüder, und ihr seid frei von allem, was euch Grenzen setzt.

Meine Armee hat sich in Bewegung gesetzt und marschiert mutig in die Zukunft.
Schließt euch den Menschen an, die schon auf der Seite des Lichts, auf der Seite der Wahrheit, der Freiheit und Gerechtigkeit kämpfen.
Schließt euch meiner Vorhut an und zeigt euren Brüdern den Weg.

Es gibt viele, die spüren, daß ich hier bin, doch sie sprechen nicht darüber. Warum dieses Wissen für sich behalten, wenn eure Brüder nach Licht und Weisheit und Hilfe rufen?
Laßt sie teilhaben an der Freude über die Hoffnung, die ich bringe.
Sagt ihnen, meine Freunde, ihr glaubt, daß Maitreya gekommen ist, daß der Herr der Liebe hier ist, daß der Menschensohn wieder unter seinen Brüdern lebt.

Sagt ihnen, daß man mich bald von Angesicht sehen und meine Worte hören wird; und schauend und lauschend wird man diese prüfen und verstehen.

Mögen das göttliche Licht und die Liebe und Kraft des einen heiligsten Gottes euch nun in Herz und Verstand aufleuchten. Möge diese Offenbarung euch leiten, damit ihr jene göttliche Quelle sucht und findet, aus der ihr kamt.

Botschaft No. 42
12. September 1978

Meine lieben Freunde, ich freue mich, wieder bei euch zu sein.

Oft schon habt ihr mich sagen hören, daß mein Kommen Wandel bedeutet. Der größte Wandel aber wird sich im Herzen und im Denken der Menschen vollziehen, denn meine Rückkehr zu euch ist ein Zeichen, daß die Menschen bereit sind, neues Leben zu empfangen.
Dieses neue Leben für die Menschen bringe ich im Überfluß.
Auf allen Ebenen wird dieses Leben sich ergießen, die Herzen und Seelen und Körper der Menschen erreichen und sie der eigentlichen Lebensquelle näher bringen.
Meine Aufgabe wird es sein, diese Wasser des Lebens durch euch hindurchzuleiten.

Ich bin der Wasserträger.
Ich bin das Schiff der Wahrheit.
Diese Wahrheit will ich euch enthüllen und euch zu eurer wahren Natur erheben.

Ich bin der Fluß.
Durch mich fließt der neue Strom gottgegebenen Lebens, und dieser ist mein Geschenk an euch.
So gehen wir gemeinsam durch meinen Garten, riechen den Duft meiner Blumen und erfreuen uns der Nähe Gottes.

Meine Freunde, dies sind keine Träume.
All dies wird euer sein.
Meine Mission bürgt euch dafür.

Mögen das göttliche Licht und die Liebe und Kraft des einen heiligen Gottes euch nun in Herz und Verstand aufleuchten.
Möge diese Botschaft euch in den Schoß des immerwährenden Gottes führen.

Botschaft No. 70
17. Mai 1979

Guten Abend, meine lieben Freunde, wieder bin ich glücklich, in dieser Weise unter euch zu sein.

Mein Plan geht behutsam und gut voran.
Die Zahl eurer Brüder um mich herum nimmt zu, und ich gebe ihnen meinen Segen und meine Belehrung.
Auch euch werde ich zur rechten Zeit diese Gaben schenken.

Mein Ziel ist es, mein Netz bis zum fernsten Horizont auszuwerfen, um all die Menschen an mich zu ziehen, in denen mein Licht scheint, damit ich durch sie wirken kann.
Dieser Wurf kann auch euch einschließen, meine Freunde, denn ich brauche alle, die meinen Wunsch teilen, der Welt zu dienen.
Nehmt die Aufgabe des Helfens auf euch und teilt meine Bürde.
Meine Freunde, teilt mit mir eine große Aufgabe — nichts Geringeres als die Umwandlung dieser Welt.

Meine Mittel sind einfach, wie ihr wißt.
Ich brauche kein anderes Werkzeug als die Liebe des Menschen, die von Herzen kommt.
Sie wurde euch von dem verliehen, von dem ihr kommt, meine Freunde, sie wird die Menschheit zum Quell der Liebe selbst führen.
Lebt sie, meine Brüder, und schließt euch unseren Reihen an.

Ich bin der Hüter von Gottes Plan.
Ich bin die neue Richtung.
Ich bin der Weg für alle Menschen.
Ich bewahre die alten Geheimnisse.
Ich verleihe Seligkeit.
Ich wecke den Wunsch nach Wahrheit.
Ich mache alle Menschen eins.
Ich komme, um meine Wahrheit durch die Menschen zu verwirklichen.
Ich bin der alte Erlöser.
Ich bin der Lehrer des Neuen.
Ich bin der Führer in die Zukunft.
Ich bin das verkörperte Gesetz.
Ich bin die Wahrheit selbst.

Ich bin euer Freund und Bruder.
Ich bin euer Selbst.

Nehmt das nach innen, was ich bin, und macht es sichtbar in der
Welt.
Nehmt das nach innen, was ich gebe, und schafft die Stadt des Lichts.
Gestaltet in eurem Umfeld das, was ich verkünde, und werdet wie
Götter.

Mögen das göttliche Licht und die Liebe und Kraft des einen
heiligsten Gottes euch nun in Herz und Verstand aufleuchten.
Möge diese Offenbarung euch leiten, damit euch die Aura Gottes

Botschaft No. 81
12. September 1979

Meine lieben Freunde, ich bin wirklich glücklich, erneut bei euch zu
sein und euch damit in euren Hoffnungen zu bestärken.

Mein Kommen ruft im Menschen den Wunsch nach Veränderung
hervor, einen Wunsch nach Besserung, wie immer er sich äußert.
Meine Energien lösen im Menschen göttliche Unzufriedenheit aus.
Alles, was nutzlos in unseren Strukturen ist, muß verschwinden.
Es gibt viele Formen, die heute des Menschen unwürdig sind.

Der Mensch ist ein werdender Gott und braucht Lebensformen, die
diesem Gott erlauben zu gedeihen.
Wie könnt ihr zufrieden sein mit eurer jetzigen Lebensweise:
wenn Millionen Menschen verhungern und im Schmutz sterben;
wenn die Reichen ihren Wohlstand vor den Armen zur Schau stellen;
wenn jeder Mensch der Feind seines Nachbarn ist;
wenn niemand seinem Bruder traut?
Wie lange noch müßt ihr so leben, meine Freunde?
Wie lange noch könnt ihr diese Entwürdigung ertragen?

Es ist mein Plan und meine Pflicht, euch einen neuen Weg zu offenbaren, einen Weg nach vorn, auf dem das Göttliche im Menschen aufleuchten kann.
Das meine ich sehr ernst, meine Freunde und Brüder.
Hört meinen Worten gut zu.
Der Mensch muß sich ändern oder sterben; einen anderen Weg gibt es
nicht.
Wenn ihr das begreift, werdet ihr voll Freude für meine Sache einstehen
und zeigen, daß es für den Menschen eine lichtdurchflutete Zukunft
gibt.

Meine Lehre ist einfach:
Gerechtigkeit, Teilen und Liebe sind göttliche Aspekte.
Um seine Göttlichkeit kundzutun, muß der Mensch sich diese drei zu
eigen machen.

Mögen das göttliche Licht und die Liebe und Kraft des einen heiligsten
Gottes euch nun in Herz und Verstand aufleuchten.
Möge diese Offenbarung euch leiten, eure Rolle in dem großen Plan zu
erkennen und zu übernehmen.

Botschaft No. 82
18. September 1979

Meine lieben Freunde, ich bin sehr glücklich, erneut in dieser Weise unter euch zu sein und euch einige Richtlinien für die Zukunft zu unterbreiten.

Meine Aufgabe wird es sein, euch zu zeigen, wie man friedlich, wie Brüder miteinander lebt. Das ist einfacher, als ihr euch vorstellt, meine Freunde, denn es erfordert nur die Bereitschaft zu teilen.
Teilen ist in der Tat göttlich.
Es ist die Basis für jeden Fortschritt des Menschen.
Damit, meine Brüder und Schwestern, könnt ihr die richtige Verbindung mit Gott eingehen; und diese ist die Basis eures Lebens, meine Freunde.
Wenn ihr teilt, erkennt ihr Gott in eurem Bruder.
Dies ist eine sehr einfache Wahrheit, doch bislang für den Menschen noch schwer zu begreifen.
Die Zeit ist gekommen, diese Wahrheit zu bezeugen.

Durch meine Gegenwart wird das Gesetz des Teilens offenbar.
Durch meine Gegenwart wird der Mensch zu Gott heranwachsen.
Durch meine Gegenwart und die meiner Brüder wird man das neue Land der Liebe kennenlernen.
Nehmt euch dieses einfache Gesetz zu Herzen, meine Freunde.
Bekundet Liebe durch Teilen und ändert die Welt.
Schafft in eurem Umkreis eine Atmosphäre von Frieden und Freude und macht mit mir alle Dinge neu.

Mein Kommen bedeutet Wandel.
Aber, auch Kummer über den Verlust der alten Strukturen.
Jedoch, meine Freunde, die alten Flaschen müssen zerbrochen werden — der neue Wein verdient bessere.

Meine Freunde, meine Brüder, ich bin euch jetzt nahe.
Ich erkenne über und um euch eure Sehnsucht nach Liebe und Freude.
Sie ist, ich weiß es, weit verbreitet in der Menschheit; sie macht meine Rückkehr möglich.

Laßt mich euch euer göttliches Erbe enthüllen.
Laßt mich euch die Wunder Gottes zeigen, die euch noch erwarten.

Erlaubt mir, euch einfach bei der Hand zu nehmen und euch in den Wald der Liebe zu führen, zur Lichtung des Friedens, zum Fluß der Wahrheit.

Meine Freunde, nehmt meine Hand und wißt jetzt, dies ist euer.

Mögen das göttliche Licht und die Liebe und Kraft des einen heiligsten Gottes euch nun in Herz und Verstand aufleuchten. Möge diese Offenbarung euch voll Vertrauen in das Land führen, das ich Liebe nenne.

Botschaft No. 139
21. Mai 1982

Ich bin noch einmal bei euch, meine lieben Freunde.

Ich komme noch einmal, um euch zu sagen, daß der Pfad zu Gott wirklich einfach ist.
Mein Weg, der Weg der Liebe, zeichnet die kürzeste Route vor.
Der Pfad der Rückkehr ist der Pfad der Freude.
Erkennt diese Freude und kehrt zu Gott zurück.

Meine Botschaft ist einfach.
Nehmt das, was ich gebe, in euch auf.
Gebt es voll Freude an eure Brüder weiter, und ihr findet euch im Schoße Gottes wieder.
Ein Mensch, der nicht teilt, kann Gott nicht erkennen.
Alle Liebe und alles Leben beruhen auf diesem göttlichen Aspekt.
Teilen, meine Freunde, ist der Grundstein eures Lebens.
Baut den Tempel gut darauf.

Mein Erscheinen vor den Menschen ist nahe.
Schon ist meine Gruppe bekannt.
Es gibt viele Wege zu meinem Wohnsitz.
Klopft sanft dort an, und ich werde antworten.
Einige meiner Lehren wurden offenbart.
Vieles aber bleibt noch zu enthüllen.
Es ist mein Wunsch, euch die Schatztruhe meiner Weisheit zu öffnen und euch alles zu lehren, was Gott betrifft.
Erlaubt mir, es zu tun.

Erlaubt mir, meine Einheit mit dem Vater mit euch zu teilen, euch sein Wesen zu enthüllen und euch zu seinen Füßen zu führen.
Mein Weg, der einfache Weg der Liebe wird euch in seine Arme führen.

Meine Freunde, es gibt viel, noch sehr viel über das Wesen Gottes zu erfahren. Bis auf einen winzigen Bruchteil blieb euch bisher noch alles verborgen.
Mit meiner Hilfe werdet ihr die Herrlichkeit des Wesens erkennen, in dem ihr lebt und dessen Spiegelung ihr seid.
Wißt dies und arbeitet mit mir.

Wißt dies und erlaubt mir, euch zu führen.

Seht dies und nehmt fröhlich meine Hände und nehmt euer Erbe an.

Viele warten darauf, mich jetzt von Angesicht zu sehen.

Bald, sehr bald werden alle Menschen, überall, erkennen, daß meine Ankunft wahr ist.

Maitreya, euer Freund, euer Bruder von altersher, ist wirklich unter euch.

Gute Nacht, meine lieben Freunde.

Mögen das göttliche Licht und die Liebe und Kraft des einen heiligsten Gottes euch nun in Herz und Verstand aufleuchten.

Möge diese Offenbarung euch leiten, meine Lehre rasch anzunehmen.

Botschaft No. 140
27. Mai 1982

Meine lieben Freunde, ich bin glücklich, wieder bei euch zu sein und euch auf diese Weise die letzte Mitteilung zu machen.

Es war meine Absicht, mich ohne Verzögerung zum frühest möglichen Zeitpunkt zu zeigen und mich der Welt als euer Freund und Lehrer vorzustellen.
Vieles hängt von meiner baldigen Entdeckung ab, denn so kann ich euch helfen, eure Welt zu retten.
Ich bin hier, um zu helfen und zu lehren, um euch den Weg in die Zukunft zu zeigen und euch einander als Götter zu offenbaren.

Ich bin gewiß, daß ihr erkennt, wie viel in den kommenden Jahren von den Taten der Menschen abhängt.
Die ganze Welt weiß das.
Die ganze Welt ist voller Furcht.
Und doch nimmt ein Gefühl der Hoffnung zu, Veränderung wird vorstellbarer, und meine Gegenwart weckt Resonanz — und das schafft in der Spannung eine Stille.

Die Hoffnungen auf mein Erscheinen steigen nun.
Gern würde ich mich den Menschen zeigen.
Schaut nur nach mir, ich erwarte euch.
Sucht nur nach mir und ergreift meine Hand.
Ich brauche eure Hilfe, um zu euch zu kommen, um diese Welt zu segnen und zu lehren, um den Menschen zu zeigen, daß der Weg nach vorn ganz einfach ist und nur der Umsetzung von Gerechtigkeit und Freiheit, von Teilen und Liebe bedarf.
Diese Aspekte sind bereits in euch und brauchen nur von mir hervorgerufen zu werden.

Christus ist hier, meine Freunde.
Der Avatar ist gekommen.
Euer Bruder ist unter euch.
Meine Mission beginnt.

Erkennt mich bald und helft euren Brüdern, mich zu erkennen.
Nehmt meine Hand und laßt mich euch zu Gott führen.

Mögen das göttliche Licht und die Liebe und Kraft des einen
heiligsten Gottes euch nun in Herz und Verstand aufleuchten.
Möge diese Offenbarung euch rasch dazu bewegen, eure Aufgaben in
dieser heroischen Zeit zu erkennen.

Nachtrag zur vierten Auflage

Chronologie der Ereinisse bis 1997:

Im **Juli 1977** verließ Maitreya sein Zentrum im Himalaya und kam per Flugzeug nach London — wie prophezeit "aus den Wolken" und "wie ein Dieb in der Nacht". Seitdem lebt er wie ein normaler Mensch und kümmert sich um politische, soziale und ökologische Probleme.

Seit **März 1978** tritt er als Wortführer in der pakistanisch-indischen Einwanderergemeinde auf, jedoch nicht als religiöser Führer, sondern als Erzieher im weitesten Sinne — er weist den Weg aus der heutigen Weltkrise. Obwohl ihm aufgrund seiner weisen Ratschläge schon bald sehr große Achtung entgegengebracht wird, ist sein wahrer Rang nur wenigen bewußt.

Im **Mai 1982** gibt Creme auf einer Pressekonferenz zum ersten Mal bekannt, daß Maitreya in der asiatischen Gemeinde im Osten Londons lebt und auf eine Einladung von seiten der Menschheit wartet, um öffentlich anzutreten zu können, ohne unseren freien Willen zu verletzen.

Im **August 1987** erklärt Creme: "In den kommenden drei bis vier Monaten wird Maitreya intensiv daran arbeiten, daß in den internationalen Beziehungen ein Durchbruch gelingt." Kaum einen Monat später kommt der Durchbruch mit dem amerikanisch-sowjetischen Gipfeltreffen und im Dezember mit dem Abrüstungsabkommen zustande, was niemand für möglich gehalten hatte.

Weitere einschneidende, historische Entwicklungen zum Guten, die als ziemlich unvorstellbar galten: das Ende der Apartheid in Südafrika, der Fall der Berliner Mauer, das Friedensabkommen zwischen Israelis und Palästinensern, die Friedensinitiative der Nato für Bosnien und der sich abzeichnende Friedensprozeß in Nordirland.

Seit April 1988 macht ein enger Mitarbeiter Maitreyas in London zwei Journalisten mit dessen geistigen Lehren und einer Reihe von Vorhersagen zu Weltereignissen bekannt, die auch veröffentlicht werden. Diese Prognosen haben sich bisher mit bemerkenswerter Präzision erfüllt.

Maitreya erscheint nun, manchmal persönlich, manchmal im Traum, führenden Persönlichkeiten, vielen normalen Menschen und auf kleinen und großen Versammlungen in aller Welt. Zum ersten Mal geschah dies in Nairobi in Kenia, am 11. Juni 1988. Er tauchte dort 'wie aus dem Nichts' auf einer großen Gebetsversammlung auf, wo er auch photographiert wurde. Er sprach zu der Menge, und viele hielten ihn auf Anhieb für den Christus, viele Menschen wurden geheilt. Die Medien, darunter auch CNN brachten die Geschichte weltweit.

Seit 1991 setzt Maitreya diese wundersamen 'Erscheinungen' fort, er zeigt sich offenbar vor allem auch strenggläubigen Gruppen aus unterschiedlichen Religionen. Im Umkreis einiger Orte, in denen er auftrat, wurden Heilquellen entdeckt: in Tlacote in Mexiko, in Nadana in Indien, in Nordenau in Deutschland. Bis heute wurden weltweit einhundert Quellen mit Heilkraft aufgeladen, und nach und nach werden die Menschen, die dort wohnen, sie entdecken.

Inzwischen geschehen weltweit die merkwürdigsten Dinge, die selbst die Medien staunen lassen: weinende und blutende Marienstatuen, Begegnungen mit 'Engeln', Lichtkreuze, Kornkreise, sich in Luft auflösende Tramper und kürzlich erst indische Götterfiguren, die von den Gläubigen Milch annehmen und 'trinken'.

Maitreya wird sich, so die Ankündigung, zum ersten Mal in größerem Rahmen anläßlich eines großen Fernseh-Interviews in der Öffentlichkeit zeigen. Dieser Schritt wird dann zum 'Deklarationstag' führen, an dem er die ganze Menschheit innerlich ansprechen wird, jeder wird ihn im Innern in der eigenen Sprache vernehmen, und Tausende von Spontanheilungen werden geschehen. Wer Fernsehen hat, wird ihn auch sehen können — eine weltweite Satellitenschaltung macht dies möglich. So wird jeder überall erfahren können, daß der Weltlehrer unter uns ist.

Maitreyas Lehren — Maitreya ist nicht gekommen, um eine neue Religion zu stiften. Er ist Lehrer und Ratgeber für die ganze Menschheit — *unabhängig von einer religiösen Zugehörigkeit.* Er wird uns zeigen, wie das Prinzip der Liebe für alle unsere Beziehungen gelten kann, sei es auf wirtschaftlichem, politischem, pädagogischem, kulturellem oder sozialem Gebiet.

Er wird uns Wege zeigen, wie wir unsere eigene Göttlichkeit, unser eigentliches Wesen als Seele erkennen können. Und wenn dann das geistige Verständnis und die Kreativität der Menschen erwachen, wird sich eine ganz neue Lebendigkeit und Harmonie und Freude verbreiten. Wir werden das Prinzip des Teilens kennenlernen und die Einheit allen Lebens, ob klein oder groß, wirklich erfahren.

Seine Botschaft ist sehr einfach: "Teilt untereinander und rettet so die Welt." Auf diesem Wege können wir Krieg, Unterdrückung und Hunger bannen. "Nehmt die Bedürfnisse eures Bruders als Maßstab für euer Handeln und löst so die Probleme der Welt. Es gibt keinen anderen Weg." Maitreya ist sich sicher, daß wir diese Botschaft verstehen, und daß eine neue Epoche des Friedens und des guten Willens beginnt.

Für weitere Informationen verweisen wir auf die Zeitschrift *Share International*, die monatlich über den aktuellen Stand berichtet.

Literaturhinweise

Alder, Vera Stanley: *The Initiation of the world*, Rider, London 1939

Alder, Vera Stanley: *Humanity comes of Age,* Rider, London 1950

Agni Yoga Teachings (verschiedene Werke), Agni Yoga Society, NewYork 1924-37

Bailey, Alice A.: *Initiation, menschliche und solare Einweihung,* Lucis, Genf 1922

Bailey, Alice A.: *Die Geistige Hierarchie tritt in Erscheinung,* Lucis, Genf 1957

Bailey, Alice A.: *Die Wiederkunft Christi*, Lucis, Genf 1948

Blavatsky, H. P.: *Die Geheimlehre*, Couvreur, Den Haag 1888

Blavatsky, H. P.: *Isis entschleiert*, Couvreur, Den Haag 1877

Macdonald-Baine, M.: *Beyond the Himalayas,* Fowler Co., London

Swami Omananda: *Towards the Mysteries,* Neville Spearman, London 1968

Sinnet, A. P.: *Die Mahatma-Briefe,* Adyar, Graz 1923

Spalding, Baird T.: *Leben und Lehren der Meister im Fernen Osten,* Drei-Eichen, München 1924-55

Paramahansa Yogananda: *Autobiographie eines Yogi,* Barth, München 1950

Tetraeder

Bücher von Benjamin Creme

Transmission — eine Meditation für das neue Zeitalter
Dieses Buch bietet eine Übersicht über die Wissenschaft der Energie-Übermittlung, so wie sie auf diesem Planeten seit über 18 Millionen Jahren besteht. Es gibt detaillierte Antworten auf grundsätzliche Fragen, die im Zusammenhang mit dieser (von Benjamin Cremes Meister eingeführten) Gruppenmediation immer wieder auftauchen. Einige Beispiele: Anwendung der Großen Invokation; Verbindung zwischen Gehirn und Seele, Dreiecksarbeit und Transmission, Gefahren bei der Meditation; Seelen-Energie zum Dienst einsetzen; Medialität und höhere Telepathie.
ISBN 3-932400-01-1, 108 Seiten, erste Auflage 1984.

Maitreyas Mission, Band I
Dieses Buch bringt neuere Informationen über Maitreya, den Christus in London — seine Arbeit und seine Lehren, über das zu erwartende Leben im neuen Zeitalter, über Evolution und Einweihung, Meditation und Dienst, Heilen und gesellschaftliche Veränderungen, Sathya Sai Baba, über die Meister der Weisheit und ihren Schritt an die Öffentlichkeit, über die Sieben Strahlen und die Strahlenstrukturen von über 600 bedeutenden historischen Persönlichkeiten.
ISBN 3-932400-02-X, 396 Seiten, erste Auflage 1990.

Maitreyas Mission, Band II
In diesem umfangreichen Werk zeigt Creme auf, daß die Schrecken und das Chaos dieser Zeit nur die unvermeidlichen Geburtswehen einer kommenden, glanzvollen Zivilisation sind, in der Teilen, Gerechtigkeit und Frieden unsere Prioritäten sein werden. Zum Inhalt: Maitreyas geistige Lehren und seine Vorhersagen; weltweite Zeichen und Wunder, mit Farbphotos; Interviews mit einem Meister der Weisheit zum Zeitgeschehen und Vorträge von Creme zu Themen wie Meditation, Wachstum des Bewußtseins, Psychologie, Gesundheit, Umwelt, Dienst an der Welt, Wissenschaft und Technik im neuen Zeitalter. Und: weitere Strahlenstrukturen
ISBN 3-932400-03-8, 710 Seiten, erste Auflage 1994

Lehren der zeitlosen Weisheit
Dieses Buch will Verständnis wecken für das geistige Vermächtnis der Menschheit und bietet eine sorgfältige und leichtverständliche Einführung in die zeitlosen Weisheiten, die allen geistigen Lehren jeder Richtung zugrundeliegen. Mit einem Glossar esoterischer Begriffe und Literaturempfehlungen.
ISBN 3-932400-05-4, 74 Seiten, erste Auflage 1997

Erschienen bei Edition Tetraeder und im Buchhandel erhältlich.

SHARE INTERNATIONAL

Ein Aufruf zum Teilen

SHARE INTERNATIONAL bringt jeden Monat: ◆ Neue Information über den Weltlehrer Maitreya. ◆ Einen Beitrag von einem Meister der Weisheit. ◆ Weiterführende Erläuterungen der esoterischen Lehren. ◆ Beiträge und Interviews von Fachleuten verschiedener Gebiete zu Themen wie: Beseitigung von Hunger und Armut; gesellschaftliche und wirtschaftliche Veränderungen; Politik, Frieden und Menschenrechte; Naturwissenschaften und Medizin; Pschychologie und Bildung.u Nachrichten über UN-Aktivitäten und positive Entwicklungen bei der Transformation unserer Welt. ◆ Eine Rubrik, in der Benjamin Creme regelmäßig auf Fragen und Leserzuschriften zu diesen Themen eingeht.

SHARE INTERNATIONAL vereint die beiden vorwiegenden Denkrichtungen des neuen Zeitalters — die politische und die geistige, die spirituelle Denkweise. Diese Zeitschrift weist auf die Synthese hin, die den heute weltweit zu beobachtenden politischen, sozialen, ökonomischen und geistigen Veränderungen zugrundeliegt; und sie sucht zu praktischem Handeln und Mitarbeit bei der Umgestaltung der Welt anzuregen — im Sinne von mehr Gerechtigkeit und Mitgefühl.

SHARE INTERNATIONAL befaßt sich mit Nachrichten, Ereignissen und Kommentaren, die einen Bezug zu Maitreyas Prioritäten haben: ausreichende, gute Ernährung und angemessene Wohnverhältnisse für alle sowie Gesundheitsfürsorge und Bildung als universelles Recht und die Erhaltung des ökologischen Gleichgewichts in der Welt.

SHARE INTERNATIONAL erscheint zehnmal im Jahr im DIN A5 Format mit jeweils 30 bis 40 Seiten. Jahresabonnement DM 55.-, zu bestellen bei:
Edition Tetraeder e.V., Postfach 20 07 01, 80007 München